社会科学のためのデータ分析入門 [上]

本書をクリスティーナ，渓志，未咲に捧げる

Quantitative Social Science
An Introduction

今井耕介
KOSUKE IMAI

粕谷祐子
原田勝孝……訳
久保浩樹

社会科学のための
データ分析入門

岩波書店

QUANTITATIVE SOCIAL SCIENCE
An Introduction
by Kosuke Imai
Copyright © 2017 by Princeton University Press
All rights reserved.

First published 2017 by Princeton University Press, Princeton.
This Japanese edition published 2018
by Iwanami Shoten, Publishers, Tokyo
by arrangement with Princeton University Press, Princeton
through The English Agency (Japan), Tokyo.
No part of this book may be reproduced or transmitted in any form or by any means, electronic or mechanical, including photocopying, recording or by any information storage and retrieval system, without permission in writing from the Publisher.

日本語版への序文

　私が本書を執筆しようと思った理由は，次世代の学生そして若手研究者のみなさんに，政治・経済・教育・公衆衛生などの多岐にわたる重要な社会問題を解決するにあたって，データ分析がいかに強力な道具であるか，ということを実感してもらいたかったからである．この本をきっかけにして，1人でも多くの優秀な若者が，計量社会科学(Quantitative Social Science)をさらに勉強し，将来様々な分野でデータ分析を社会のために活用してくれれば，本望である．

　本書はプリンストン大学で私が教えてきた授業の題材を基にして書かれたものである．この授業は，主に社会科学に興味のある学部生を対象にした，データ分析入門を目的としている．したがって，本書は既存の教科書とは異なり，最初から実際に出版された論文で使われたデータを統計ソフトウェアを使って直接分析することによって，読者に計量社会科学の魅力を理解してもらうことを最も重要な課題としている．また，確率・統計理論の紹介を本の後半に置き，実験や世論調査などを用いた具体的な研究に最初に触れることによって，統計検定や信頼区間といった抽象的な概念とその必要性も本書の読者にとっては理解しやすくなっているはずである．英語版と異なり，日本語版は上下巻に分かれているが，下巻はテキスト，ネットワーク，そして地理データの分析といった新たな分野を扱っているだけでなく，確率論や統計理論の基礎もカバーしているので，ぜひ上下巻を通して勉強してもらいたい．

　日本では，大学入試時から理系と文系の区別がなされており，理系の手法を用いて文系の学問を勉強するということがなかなかやりにくい環境がある．しかしながら，いわゆる「ビッグデータ」時代の現代社会においては，学際的なアプローチが必要不可欠になっている．社会問題をデータ分析を用いて解決していくためには，統計や機械学習の知識と社会科学の観点を有効に組み合わせていくことが大切であり，本書が学部・大学院教育における文理融合を大胆に進めていく1つのきっかけになることを期待している．

　大学までを日本で過ごした私にとって，英語で書いた自分の本が日本語に訳

されるというのは，非常に感慨深い。運よく学部時代の交換留学中に，アメリカで計量社会科学に出会った私にとって，日本語で多くの日本の学生に，社会科学のためのデータ分析の魅力を伝える機会を得ることは長年の夢であった。その夢を現実のものにして下さった，慶應義塾大学の粕谷祐子先生，福岡大学の原田勝孝先生，そして大阪大学の久保浩樹先生にはこの場を借りて，感謝の意を表したい。特に粕谷先生は，英語での執筆が終わる前からこの本の意義をいち早く理解されて翻訳に取り組んでくださり，非常に勇気づけられた。

　最後になるが，人生の良きパートナーであるクリスティーナ，そして小さい頃から自由奔放に育ててくれた両親に本書を捧げたい。

　2017 年 8 月

アメリカ合衆国ニュージャージー州プリンストンにて

今 井 耕 介

目　次

日本語版への序文

1　イントロダクション … 1
- 1.1　本書の概観 … 4
- 1.2　本書の使い方 … 10
- 1.3　Rの基礎 … 13
  - 1.3.1　算術演算　14
  - 1.3.2　オブジェクト　16
  - 1.3.3　ベクトル　20
  - 1.3.4　関　数　23
  - 1.3.5　データファイル　27
  - 1.3.6　オブジェクトを保存する　32
  - 1.3.7　パッケージ　34
  - 1.3.8　プログラミングと学習のコツ　35
- 1.4　まとめ … 38
- 1.5　練習問題 … 38
  - 1.5.1　自己申告に基づく投票率のバイアス　38
  - 1.5.2　世界人口の動態を理解する　40

2　因果関係 … 45
- 2.1　労働市場における人種差別 … 45
- 2.2　Rでデータを部分集合化する … 51
  - 2.2.1　論理値と論理演算子　51
  - 2.2.2　関係演算子　54
  - 2.2.3　部分集合化　56

2.2.4　簡単な条件文　60
　　　2.2.5　因子変数　61
　2.3　因果効果と反事実 ……………………………………… 64
　2.4　ランダム化比較試験 …………………………………… 68
　　　2.4.1　ランダム化の役割　68
　　　2.4.2　社会的プレッシャーと投票率　71
　2.5　観察研究 ………………………………………………… 76
　　　2.5.1　最低賃金と失業率　76
　　　2.5.2　交絡バイアス　80
　　　2.5.3　事前・事後の比較と差の差分法　84
　2.6　1変数の記述統計量 …………………………………… 88
　　　2.6.1　分位数　89
　　　2.6.2　標準偏差　93
　2.7　まとめ …………………………………………………… 95
　2.8　練習問題 ………………………………………………… 96
　　　2.8.1　初期教育における少人数クラスの有効性　96
　　　2.8.2　同性婚に関する意見の変化　99
　　　2.8.3　自然実験としての指導者暗殺の成功　101

3　測　定 ……………………………………………………… 103

　3.1　戦時における民間人の被害を測定する ……………… 103
　3.2　Rで欠損データを扱う ………………………………… 106
　3.3　1変量の分布をビジュアル化する …………………… 109
　　　3.3.1　棒グラフ　110
　　　3.3.2　ヒストグラム　111
　　　3.3.3　箱ひげ図　116
　　　3.3.4　グラフの印刷と保存　119
　3.4　標本調査 ………………………………………………… 120
　　　3.4.1　ランダム化の役割　121
　　　3.4.2　無回答とその他のバイアス発生要因　126
　3.5　政治的分極化を測定する ……………………………… 131

- 3.6 2変量関係の要約 ……………………………………………… 133
  - 3.6.1 散布図　133
  - 3.6.2 相　関　137
  - 3.6.3 Q-Q プロット　142
- 3.7 クラスター化 …………………………………………………… 145
  - 3.7.1 R における行列　145
  - 3.7.2 R におけるリスト　148
  - 3.7.3 k 平均法　150
- 3.8 まとめ …………………………………………………………… 156
- 3.9 練習問題 ………………………………………………………… 157
  - 3.9.1 同性婚に関する意見の変化再考　157
  - 3.9.2 中国とメキシコにおける政治的有効性感覚　159
  - 3.9.3 国連総会における投票　162

4 予　測 …………………………………………………………… 165

- 4.1 選挙結果の予測 ………………………………………………… 165
  - 4.1.1 R におけるループ（繰り返し）　167
  - 4.1.2 R における一般的な条件文　170
  - 4.1.3 世論調査からの予測　175
- 4.2 線形回帰 ………………………………………………………… 186
  - 4.2.1 顔の見た目と選挙結果　187
  - 4.2.2 相関と散布図　189
  - 4.2.3 最小 2 乗法　191
  - 4.2.4 平均への回帰　198
  - 4.2.5 R におけるデータの結合　201
  - 4.2.6 モデルの当てはまり　210
- 4.3 回帰分析と因果関係 …………………………………………… 217
  - 4.3.1 ランダム化実験　218
  - 4.3.2 重回帰モデル　222
  - 4.3.3 不均一トリートメント効果　229
  - 4.3.4 回帰分断デザイン　238

4.4 まとめ …………………………………… 244
4.5 練習問題 …………………………………… 246
4.5.1 賭博市場に基づく予測　246
4.5.2 メキシコにおける選挙と条件付き現金給付プログラム　248
4.5.3 ブラジルにおける政府間移転支出と貧困削減　251

事項索引

R索引

下巻の目次

5　発　　見
5.1　テキスト・データ
5.2　ネットワーク・データ
5.3　空間データ
5.4　ま と め
5.5　練習問題

6　確　　率
6.1　確　　率
6.2　条件付き確率
6.3　確率変数と確率分布
6.4　大標本理論
6.5　ま と め
6.6　練習問題

7　不確実性
7.1　推　　定
7.2　仮説検定
7.3　不確実性を伴う線形回帰モデル

7.4 まとめ

7.5 練習問題

8 次の一歩

表 目 次

- 1.1 swirl 復習問題 …………………………………………………… 12
- 1.2 世界人口推定 ……………………………………………………… 21
- 1.3 アメリカの投票率データ ………………………………………… 39
- 1.4 出生数・死亡数の推定データ …………………………………… 41

- 2.1 履歴書実験データ ………………………………………………… 46
- 2.2 論理積と論理和 …………………………………………………… 53
- 2.3 因果推論の潜在的結果の枠組 …………………………………… 66
- 2.4 社会的プレッシャー実験データ ………………………………… 74
- 2.5 最低賃金研究データ ……………………………………………… 77
- 2.6 STAR プロジェクトのデータ …………………………………… 97
- 2.7 同性婚データ ……………………………………………………… 99
- 2.8 指導者暗殺データ ………………………………………………… 101

- 3.1 アフガニスタンに関するサーベイ・データ …………………… 104
- 3.2 アフガニスタンの村に関するデータ …………………………… 124
- 3.3 議員の理想点に関するデータ …………………………………… 133
- 3.4 アメリカのジニ係数データ ……………………………………… 139
- 3.5 同性婚に関するデータを作り直したもの ……………………… 158
- 3.6 CCAP サーベイ・データ ………………………………………… 158
- 3.7 ヴィニエット形式のサーベイ・データ ………………………… 161
- 3.8 国連の理想点データ ……………………………………………… 163

- 4.1 2008 年アメリカ大統領選挙データ ……………………………… 176
- 4.2 2008 年アメリカ大統領選挙世論調査データ …………………… 176
- 4.3 混同行列 …………………………………………………………… 183
- 4.4 顔の見た目実験のデータ ………………………………………… 188

4.5	2012年アメリカ大統領選挙データ ………………………………	201
4.6	フロリダ州の郡レベルでの1996年と2000年のアメリカ大統領選挙データ ………………………………	211
4.7	政策立案者としての女性データ ………………………………	218
4.8	イギリス国会議員の個人資産データ ………………………………	239
4.9	予測市場データ ………………………………	246
4.10	2012年アメリカ大統領選挙世論調査データ ………………………………	248
4.11	条件付き現金給付プログラムデータ ………………………………	250
4.12	ブラジルの政府間移転支出データ ………………………………	252

図 目 次

1.1 RStudio のスクリーンショット ……………………………………… 15
1.2 RStudio テキストエディタのスクリーンショット …………………… 36

2.1 「名前公表」投票推進メッセージ …………………………………… 72
2.2 最低賃金研究における差の差分法 …………………………………… 86

3.1 誤った見出しの付いた新聞を掲げるハリー・トルーマン ………… 123
3.2 自然対数 ………………………………………………………………… 125
3.3 空間投票モデル ………………………………………………………… 132
3.4 ジニ係数とローレンツ曲線 …………………………………………… 138

4.1 2008年アメリカ大統領選挙での選挙人団の投票先マップ ………… 166
4.2 実験で使われた候補者の写真の例 …………………………………… 187
4.3 散布図におけるデータクラウドの相関係数と形状 ………………… 190
4.4 ゴルトンの平凡への回帰 ……………………………………………… 199
4.5 パームビーチ郡のチョウ型投票用紙 ………………………………… 215

第1章 イントロダクション

> 神のことは信頼する。他の者はみな，データをもってこなければならない。
> ——ウィリアム・エドワーズ・デミング

　計量社会科学は，経済学，教育学，政治学，公共政策学，心理学，社会学など幅広い分野を含む学際領域である。計量社会科学では，社会や人間行動に関する問題を理解し，解決するためにデータ分析が行われる。例えば，労働市場における人種差別に関する研究，新しいカリキュラムが生徒の学力に与える影響の評価，選挙結果の予測，ソーシャルメディアの使われ方に関する分析などがある。データに基づく同様のアプローチが，隣接分野である衛生学，法学，ジャーナリズム，言語学，そして文学でもとられている。社会科学は現実世界の様々な問題を直接調査するので，その研究結果は社会の個々人，政策，ビジネスなどに直接影響を及ぼす大きな可能性を秘めている。

　ここ数十年のあいだに，計量社会科学は様々な分野において驚くべきスピードで隆盛をきわめてきた。データ分析によって実証的な証拠を示す学術論文の数は，飛躍的に増加した。学術研究以外の分野でも，多くの組織 —— 企業や政治キャンペーン，ニュースメディア，政府機関など —— が，データ分析の結果に基づいて意思決定を行うようになっている。こうした計量社会科学の急速な発展は，環境を一変させる技術面の2つの変化によってもたらされた。第1に，インターネットによって**データ革命**(data revolution)が大きく進み，使えるデータの量と多様性が急増した。情報共有により研究者や組織はデジタル形式で膨大な量のデータセットを広めることが可能となったのである。第2に，ソフトウェアとハードウェアの両面における**計算革命**(computational revolution)のおかげで，誰もが自分のパソコンと好きなデータ分析ソフトウェアとを使えるようになった。

　これら技術的変化の直接的な結果として，計量社会科学の研究者が入手可能なデータの量は急速に増大した。ひと昔前であれば，研究者が使えるデータと

いえば大部分は政府機関が発行したもの（例えば，国勢調査，選挙結果，経済指標など）であり，それに加えて研究者グループが集めた少数のデータセット（例えば，国政選挙に関するサーベイ（世論調査）データ，戦争発生や民主主義の諸制度に関して研究者が独自に変数化したデータセットなど）があるだけだった。これらのデータセットは，実証分析を進める上で依然として重要な役割を果たしている。しかし，様々な新しいタイプのデータが登場したことによって，計量社会科学研究が扱うことのできる領域はより広範なものとなった。研究者はいまや，ランダム化実験やサーベイを自分自身でデザインし実行することができる。透明性やアカウンタビリティを高める圧力がかかるようになり，政府機関はオンライン上でのデータ公開を進めている。例えばアメリカでは，選挙献金やロビー活動に関する詳細なデータを，誰でも自分のパソコンにダウンロードできる。また，スウェーデンなどの北欧諸国では，所得，税金，教育，健康，職場などの多岐にわたる登録情報を学術研究に使用することができる。

　新しいデータセットが，幅広い分野で登場している。電子購買履歴を通じて，消費者の購買情報に関する詳細なデータが入手できるようになった。国際貿易データは，製品ごとに多数の国のペアについて，数十年分にわたり集められている。軍隊もデータ革命に貢献してきた。2000年代のアフガニスタン紛争において，アメリカや国際治安支援部隊は，反乱軍攻撃の位置情報，発生時刻，種類などに関するデータを集め，反乱対策戦略の指針を定めるためにデータ分析を行っている。同様に，政府機関や非政府組織が，戦争による民間人死傷者に関するデータを集めている。政治キャンペーンでは有権者動員の戦略を立てるためにデータ分析が用いられ，特定のタイプの有権者層をターゲットとして入念に選んだメッセージを発信している。

　これらのデータセットの形態も様々である。計量社会科学者は，法案や新聞記事，政治家の演説など様々な電子テキストをデータとして分析している。ウェブサイトやブログ，ツイッター，SMSメッセージ，フェイスブックなどを通じてソーシャルメディア・データを入手できるようになったため，人々がオンライン上でどのようにやりとりしているか調査することが可能となった。地理情報システム（geographical information system; GIS）のデータセットも発達し，空間的位置に注意を払いつつ，選挙区の区割り変更のプロセスや内戦を分析できるようになった。衛星画像データを用いて，途上国の農村部でどの程度電力が普及しているかを調査した研究者もいる。まだ少数ではあるものの，社

会科学的な問いに答えるために，計量的な手法を用いて画像や音声，さらには動画を分析することもある．

　情報技術革命に伴って豊富で多様なデータを入手できるようになったことで，学者から実務家まで，企業のアナリストから政策立案者まで，学生から教員まで，あらゆる人がデータに基づいた発見をすることが可能になった．従来は，統計学者や一部の専門家のみがデータ分析を行っていたのに対して，現在では，誰もがパソコンを起動し，インターネットからデータをダウンロードし，自分の好きなソフトウェアを用いて分析を行うことができるのである．こうした変化により，政策の有効性を示す上でも，従来に比べてより一層，説得力のある説明が求められるようになっている．例えば，非政府組織や政府機関は，政策やプログラム実施の資金を確保し正当性を高めるため，厳格な評価を行い，その有効性を示さなければならなくなった．

　透明性の確保やデータに基づいた発見が重視されるようになったことで，社会科学分野の学生は，どのようにデータを分析し，どのように結果を解釈し，そして，そこから得られた知見をどう効果的に公表するかについて学ぶ必要が出てきた．伝統的な統計学の入門コースでは，手計算，あるいはせいぜい関数電卓を用いた計算をさせることで，学生に統計学の基礎的な概念を教えることが多かった．もちろん，そうした概念は依然として重要であり，本書でもそれらを取りあげる．しかし伝統的なアプローチでは，今日の社会的要求に応えられない．一般的な統計学の概念や方法論を学ぶだけでは，「統計リテラシー」が十分に身につかないのである．データから引き出すことができる豊富な情報を余すことなく活用し，データに基づいた発見を通して社会に貢献していくために，社会科学を学ぶ者は皆，基本的なデータ分析のスキルを身につける必要がある．

　誰でもデータ分析ができるようになるべきだと考えたことが，本書を書こうと思った最大の動機である．この本では，計量社会科学の研究に必要とされるデータ分析の3つの要素について解説していく．すなわち，研究の背景に関する知識，プログラミング技術，そして，統計手法である．これらの要素はどれも単独では不十分である．研究の背景に関する知識なしには，データ分析に必要な仮定の信頼性を評価することができず，また，観察された知見が何を意味しているのか理解することができない．プログラミング技術がなければ，データを分析し，リサーチ・クエスチョンに答えることもできない．統計原理

に則らなければ，シグナルと呼ばれる体系的なパターンとノイズと呼ばれる例外的なパターンを区別することができず，誤った推論をしてしまう可能性がある（ここでは，推論とは，観察データに基づいて，未知の数量について結論を導き出すことを指す）。この3つの要素を組み合わせ，本書はデータ分析の威力を示す。

1.1 本書の概観

　本書は，データ分析と統計学の初学者向けの本である。社会科学やその他の分野の研究者，大学院生，大学生だけではなく，実務家や意欲的な高校生なども読者として想定している。初歩的な代数を除けば，必要な予備知識はない。微積分や確率論の知識なしに読み進めることができる。プログラミング経験は，あるに越したことはないが，不可欠ではない。また，データ分析をほとんど教えない，伝統的な手計算による統計学入門を履修した人にとっても役に立つ。学生はこの本を通して，データ分析の面白さを体感できるだろう。ここでは，社会科学的な問いに答えるためにRをどう使うかに焦点を当てているが，Rを用いたプログラミングを学びたい人にも本書は役立つだろう。

　上で述べたように，本書の特徴は，公開されている計量社会科学研究から直接もってきたデータの分析を通して，プログラミング技術と統計学の概念とを同時に解説しようとする点にある。目指すところは，社会の問題や人間行動に関する重要な問いに答えるために，社会科学者がどのようにデータ分析を行うかを示すことである。同時に，本書を読むことで，基礎的な統計学の概念や初歩的なプログラミング技術を身につけることもできる。さらに大事なこととして，約40のデータセットを検討することで，データ分析を経験することができる。

　本書は，8つの章から構成されている。この第1章では，本書の最善の活用法を説明し，広く普及しているオープンソースの統計プログラミング環境であるRの手短な解説を行う。Rは，無料でダウンロードすることができ，Mac，Windows, Linuxのコンピュータで使用できる。読者の皆さんには，データ分析をより簡単に行うことができる無料のソフトウェア・パッケージRStudioの使用を強くお勧めする。この章の最後には，出版された社会科学研究で用いられたデータセットを使って，初歩的なRの機能を練習するための練習問

題を 2 つ設けている。この本で使用しているデータセットはすべて http://press.princeton.edu/qss/ から無料でダウンロードできる。また，このウェブサイトには，各章の復習問題など，有用な教材へのリンクもある。なお，第 5 章を除き，R の最も基本的なシンタックス(構文)を使うことがほとんどであり，様々な追加パッケージを導入することはない。しかし，この本を読み終える頃には，他のパッケージも使える R プログラミング技術が身についているだろう。

　第 2 章では，**因果関係**(causality)の基礎的解説を行う。社会科学の研究において，因果関係は，特定の政策やプログラムが，問題としている結果を変化させるかどうかを調べようとするときには，常に決定的に重要な役割を果たす。しかし，因果関係の分析は，観察することができない反事実を推論しなければならないため，非常に困難であることがよく知られている。例えば，労働市場における人種差別の存在を理解するためには，審査通過の連絡をもらえなかった黒人と同じ人物が，もし白人であれば連絡がもらえたのか，を知らなければならない。この章では，黒人らしい求職者の名前と白人らしい求職者の名前を研究者がランダムに選んで，架空の求職者の履歴書を求人企業に送った，有名な実験研究のデータを分析する。この研究を応用例として，トリートメント(処置)の割り当てをランダム化することでどのようにトリートメントの平均因果効果を特定できるかを説明する。

　また，トリートメントの割り当てを研究者がコントロールしない，観察研究における因果推論についても説明する。ここでの主な応用例は，最低賃金の上昇が雇用に与える影響を解明しようとした古典的な研究である。多くの経済学者は，最低賃金を上げると雇用が減少する可能性があると主張する。その根拠は，最低賃金を上げると雇用主は労働者により高い賃金を支払わなければならないために，雇用する労働者の数を減らさざるを得ないからである。残念なことに，最低賃金の引き上げはランダムに決定されているわけではなく，経済成長のように，それ自体が雇用と強く関係している数多くの要因に影響を受けている。そうした複数の要因によって，企業がトリートメントグループになるかが決定されるため，トリートメントを受けたグループと受けていないグループを単純に比較しただけでは，バイアス(偏り)を含んだ推論になってしまう。

　そこで，観察研究におけるこの種の選択バイアスを減らそうとする方策をいくつか紹介する。観察研究はトリートメントの効果を不正確に推定してしまう

恐れがあるものの，ランダム化比較試験によって得られた結果よりも一般化しやすい場合が多い。また，この章では，投票推進運動における社会的プレッシャーに関するフィールド実験も取りあげる。第2章の練習問題では，初等教育における少人数クラスの因果効果を調査するランダム化実験や，政治的指導者の暗殺とその効果に関する自然実験を取りあげる。Rのプログラミングに関しては，論理式や部分集合化（一部を抜き出すこと）について説明する。

第3章では，測定（measurement）という基本的な概念を説明する。測定におけるバイアスは誤った結論や誤解に基づく決定につながる恐れがあるため，正確に測定することはどのようなデータに基づく発見においても重要である。まず，標本サーベイ調査でどのように世論を測定すべきか検討する。ここでは，アフガニスタン紛争の期間中に，アフガニスタン市民の間での国際治安支援部隊とタリバン反乱軍への支持がそれぞれどの程度だったのかを測定した研究のデータを分析する。この分析を通じて，サーベイを行う際の抽出において，ランダム化がいかに役立つか説明する。具体的にいえば，母集団から回答者をランダムに抽出することで，母集団を代表した標本を手に入れることができる。その結果，1つの小規模な代表的集団によって，母集団全体の意見を推論することが可能となるのである。また，標本抽出の潜在的なバイアスについても検討する。無回答があると，標本の代表性が損なわれる可能性がある。偽った回答は推論にとって深刻な脅威となる。特に，タリバンの反乱を支持するかどうかというような，デリケートな問題について尋ねられた場合にそのようなことが起こる。

第3章の後半では，計量社会科学において重要な役割を果たすが直接には観察できない概念の測定に焦点を当てる。こうした概念の有名な例には能力やイデオロギーがあるが，この章では政治イデオロギーを取りあげる。まず，議員のイデオロギー位置を点呼投票から推論するためによく用いられるモデルを説明した後，アメリカ議会が時代とともにどのようにして分極化してきたのかを検討する。次に，基本的なクラスタリング計算手法である k 平均法を解説する。この手法により，似たような観察グループを見つけることができる。この手法をデータに適用することで，議会におけるイデオロギーの分極化が近年では政党の違いで特徴づけられていることがわかる。対照的に，それ以前の時期は，それぞれの政党内にイデオロギーの分裂があった。また，本章では，分位数や標準誤差，ジニ係数といったデータのばらつきの尺度も解説する。Rの

プログラミングに関しては，1変量データや2変量データのビジュアル化を解説する．練習問題では同性婚に関する実験を改めて分析する．物議をかもしたこの実験は，この章で取りあげる方法論の例であると同時に，学問的な誠実さに関する問題を突き付けるものである．

第4章では，予測(prediction)について検討する．ある事象が起こるかどうかを予測することは，政策決定や意思決定のプロセスにおいて非常に重要である．例えば，財政計画をたてる際には経済パフォーマンスを予測する必要があるし，対外政策を決定する際には，早い段階で市民の不穏な動きを察知し，事前に対策を講じることが重要となる．本章で主に取りあげる応用例は，選挙前の世論調査を用いたアメリカ大統領選挙の結果予測である．複数の世論調査データを組み合わせることで，比較的簡単に，きわめて正確な予測ができることを明らかにする．加えて，ある心理学実験のデータを分析する．この実験では被験者に知らない候補者の顔写真を見せて，候補者の能力に点数を付けてもらう．この分析によれば，驚くべきことに，一瞬の顔の印象で選挙結果を予測することができる．この例を通して，ある変数から他のある変数の値を予測する際によく用いられる線形回帰モデルを解説する．また，線形回帰と相関関係との関係を説明した上で，「回帰」という言葉の由来となった「平均への回帰」という現象を考察する．

第4章では，さらに，単に予測を行うだけではなく因果効果を推定するために回帰モデルが使える場合について検討する．因果推論は，予測変数(predictor)としてトリートメント変数を使い，観察された結果ではなく反事実の結果を予測するという点で，標準的な予測とは異なる．ここでは，インドにおいてランダムに選ばれた村で村議会のいくつかの議席が女性に割り当てられる事例を用いた，ランダム化自然実験のデータを分析する．この自然実験を通して，女性政治家の存在が政策に影響を及ぼすかどうか，特に，女性の有権者が気にかける政策課題に影響を与えるかどうかを検討する．また，この章では，観察研究で因果推論を行うために用いられる回帰分断デザインについても解説する．これに関しては，イギリスにおいて，政治家の資産がどの程度，政治的役職に就いていることによって得られたものなのか考える．この問いに答えるため，選挙に辛うじて当選した候補者と惜しいところで落選した候補者の比較を行う．さらに，この章では，少々難しいが役に立つRプログラミングの概念である，ループ(繰り返し)と条件文について解説する．章末の練習問題で

は，選挙予測の賭博市場が選挙結果を正確に予測することができるのかという分析などを行う．

第5章では，様々な種類のデータからのパターンの**発見**(discovery)について解説する．「ビッグデータ」を分析する際には，データにある体系的なパターンを特定するために，機械的なデータ処理の手法やビジュアル化のためのツールが必要である．まず，テキスト（文章）をデータとして分析する．ここでは主に，合衆国憲法の基となった論文集『ザ・フェデラリスト』の著者が誰なのかを予測する．この論文集の中には著者が明らかなものがある一方で，著者不明のものもある．著者が明らかな文章に出てくる特定の単語の頻度を分析することで，著者不明とされてきた論文を執筆したのはアレクサンダー・ハミルトンとジェームズ・マディソンのどちらなのかを予測できる．次に，分析ユニット間の関係に焦点を当て，ネットワーク・データの分析方法を示す．ルネサンス期フィレンツェにおける姻戚関係ネットワークの中で，メディチ家が重要な役割を果たしていたことを定量的に示す．より現代的な例として，中心性に関する様々な尺度を紹介し，アメリカの上院議員がツイッターにおいて生成するソーシャルメディア・データに応用する．

第5章では，地理空間データを最後に解説する．まず，空間データ分析の古典であるジョン・スノーの研究を検討する．これは，1854年にロンドンでコレラが大流行した原因の研究である．次に，アメリカの選挙データを例に，地図を作成しながら空間データをビジュアル化する方法を示す．時空間データを扱う際には，時間とともに変化する空間のパターンをビジュアル化するために，いくつものマップを連続的に重ねてアニメーションを作成する．そのためこの章では，ビジュアル化専用のいくつかのRパッケージを用いながら，様々なデータビジュアル化の技術を応用する．

第6章では，データ分析の話から，不確実性に関する統一的な数学モデルの1つである**確率**(probability)に焦点を移す．これまでの章では，どのようにパラメーター（母集団についての関心のある値）を推定し予測を立てるか検討してきたが，実証的知見に含まれる不確実性に関しては論じていなかった．この点については第7章で説明する．確率は推論の不確実性を定量的に示す統計的推論の基礎であるため重要である．ここではまず，頻度論者とベイズ論者という2つの主要な観点から，確率をどのように解釈すべきかという問いについて考える．次に，確率と条件付き確率の数学的定義を与えた後，確率論の基

本的な法則について解説する。その1つが「ベイズの公式」である。ベイズの公式を用いることで，サーベイ・データが入手できなくても，名字と住所から個人のエスニシティを正確に予測できることを示す。

また，この章では，確率変数と確率分布という重要な概念についても説明する。これらの概念ツールを用いて，第4章の選挙前の世論調査データを用いた選挙結果の予測に不確実性の尺度を付け加える。また，賭博市場のデータを用いた選挙結果予測の不確実性に関する練習問題もある。最後に，大数の法則と中心極限定理という2つの基本的な定理の説明を行う。この2つの定理は，様々な場面で使うことができ，標本サイズが大きくなり標本抽出を何回もするにつれて推定結果がどのように変わるかを理解する上で役に立つ。章末の練習問題では，第2次世界大戦中にドイツで使われていた暗号機エニグマと，ロシアにおける選挙不正の検出を扱う。

第7章では，推定結果や予測の**不確実性**(uncertainty)をどのように定量的に示すのかを検討する。これまでの章では，データに存在するパターンを見つけるために使われるデータ分析の手法をいくつも紹介してきた。第6章の知識を土台として，第7章では，そのようなパターンに対し，どの程度の確実性を見込めるかについて詳細に解説する。この章では，標準誤差や信頼区間の計算，仮説検定の使用などを通してノイズとシグナルを区別する方法を紹介する。つまり，この章のテーマは統計的推論である。これまでの章で出てきた例を用いているが，ここでの焦点は，計算された推定値がどの程度不確実なのか，である。扱うのは，選挙前に行われた世論調査の分析や，初等教育におけるクラスの人数が生徒の学力に及ぼす影響に関するランダム化実験，最低賃金の上昇が雇用に与える影響を評価した観察研究などである。また，統計的仮説検定について検討する際には，多重検定(multiple testing)や「出版バイアス」の危険性についても注意を喚起する。最後に，線形回帰モデルから導かれた推定値の不確実性がどの程度であるかをどのように定量化すべきか検討する。ここでは再び，インドの女性政治家に関するランダム化自然実験や，イギリスの政治家が政治的地位に就くことによって蓄積できる資産量を推定するための回帰分断デザインについて検討する。

最終章では，この本を読み終えた後で次に何をすべきか手短に説明する。また，計量社会科学の研究においてデータ分析が果たす役割についても検討する。

1.2 本書の使い方

この節では本書の使い方を説明するが，これは次の原則に則っている．

> データ分析はやってみて身につくもので，読むだけでは身につかない．

この本はただ読むようには書かれていない．実際にデータ分析を経験することが何よりも重要である．それには本書に出てくるコードを自分で試し，あれこれ変えてみて，各章の章末にある練習問題に取り組むのが一番である．この本で使うコードやデータセットはどれも http://qss.princeton.press/ の Students ページにあるリンクから無料でダウンロードできる．

この本は段階を踏みながら解説を行う．後の章は，前の方で取りあげた題材の多くに読者がなじんでいることを前提としている．そのため，途中の章を飛ばすことはお勧めしない．例外は第 5 章「発見」で，ここの内容は後の章で使わない．とはいえこの章は，本書の中でも特に興味深いデータ分析の例を扱っており，取り組むことを勧めたい．

この本は，様々な形で使うことができる．例えば，伝統的な統計学の入門コースで，データ分析演習の副読本として，この本の全体または一部を課すことができる．この本の一番よい使い方は，一方的な講義にあまり時間を費やすことなく，クラス内で教員が学生とやりとりしながらデータ分析の演習を行うようなコースで使うというものである．そうしたクラスでは，授業の前に学生は本書の該当箇所を予習しておき，授業では，新しく出てきた手法やプログラミング技術について教員が解説を行った上で，本書の練習問題や自分たちで選んだ他の同様の応用例にそれらを使ってみる．このようなプロセスを経ることで，クラス全員が答えにたどり着くまでに，場合によってはソクラテス式問答法も使って，教員と学生が練習問題に関して双方向的に議論できる．クラスでのディスカッションの後で，少人数の学生が教員と共に別の練習問題に取り組むようなコンピュータ実習室でのフォローアップを行えると理想的である．

この教え方は「個別・一般・個別」原則に沿っている[1]．この原則によれ

---

1) Frederick Mosteller（1980）"Classroom and platform performance." *American Statistician*, vol. 34, no. 1 (February), pp. 11–17.

ば，教員は特定の事例を紹介して新しい概念を例示し，次にその概念の一般的な取り扱いを示し，最後に別の特定の事例にそれを応用してみせる．授業前の読書課題は，特定の事例と新しい概念に関する基礎的な理解を促す．そして，授業時には教員はその概念についてあらためて一般的な取り扱いを説明した後，学生と一緒にそれを他の事例に当てはめてみることができるのである．これは効果的な教育法であり，学生をアクティブ・ラーニングに引き込み，社会科学の研究を行えるだけのデータ分析の能力を学生に身につけさせることができる．最後に，学生がデータ分析を習得したかどうかを評価するために別の応用例の課題を出してもよい．その一助として，希望する教員には各章の追加の練習問題とその解答が入った非公開リポジトリへのアクセス方法をお知らせする．

取りあげる題材について，15週にわたるコース概要の例を以下にあげておく．毎週約2時間の授業と1時間のコンピュータ実習を行うことを想定している．少人数でデータ分析の方法を学ぶ実践的なコンピュータ実習は必須である．

章タイトル	章	週
イントロダクション	1	第1週
因果関係	2	第2-3週
測定	3	第4-5週
予測	4	第6-7週
発見	5	第8-9週
確率	6	第10-12週
不確実性	7	第13-15週

より短期のコースの場合には，題材を絞る方法が少なくとも2通りある．まず，「データ・サイエンス」という側面を強調し，統計的推論を省略するやり方が考えられる．具体的には，上のコース例でいうと，第6章「確率」と第7章「不確実性」を省略できる．もう1つの方法は，テキスト・データ，ネットワーク・データ，空間データの分析を取りあげる第5章「発見」を省略し，確率と不確実性の章は省略しないというものである．

最後に，各章で解説されている基礎的な方法論やプログラミング概念を確実に習得するために，まず1つの章全体を読んでから，その章にあるすべてのコードを自分で書いてみることを勧める．そして，各章を読み終えたら，章末

表 1.1 swirl 復習問題

章	swirl レッスン	該当する節
第 1 章 イントロダクション	INTRO1 INTRO2	1.3 1.3
第 2 章 因果関係	CAUSALITY1 CAUSALITY2	2.1–2.4 2.5–2.6
第 3 章 測定	MEASUREMENT1 MEASUREMENT2	3.1–3.4 3.5–3.7
第 4 章 予測	PREDICTION1 PREDICTION2 PREDICTION3	4.1 4.2 4.3
第 5 章 発見	DISCOVERY1 DISCOVERY2 DISCOVERY3	5.1 5.2 5.3
第 6 章 確率	PROBABILITY1 PROBABILITY2	6.1–6.3 6.4–6.5
第 7 章 不確実性	UNCERTAINTY1 UNCERTAINTY2 UNCERTAINTY3	7.1 7.2 7.3

注：表は，本書における章・節と swirl 復習問題との対応関係を示している。

の練習問題に挑戦する前に，オンラインの復習問題を解いてみよう。復習問題は http://qss.princeton.press/ の Students ページにある swirl レッスンから入手することができ，R 上で解答できる。より難しいデータ分析の練習問題に入る前に基礎を身につけさせるためにも，教員は各授業の前に swirl の問題を学生に課すことを勧める。オンラインの復習問題を始めるには，R で以下の 3 行のコマンドを打って，swirl パッケージ（1.3.7 参照）と本書用のレッスンをインストールする。なお，インストールは初回のみ行えばよい。

```
install.packages("swirl")  # パッケージのインストール
library(swirl)  # パッケージの読み込み
install_course_github("kosukeimai", "qss-swirl")  # コースのインストール
```

表 1.1 は swirl 復習問題を関連する章・節ごとにまとめたものである。復習

問題の **swirl** レッスンを始めるには，以下のコマンドを入力する．

```
library(swirl)
swirl()
```

swirl に関するより詳しい情報は http://swirlstats.com/ から入手できる．

1.3 Rの基礎

この節では，この後の章で使うことになるRについて必要十分な基礎知識を解説する．Rは，誰でも無料でダウンロードし，ソースコードを調べたり作ったりできる，オープンソースの統計プログラミング環境である．Rは強力で融通が利き，様々なデータを扱ったり，魅力的なグラフを作ることができる．そのため，学界・産業界で広く使われている．ニューヨーク・タイムズ紙はRについて以下のように書いている．

> 企業や研究機関のデータアナリストの間でますます使われるようになっている人気のプログラミング言語である．Rは彼らの共通言語になりつつあり，(中略)広告料金を設定したり，新薬をより迅速に発見したり，金融モデルを微調整するなど，様々な場面で用いられている．グーグルやファイザー，メルク，バンク・オブ・アメリカ，インターコンチネンタルホテルズグループ，シェルなど様々な企業でも使われている．(中略)グーグルのチーフ・エコノミストであるハル・ヴァリアンによれば，「Rの素晴らしいところは，あらゆることができるようにどんどん改良を加えられるところだ．すでに入手可能なパッケージなどをダウンロードすることもでき，巨人の肩にのっているということなのだ」[2]．

Rを入手するには，CRAN (The Comprehensive R Archive Network) のサイト (https://cran.r-project.org/) にアクセスし，自分が使っているOSを選

---

[2] Ashlee Vance (2009) "Data analysts captivated by R's power." *New York Times*, January 6.

んでリンクを開いた後，指示に従ってインストールを行う。

　Rはデータ分析の強力なツールであるが，実際に使おうとしたとき大きなハードルとなるのは，それをプログラミング言語として学ばなければならない点である。つまり，様々なシンタックスやプログラミングのルールを習得しなければならないのである。プログラミングを学ぶことは，外国語に熟達するのと似ている。根気強くたくさん練習しなければならないし，学習中にいらいらすることもあるかもしれない。この本では，様々なデータ分析の練習を通して，自分自身でデータ分析が行える統計プログラミングの基礎を身につけられるようになっている。「データ分析は自分でしてみなければ身につかない」というのがこの本の拠って立つ原則である。

　また，すでにプログラミング経験のある人，あるいは Emacs など他のテキストエディタを使いたい人を除き，RStudio を使うことをお勧めする。RStudio は，R をより使いやすくするための無料のオープンソース・プログラムである。RStudio では，1つのウィンドウ上で，プログラムを書き込むテキストエディタや作成したグラフを表示するグラフビューワー，プログラムを実行する R コンソール，ヘルプを表示するセクションなど，様々な機能が使える。最初は難しく感じるかもしれないが，RStudio を使えば，より簡単に R の使い方を学ぶことができる。RStudio を入手するには，http://www.rstudio.com/ にアクセスし，指示に従ってダウンロードとインストールを行えばよい。図 1.1 は，RStudio のスクリーンショットである。

　この節の残りの部分では，R の計算機としての使い方，R での様々なオブジェクトの作り方と扱い方，R へのデータセットの読み込み方，の3つのトピックを扱う。

1.3.1　算術演算

　まず，R を計算機として使って，簡単な算術演算をしてみよう。図 1.1 で，RStudio の左下のウィンドウは，R のコマンドを直接打つことができる R コンソールを示している。この R コンソールに，例えば，5 + 3 と入力した後，エンターを押してみよう。

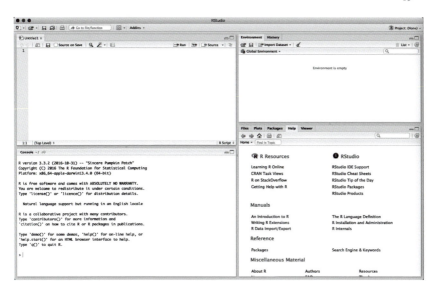

図 1.1 RStudio のスクリーンショット（バージョン 1.0.44）。左上のウィンドウはコードを含むスクリプトを示している。左下のウィンドウは R コマンドを直接書き込めるコンソールである。右上のウィンドウには R オブジェクトと R コマンドの実行履歴が示される。右下のウィンドウでは，プロット，データセット，作業ディレクトリにあるファイルとサブディレクトリ，R パッケージ，ヘルプページを見ることができる。

```
5 + 3
```

```
## [1] 8
```

R ではスペースが無視されるため，5+3 と入力しても同じ結果が返ってくる。しかし，読みやすくするため，ここでは + の前後にスペースを入れた。この例が示すように，本書では，R コンソールに入力した場合の R コマンドとその出力結果を示す。本来の R コンソールには表示されないが，本書では，R コマンドと出力結果を区別するために，出力結果の前には ## マークを付けている。最後に，この例に出てくる [1] は，出力結果が長さ 1 のベクトル（vector）の 1 つ目の要素であることを示している（ベクトルについては，1.3.3 で詳しく解説する）。読者はこうした例を自分でやってみることが重要である。重ねていうが，プログラミングはやってみなければ身につかない。では，ほかの例もやってみよう。

```
5 - 3
```
```
## [1] 2
```
```
5 / 3
```
```
## [1] 1.666667
```
```
5 ^ 3
```
```
## [1] 125
```
```
5 * (10 - 3)
```
```
## [1] 35
```
```
sqrt(4)
```
```
## [1] 2
```

最後の式は，いわゆる**関数**(function)の一例である。関数は，入力すると出力結果を返してくれる。上の`sqrt()`関数は，負でない数をとり，その数の平方根を返す。1.3.4 でも解説するが，R には実に多くの関数があり，また，ユーザーは自分で関数を作成することもできる。

1.3.2 オブジェクト

R では，情報を好きな名前を付けた**オブジェクト**(object)として格納できる。つまりオブジェクトは，情報やデータへの「ショートカット」として使う。そのため，オブジェクトには直感的にわかりやすい名前を付けることが重要である。ただし，オブジェクト名にはいくつか制限がある。例えば，オブジェクト名は数字から始めることができない（数字を含めることは可能である）。また，オブジェクト名にスペースを含めることはできない。さらに，%や$などの特殊文字は，R の中で特別な意味をもつため，オブジェクト名には使うことができない。RStudio では，自分で作成したオブジェクトは`Environment`（環境）と呼ばれる右上のウィンドウで見ることができる（図 1.1 参照）。オブジェクトに値を割り当てるには**割り当て演算子**（assignment operator）<- を用いる。

例として，上で行った計算結果を result という名前のオブジェクトに格納してみよう。一度格納すると，オブジェクトの名前を参照すれば，計算結果を使うことができる。デフォルトの設定では，オブジェクト名を入力してエンターを押せば，R コンソールにオブジェクトの値が表示される。あるいは，print() 関数を使って値を表示させることもできる。

```
result <- 5 + 3
result

## [1] 8

print(result)

## [1] 8
```

なお，同じオブジェクト名に異なる値を割り当てた場合，そのオブジェクトの値が変更される。そのため，後で使おうと考えて割り当てた情報を間違えて上書きしてしまわないように注意する必要がある。

```
result <- 5 - 3
result

## [1] 2
```

もう1つ注意しなければならないのが，オブジェクト名では大文字と小文字が区別されるという点である。例えば，Hello は，hello や HELLO と同じではない。よって，上で定義した result ではなく Result と入力すると，R コンソールではエラーが返ってくる。

```
Result

## Error in eval(expr, envir, enclos): object 'Result' not
## found
```

プログラミングのエラーやバグに遭遇するのは，学習の一環である。どう解決するかはなかなか厄介だ。ここでは，エラー・メッセージが「Resultというオブジェクトが存在しない」ことを示している。読み込まれているオブジェクトのリストは，右上のウィンドウ(図1.1参照)のEnvironmentタブで確認することができ，正しいオブジェクト名がresultであることがわかる。また，ls()関数を使うことでも同じリストを確認できる。

ここまでは，オブジェクトに数値を割り当ててきた。しかし，Rでは，数値以外にも様々な種類の値を割り当てることができる。例えば，引用符で囲むことで文字列を格納することもできる。

```
kosuke <- "instructor"
kosuke

## [1] "instructor"
```

文字列の場合には，スペースを挿入することができる。

```
kosuke <- "instructor and author"
kosuke

## [1] "instructor and author"
```

Rでは，引用符を使えば数字を文字として扱うことも可能である。

```
Result <- "5"
Result

## [1] "5"
```

しかし，文字列に対しては足し算や引き算などの算術演算を行うことができない。そのため，文字列の割り算や平方根の演算を行おうとするとエラーになる。

```
Result / 3

## Error in Result/3:  non-numeric argument to binary
## operator

sqrt(Result)

## Error in sqrt(Result):  non-numeric argument to
## mathematical function
```

Rでは，それぞれのオブジェクトに**クラス**(class)を割り当てることで，オブジェクトの種類を区別する。オブジェクトをクラスに分けることで，Rはオブジェクトのクラスに応じた適切な処理を行えるのである。例えば，数値は数値オブジェクトとして格納される一方，文字列は文字オブジェクトとして格納される。RStudioでは，`Environment`ウィンドウにおいて，オブジェクト名だけでなく，クラスも表示される。class()関数を使うことで，そのオブジェクトがどのクラスに属しているか確認することもできる。なお，関数自体も1つのクラスである。

```
result

## [1] 2

class(result)

## [1] "numeric"

Result

## [1] "5"

class(Result)

## [1] "character"

class(sqrt)
```

```
## [1] "function"
```

Rには他にも様々なクラスがあり，そのうちのいくつかは本書で紹介する．また，独自に新しいクラスを作成することも可能である．

1.3.3 ベクトル

Rにデータを入力する最も単純な（ただし最も非効率的な）方法を紹介する．表1.2は，ここ数十年の世界人口の推定値（単位：1000人）を示している．このデータを，数値ベクトルのオブジェクトとしてRに入力することができる．ベクトル(vector)，すなわち1次元配列とは，特定の順序で格納された情報の集合を指す．複数の値をもつデータベクトルを作成するには，連結(concatenate)を意味するc()関数を使い，ベクトルの各要素をコンマで区切る．例えば，世界人口の推定値を要素としてもつベクトルを作成してみよう．

```
world.pop <- c(2525779, 3026003, 3691173, 4449049, 5320817,
    6127700, 6916183)
world.pop

## [1] 2525779 3026003 3691173 4449049 5320817 6127700
## [7] 6916183
```

また，c()関数を使うことで，複数のベクトルをまとめることもできる．

```
pop.first <- c(2525779, 3026003, 3691173)
pop.second <- c(4449049, 5320817, 6127700, 6916183)
pop.all <- c(pop.first, pop.second)
pop.all

## [1] 2525779 3026003 3691173 4449049 5320817 6127700
## [7] 6916183
```

さらに，ベクトルの中のある要素を取り出したい場合には，角括弧([ ])を

表 1.2　世界人口推定

年	世界人口（単位：1000 人）
1950	2,525,779
1960	3,026,003
1970	3,691,173
1980	4,449,049
1990	5,320,817
2000	6,127,700
2010	6,916,183

出典：United Nations, Department of Economic and Social Affairs, Population Division（2013）*World Population Prospects: The 2012 Revision, DVD Edition.*

用いる．これは，**要素指定**(indexing)と呼ばれる．角括弧にコンマで区切った複数の番号を入れれば，複数の要素を取り出すこともできる．一方で，番号にマイナス記号(-)を付けると，特定の要素をベクトルから取り除くことができる．ただし，こうした操作を行っても元のベクトルが変わるわけではない．

```
world.pop[2]

## [1] 3026003

world.pop[c(2, 4)]

## [1] 3026003 4449049

world.pop[c(4, 2)]

## [1] 4449049 3026003

world.pop[-3]

## [1] 2525779 3026003 4449049 5320817 6127700 6916183
```

このベクトル内の各要素は数値であるため，算術演算を行うことができる．演算はベクトル内の各要素に対して行われる．ベクトルの中の各要素を 1000 で割って，1000 人単位から 100 万人単位の推定値に換算してみよう．

```
pop.million <- world.pop / 1000
pop.million

## [1] 2525.779 3026.003 3691.173 4449.049 5320.817 6127.700
## [7] 6916.183
```

また，各年代の人口推定値を1950年の人口推定値に対する比で表すこともできる。world.popというベクトルにおいて，1950年の人口推定値はベクトルの1つ目の要素であった。

```
pop.rate <- world.pop / world.pop[1]
pop.rate

## [1] 1.000000 1.198047 1.461400 1.761456 2.106604 2.426063
## [7] 2.738238
```

さらに，複数のベクトルを使った算術演算を行うこともできる。例えば，各年代の人口の増加率を計算できる。これは，10年間の増加分をその年代の開始時点の人口で割ることで定義される。例えば，ある年の人口が10万人で，次の年に12万人に増加したとしよう。この場合，「人口が20%増加した」といえる。各年代の増加率を計算するために，まず2つのベクトルを作成する。1つは最初の年代(1950年)のデータを除いたもの，もう1つは最後の年代(2010年)のデータを除いたものである。次に，1つ目のベクトルから2つ目のベクトルを引き算する。できたベクトルの各要素は人口増加数と等しくなる。例えば，1つ目の要素は1960年の人口推定値と1950年の人口推定値の差である。

```
pop.increase <- world.pop[-1] - world.pop[-7]
percent.increase <- (pop.increase / world.pop[-7]) * 100
percent.increase

## [1] 19.80474 21.98180 20.53212 19.59448 15.16464 12.86752
```

最後に，通常の割り当て演算子(<-)を使うことで，ベクトル内の特定の要素の値を変えることもできる。以下では，percent.increase ベクトルの最初の2つの要素を整数に丸めた値に置き換えている。

```
percent.increase[c(1, 2)] <- c(20, 22)
percent.increase

## [1] 20.00000 22.00000 20.53212 19.59448 15.16464 12.86752
```

1.3.4 関　　数

関数はRで重要なものであり，様々な処理を行う。関数はたいてい複数の入力オブジェクトを受け取り，1つの出力オブジェクトを返す。これまでにもいくつかの関数を紹介してきた。sqrt(), print(), class(), そして c() である。Rで関数を使用する場合には，funcname(input) という形で書く。funcname は関数名を，input は入力オブジェクトを示す。プログラミング（あるいは数学）では，入力のことを引数(argument)と呼ぶ。例えば，sqrt(4) の場合，sqrt が関数，4が引数すなわち入力オブジェクトとなる。

　データを要約（基本的な記述統計を計算）する場合に役に立つ基本的な関数をいくつか紹介しよう。length() 関数は，ベクトルの長さ，すなわち，ベクトル内の要素の数を返してくれる。min() 関数は最小値(minimum)を，max() 関数は最大値(maximum)を，range() 関数はデータの範囲(range)を返す。mean() 関数は平均値(mean)を，sum() 関数はデータの合計(sum)を返すものである。ここまでのところ，関数には1つのオブジェクトしか入力しないため，引数名は使用しない。

```
length(world.pop)

## [1] 7

min(world.pop)

## [1] 2525779
```

```
max(world.pop)
## [1] 6916183
range(world.pop)
## [1] 2525779 6916183
mean(world.pop)
## [1] 4579529
sum(world.pop) / length(world.pop)
## [1] 4579529
```

　最後にあげた例は，すべての要素の合計を要素の個数で割ったもので，このやり方でも平均値を求めることができる。

　また，複数の引数がある場合には，シンタックスは funcname(input1, input2) という形になるが，ここで入力の順番が重要になる。すなわち，funcname(input1, input2) は funcname(input2, input1) と異なるのである。引数を並べる順番によって混乱や問題が発生しないように，それぞれの入力に対応した引数名を決めておくとよい。その場合，funcname(arg1 = input1, arg2 = input2) という形になる。

　例えば，seq() 関数を使うと，同じ数だけ増えていく（または，減っていく）等差数列のベクトルを作成できる。最初の引数 from は，数列が何の数から始まるか示す。2 番目の引数 to は数列の最後の数を示す。最後の引数 by は，数列の公差（隣り合う 2 項間の差）を表す。この関数を用いて，表 1.2 の year 変数のオブジェクトを作成してみよう。

```
year <- seq(from = 1950, to = 2010, by = 10)
year
## [1] 1950 1960 1970 1980 1990 2000 2010
```

ここでは入力オブジェクトに名前を付けているので，引数の順番を入れ替えても出力結果が変わることはない。

```
seq(to = 2010, by = 10, from = 1950)

## [1] 1950 1960 1970 1980 1990 2000 2010
```

この例には必要ないが，seq() 関数を使うことで，減少していく等差数列を作成することもできる。また，コロン演算子(:)は，単純な数列，すなわち，コロンの前の数から後の数まで1ずつ増加または減少する数列を作成する。

```
seq(from = 2010, to = 1950, by = -10)

## [1] 2010 2000 1990 1980 1970 1960 1950

2008:2012

## [1] 2008 2009 2010 2011 2012

2012:2008

## [1] 2012 2011 2010 2009 2008
```

names() 関数を使えば，ベクトルの要素にアクセスし，名前を付けることができる。要素の名前はデータそのものではないが，R オブジェクトの便利な属性である。下の例では，NULL という出力結果が出ていることから，world.pop というオブジェクトの各要素にはまだ名前が付いていないことがわかる。しかし，このオブジェクトにラベルとして year を割り当てれば，world.pop オブジェクト内の各要素をわかりやすいラベルとともに表示させることができるのである。

```
names(world.pop)

## NULL
```

```
names(world.pop) <- year
names(world.pop)

## [1] "1950" "1960" "1970" "1980" "1990" "2000" "2010"

world.pop

##     1950    1960    1970    1980    1990    2000    2010
## 2525779 3026003 3691173 4449049 5320817 6127700 6916183
```

往々にして，オリジナルの関数を作成し，それを繰り返し使いたい場合がある．そうすれば，同じ(あるいは似たような)コードのかたまりを何度も書かずにすむし，コードが効率的でわかりやすくなる．function() 関数で新しい関数を作ることができる．シンタックスは以下のような形になる．

```
myfunction <- function(input1, input2, ..., inputN) {
    入力を使って "output" を定義する
    return(output)
}
```

このコード例では myfunction が関数名，input1, input2, ..., inputN が入力引数で，{ } 内にあるコマンドが実際の関数を定義する．最後に，return() 関数が関数の出力を返す．手始めに，数値ベクトルの要約を計算する簡単な関数を作ってみよう．

```
my.summary <- function(x) { # この関数は引数を1つとる
    s.out <- sum(x)
    l.out <- length(x)
    m.out <- s.out / l.out
    out <- c(s.out, l.out, m.out) # 出力結果の定義
    names(out) <- c("sum", "length", "mean") # ラベルを付ける
    return(out) # 出力を呼び出して関数を閉じる
```

```
}
z <- 1:10
my.summary(z)

##      sum length   mean
##     55.0   10.0    5.5

my.summary(world.pop)

##      sum   length     mean
## 32056704        7  4579529
```

上の例にある x, s.out, l.out, m.out, out といったオブジェクトは，関数が作成される環境とは独立に，関数内で定義される。つまり，関数内と関数外のオブジェクトに同じ名前を使ってしまうことを心配しなくてよいのである。

1.3.5 データファイル

ここまでは，R に手動で入力したデータのみを扱ってきた。しかし，実際には外部のファイルからデータを読み込むことのほうが多いだろう。本書では，次の 2 種類のデータファイルを使用することになる。

- **CSV**（comma-separated values）ファイルとは，表形式のデータである。これは，Microsoft Excel や Google Spreadsheet で作成したスプレッドシート形式のデータと概念的には同じものである。観察（observation）ごとに改行で区切られており，観察内の各フィールドはコンマやタブなどの区切り文字で区切られている。
- **RData** ファイルは，データセットも含めた R オブジェクトを集めたものを表している。これは，様々な種類の R オブジェクトを複数含むこともある。RData ファイルは，データファイルのほか R コードの作業途中の結果を保存する際に役立つ。

データファイルを扱う前の準備として，使用したいデータファイルが**作業ディレクトリ**（working directory）に保存されているかどうかを確認する必要がある。作業ディレクトリとは，R がデータの読み込みや保存などの作業を

行うデフォルトの場所である。作業ディレクトリを変更する方法はいくつかある。RStudio では，右下のウィンドウの Files タブの下にデフォルトの作業ディレクトリが表示される(図 1.1 を参照)。しかし，デフォルトの作業ディレクトリとは別のディレクトリを使用したいことも多い。作業ディレクトリを変更するには，作業したいフォルダを選んでから，Files のすぐ下のバーにある More をクリックして Set As Working Directory を選択する。または，RStudio のプルダウンメニューから Session > Set Working Directory > Choose Directory... の順に選択し，作業したいフォルダを選んでもよい。そうすれば，右下のウィンドウには，変更後の作業ディレクトリ内のファイルやフォルダが表示される。

　setwd() 関数を使うことでも作業ディレクトリを変更することができ，自分の選んだフォルダへのフルパスを文字列として指定する。現在の作業ディレクトリを表示するには getwd() 関数を用いるが，この場合には括弧内に何も入力しないでエンターを押す。例えば，下のシンタックスは，作業ディレクトリを qss/INTRO に設定し，結果を確認するものである(出力結果は省略)。

```r
setwd("qss/INTRO")
getwd()
```

　表 1.2 の国連の人口推定データが，以下のような CSV ファイル UNpop.csv として保存されていたとしよう。

```
year, world.pop
1950, 2525779
1960, 3026003
1970, 3691173
1980, 4449049
1990, 5320817
2000, 6127700
2010, 6916183
```

RStudio で CSV ファイルを読み込むには，右上のウィンドウにあるドロップダウンメニューから(図 1.1 参照)，Import Dataset > From Text File... の順でクリックしていく。また，read.csv() 関数を使うこともできる。以下

のシンタックスでは，データをデータフレーム・オブジェクトとして読み込んでいる（データフレーム・オブジェクトに関しては後述）。

```
UNpop <- read.csv("UNpop.csv")
class(UNpop)

## [1] "data.frame"
```

一方，同じデータセットがUNpop.RDataという名のオブジェクトとしてRDataファイルに保存されている場合には，load()関数を用いることで，RのセッションにUNpop.RDataファイル内に保存されているRオブジェクトをすべて読み込める。RDataファイルを読み込むときは，load()関数に割り当て演算子を使う必要がない。なぜなら，ファイル内にすでにオブジェクト名が保存されているからである。

```
load("UNpop.RData")
```

Rでは，ファイルの場所を完全に特定すれば，コンピュータ上のあらゆるファイルにアクセスできる。例えば，UNpop.csvというデータファイルがDocuments/qss/INTRO/というディレクトリに保存されている場合には，read.csv("Documents/qss/INTRO/UNpop.csv")のようなシンタックスを用いる。ただし，前述のように作業ディレクトリを設定しておけば，長たらしいパスを打ちこむ必要はない。

データフレームとはベクトルの集合のことであり，スプレッドシートのようなものと考えることができる。データを可視化して点検することは往々にして役に立つ。RStudio上では，右上のウィンドウにあるEnvironmentタブ（図1.1参照）からオブジェクト名をダブルクリックすることで，データフレーム・オブジェクトを表形式で見ることができる。こうすると，データを表示する新しいタブが展開される。あるいは，View()関数を使い，括弧内に確認したいデータフレームを入れることもできる。データフレーム・オブジェクトを扱うのに役に立つ関数には，変数名のベクトルを返すnames()関数，行数を返すnrow()関数，列数を返すncol()関数，nrow()関数とncol()関数の出力結

果をベクトルとして同時に返す dim() 関数，要約を出してくれる summary() 関数などがある．

```
names(UNpop)
## [1] "year"      "world.pop"
nrow(UNpop)
## [1] 7
ncol(UNpop)
## [1] 2
dim(UNpop)
## [1] 7 2
summary(UNpop)
##       year          world.pop
##  Min.   :1950    Min.   :2525779
##  1st Qu.:1965    1st Qu.:3358588
##  Median :1980    Median :4449049
##  Mean   :1980    Mean   :4579529
##  3rd Qu.:1995    3rd Qu.:5724258
##  Max.   :2010    Max.   :6916183
```

summary() 関数を使うと，データフレーム・オブジェクト内の各変数について，最小値，第 1 四分位数(quartile，25 パーセンタイル／ 25th percentile)，中央値(median，50 パーセンタイル／ 50th percentile)，第 3 四分位数(third quartile，75 パーセンタイル／ 75th percentile)，最大値を出してくれる．これらに関しては 3.3 においてさらに詳しく検討する．

\$ 演算子は，データフレーム・オブジェクトに含まれる個別の変数にアクセスする方法の１つである．これは，指定した変数を含むベクトルを返してく

れる。

```
UNpop$world.pop
## [1] 2525779 3026003 3691173 4449049 5320817 6127700
## [7] 6916183
```

　また，ベクトルのときと同じように角括弧 [ ] の中に要素指定を入れて特定の変数を取り出すこともできる。データフレーム・オブジェクトは 2 次元配列なので，行と列それぞれを指定するインデックスが 2 つ必要である。角括弧内をコンマで区切って [rows, columns] のように書き，行・列の番号または行・列の名前で特定の行と列を指定する。行・列の番号を使う場合，: や c() のように複数の要素を指定する関数が役に立つ。特定の行(列)を指定しなければ，すべての行(列)が返される。以下で，具体的な例を用いて要素指定のシンタックスを確認しておこう。

```
UNpop[, "world.pop"]   # "world.pop" という列を抜き出す
## [1] 2525779 3026003 3691173 4449049 5320817 6127700
## [7] 6916183

UNpop[c(1, 2, 3), ]    # 最初の 3 行(およびすべての列)を抜き出す
##   year world.pop
## 1 1950   2525779
## 2 1960   3026003
## 3 1970   3691173

UNpop[1:3, "year"]     # "year" という列の最初の 3 行を抜き出す
## [1] 1950 1960 1970
```

　データフレーム・オブジェクトに含まれる 1 つの変数から特定の観察を取り出す場合には，変数はベクトルなので要素指定は 1 つでよい。

```
## "world.pop" 変数から奇数番目の要素を取り出す
UNpop$world.pop[seq(from = 1, to = nrow(UNpop), by = 2)]

## [1] 2525779 3691173 5320817 6916183
```

Rでは，欠損値は NA と表示される。欠損値が含まれるオブジェクトを使用する場合，処理を実行する前に関数の方で欠損値を自動的に除外することもあればそうでないこともある。欠損値に関しては，3.2 で詳しく説明する。ここでは，mean() 関数など多くの関数を実行する際に欠損値を除外してくれる，引数 na.rm = TRUE を紹介しておく。以下の例では，ベクトルの 8 番目が欠損しており，欠損値が除外されるまで平均が計算できない。

```
world.pop <- c(UNpop$world.pop, NA)
world.pop

## [1] 2525779 3026003 3691173 4449049 5320817 6127700
## [7] 6916183         NA

mean(world.pop)

## [1] NA

mean(world.pop, na.rm = TRUE)

## [1] 4579529
```

1.3.6 オブジェクトを保存する

Rセッションで作成するオブジェクトは，現在の作業環境である**作業スペース**(workspace)に一時的に保存される。先ほど説明したように，ls() 関数を使うことで，現在の作業スペースに保存されているすべてのオブジェクト名を表示することができる。また，RStudio では，右上の Environment タブに，作業スペース上のすべてのオブジェクトが表示される。しかし，現在のセッションを終了してしまうと，これらのオブジェクトは消えてしまう。これを避けるに

は，セッションを終了するたびにRDataファイルとして作業スペースを保存すればよい。

　Rを終了する際，作業スペースを保存するかどうか訊かれる。このとき，必要なもののみ保存することを習慣づけるために，noを選択するようにしよう。yesを選択した場合，作業スペース全体が.RDataとして明示的なファイル名のない形で作業ディレクトリに保存され，次回Rを立ち上げた際に自動的に読み込まれる。しかし，このやり方はお勧めできない。なぜなら，多くのOSにおいて.RDataファイルはユーザーには見えない上，ls()関数を実行しないかぎり何のオブジェクトが読み込まれたかわからないからである。

　RStudioでは，右上のEnvironmentウィンドウにある「保存」アイコン（水色のフロッピーディスク）をクリックして作業スペースを保存することができる（図1.1参照）。あるいは，メニューから，Session > Save Workspace As...とクリックしていき，ファイルを保存する場所を選択してもよい。必ずRData拡張子を使うようにしよう。RStudioを次回起動して同じ作業スペースを読み込むには，右上のEnvironmentウィンドウから「ファイルを開く」アイコン（黄色いフォルダから緑の矢印が出ている）をクリックするか，Session > Load Workspace...の順に選択するか，load()関数を使おう。

　さらに，save.image()関数を使って，作業スペースを保存することもできる。拡張子はいつでも.RDataとしなければならない。フルパスを指定しないかぎり，オブジェクトは作業ディレクトリに保存される。例えば，以下のシンタックスは，qss/INTROというディレクトリがすでに存在する場合に，そこにChapter1.RDataという名前で作業スペースを保存する。

```
save.image("qss/INTRO/Chapter1.RData")
```

　作業スペース全体ではなく，特定のオブジェクト（データフレーム・オブジェクトなど）のみ保存したい場合もある。このとき使えるのが，save()関数である。save(xxx, file = "yyy.RData")のように使い，xxxはオブジェクト名，yyy.RDataはファイル名である。オブジェクト名を複数並べて，1つのRDataファイルに保存することもできる。以下でも，qss/INTROというディレクトリがあるとした場合のシンタックスの例を紹介する。

```
save(UNpop, file = "Chapter1.RData")
save(world.pop, year, file = "qss/INTRO/Chapter1.RData")
```

データフレーム・オブジェクトを，RData ファイルではなく CSV ファイルとして保存したい場合もある。以下の例のように，オブジェクト名とファイル名を指定して write.csv() 関数を使う。

```
write.csv(UNpop, file = "UNpop.csv")
```

最後に，RData ファイルに保存されたオブジェクトを使用するには，これまでどおり load() 関数を使えばよい。

```
load("Chapter1.RData")
```

1.3.7 パッケージ

R の強みの 1 つとして，様々な機能をもつ R パッケージの開発に多くの R ユーザーが参加している点があげられる。これらのパッケージは CRAN のサイト（http://cran.r-project.org）から入手できる。本書では，様々なパッケージを使用することになる。例えば，Stata や SPSS のような R 以外の統計ソフトで作成されたデータファイルを読み込みたい場合がある。**foreign** パッケージは他の統計ソフトのデータファイルからデータを読み込むのに役に立つ。

パッケージを使うには，library() 関数を用いて作業スペースに読み込まなければならない。また，読み込む前に，パッケージのインストールが必要な場合がある。**RStudio** では，右下のウィンドウ（図 1.1 参照）から Packages > Install の順にクリックし，自分が使いたいパッケージをインストールすることができる。なお，Packages タブには，現在までにインストールされたパッケージがリストアップされている。あるいは，install.packages() 関数を用いて R コンソールからインストールを行うこともできる（以下の例では出力結果は省略）。パッケージのインストールは一度だけ行えばよいが，

新しいバージョンがリリースされた場合には Update をクリック，または，install.packages() 関数で再インストールすることでアップデートできる。

```
install.packages("foreign")  # パッケージのインストール
library("foreign")  # パッケージの読み込み
```

いったん **foreign** パッケージを読み込めば，データファイルを読み込むのに適切な関数も使うことができるようになる。例えば，read.dta() 関数や read.spss() 関数は，それぞれ Stata と SPSS のデータファイルを読み込むことができる（以下の例では，作業ディレクトリに UNpop.dta と UNpop.sav があると想定している）。

```
read.dta("UNpop.dta")
read.spss("UNpop.sav")
```

すでに述べたように，他の統計ソフトで直接読み込むことが可能なデータファイルとしてデータフレームを保存することもできる。例えば，write.dta() 関数は，データフレームを Stata のデータファイルとして保存する。

```
write.dta(UNpop, file = "UNpop.dta")
```

1.3.8 プログラミングと学習のコツ

ここまで R を手短に説明してきたが，最後に R 言語のプログラミングを学ぶときのコツをいくつか紹介したい。第 1 に，プログラムを書き込む際には，R コンソールに直接入力するのではなく，RStudio にあるようなテキストエディタを使用すること。コマンドの機能を確認したり，さっと数量計算を行うくらいであれば，R コンソールに直接入力してもかまわない。しかし，より複雑なプログラミングを行うのであれば，テキストエディタを使用し，そこで使用したコードを .R 拡張子のテキストファイルとして保存したほうがよい。そうすることで，プログラムを記録し，必要なときにいつでも再実行できる。

RStudio では，プルダウンメニューから File > New File > R Script の

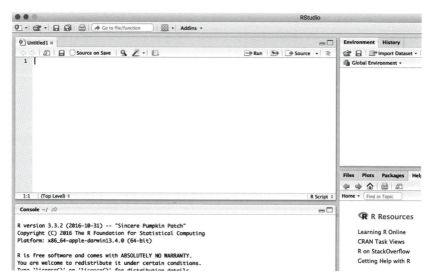

図 1.2　RStudio テキストエディタのスクリーンショット。RStudio で R スクリプトファイルを開くと，テキストエディタがウィンドウの 1 つとして現れる。ここでコードが書ける。

順に選択するか，「新規ファイル作成」アイコン(白の四角の上に緑の丸で囲まれた白いプラスマーク)から R Script を選択してみよう。どちらのやり方でも，左上のウィンドウにテキスト編集用の空のドキュメントが開かれ，これでコードが書けるようになる(図 1.2 参照)。RStudio のテキストエディタからコードを実行するには，実行したいコードをハイライトし，Run アイコンを押せばよい。Windows の場合には，Ctrl+Enter でも実行できる。一方，Mac の場合には，Command+Enter が同じ意味のショートカットとなる。最後に，Source アイコンをクリックするか，source() 関数にコードを実行したいファイル名(作業ディレクトリにない場合はフルパスも必要)を入力すると，バックグラウンドで(つまりコンソールにコードが表示されないで)すべてのコードが実行される。

```
source("UNpop.R")
```

第 2 に，自分にも他人にもわかりやすくするために，R コードには注釈が付けられる。コードが複雑になってくると，この作業が特に重要である。注釈を

付けるには，#マークを用いる。これより後の文字はすべて無視せよとRに知らせるマークである。慣例では，1行まるまる注釈の場合には，##というようにマークを二重に，Rコマンドの後に注釈を書く場合には，#を1つ使う。以下に例を示しておく。

```r
##
## ファイル：UNpop.R
## 作者：Kosuke Imai
## 以下のコードは国連の人口データを読み込み，
## Stata のファイルとして保存する
##

library(foreign)
UNpop <- read.csv("UNpop.csv")
UNpop$world.pop <- UNpop$world.pop / 1000  # 100万人単位の人口
write.dta(UNpop, file = "UNpop.dta")
```

第3に，さらに明晰なコードにするには，一定のルールに従ってコードを書くことが重要である。例えば，ファイル名や変数名，関数名には伝わりやすい名前を付けること。一貫性のあるスペースの使い方やインデントも不可欠である。これまでの例でいえば，<- や =, +, - などの2項演算子の前後やコンマの後ろには，必ずスペースを入れてきた。コーディング・スタイルについての包括的な説明は本書の範疇を超えるが，グーグルによるRのスタイル・ガイド (https://google.github.io/styleguide/Rguide.xml)に従うことをお勧めする。さらに，Rコードの潜在的エラーや誤ったシンタックスをチェックすることができる。コンピュータ・サイエンスの分野では，このプロセスのことをリンティング (linting) と呼ぶ。**lintr** パッケージに含まれる lint() 関数を使うことで，Rコードのリンティングができる。以下のシンタックスでは，上のUNpop.Rファイルのリンティングを実行しているが，例示のために9行目の割り当て演算子 <- を等号 = に置き換えてある。

```r
library(lintr)
```

```
lint("UNpop.R")

## UNpop.R:7:7: style: Use <-, not =, for assignment.
## UNpop = read.csv("UNpop.csv")
##       ^
```

最後に，**rmarkdown** パッケージによる R Markdown は，R で素早く文書を作成する際に役立つ。R Markdown を使えば，R コードや出力結果を簡単なシンタックスでプレーン・テキスト形式の文書に埋め込むことができる。できた文書は HTML や PDF，Microsoft Word などの形式にできる。R Markdown は R コードだけでなく出力結果も埋め込むことができるので，文書に示されたデータ分析の結果は再現可能である。また，R Markdown は RStudio にも組み込まれており，クリックするだけで文書を作成できる。すぐに始めるには，http://rmarkdown.rstudio.com/ を参照してほしい。

1.4 まとめ

この章では，まず，データがあふれかえる現代社会において計量社会科学が果たす重要な役割を指摘した。データに基づいた発見を通じて社会に貢献するには，どのようにデータを分析し，結果を解釈し，他の研究と関連づけていくか学ぶ必要がある。その第一歩として，データ分析に役立つプログラミング言語である R を手短に説明した。この章の残りは，「R の基礎」で学んだことをしっかり身につけるための練習問題となっている。まずは，**swirl** の復習問題から始めてみよう。**swirl** には https://press.princeton.edu/qss/ からアクセスすることができる。復習問題で間違えてしまったら，練習問題に進む前に本書の関連ページに戻り，よく復習しておこう。

1.5 練習問題

1.5.1 自己申告に基づく投票率のバイアス

サーベイ（世論調査）は，投票率などの政治行動を測定するためによく用いられる。しかし，自己申告の正確さについて懸念を抱く研究者もいる。特に，選

表 1.3　アメリカの投票率データ

変数	説明
year	選挙の年
ANES	ANES の推定投票率
VEP	有権者人口（単位：1000 人）
VAP	選挙年齢人口（単位：1000 人）
total	無効票を含む実際の投票数合計（単位：1000 票）
felons	投票権のない重罪犯人合計（単位：1000 人）
noncitizens	アメリカ国籍をもたない居住者合計（単位：1000 人）
overseas	在外有権者合計（単位：1000 人）
osvoters	在外有権者投票数合計（単位：1000 票）

挙後のサーベイで，投票に行っていない回答者が，行くべきだったと感じるために，行かなかったことを偽ってしまう**社会的望ましさバイアス**（social desirability bias）が懸念されている。アメリカ国政選挙調査（American National Election Studies; ANES）では，こうしたバイアスが生じているだろうか。ANES とは，1948 年以降のすべての選挙を対象に行われている全国規模のサーベイである。全国を代表するよう抽出された成人に対面でインタビューを実施している。表 1.3 は，turnout.csv データファイルに含まれる変数の名前と説明である。

1. データを R に読み込んだ後，データの構造を確認しておこう。また，データの要約も出しておこう。観察はいくつあり，データセットには何年から何年までのデータが含まれているだろうか。
2. 選挙年齢人口（VAP）を使って投票率を求めよう。このデータセットに在外有権者合計を足さなくてはならないことに注意が必要である（VAP にはそうした人々が含まれていない）。次に，有権者人口（VEP）を使って投票率を計算してみよう。結果がどのように違うだろうか。
3. VAP と ANES の投票率推定値の差を求めてみよう。差は平均してどのくらいの大きさになっているだろうか。差の範囲はどのくらいだろうか。同様の比較を VEP と ANES の投票率推定値について行ってみよう。結果を簡潔に論評しよう。
4. VEP の投票率と ANES の投票率を，大統領選挙と中間選挙のそれぞれで比較してみよう。なお，データセットでは 2006 年が除外されている。ANES 推定値のバイアスは，選挙の種類によって変わるだろうか。

5. 選挙の年を基準にデータを半分に分け，2 つの期間に部分集合化しよう．それぞれの期間について，VEP の投票率と ANES の投票率の差を求めよう．ANES のバイアスは時間とともに増加しているだろうか．
6. ANES は，受刑者や在外有権者にはインタビューを行っていない．2008 年 VAP の投票率の補正値を求めよう．補正済み VAP を計算するために，まず，VAP から投票権のない重罪犯人と国籍をもたない居住者の合計を引く．次に補正済み VAP の投票率を求めるが，2008 年の投票数合計から，在外有権者投票数合計を引くことに注意しよう．補正済み VAP の投票率と，VAP, VEP, ANES の投票率を比較し，結果を簡潔に考察しよう．

1.5.2　世界人口の動態を理解する

社会科学の多くの領域では，人口動態の理解が重要となる．1950 年から 1955 年および 2005 年から 2010 年という 2 つの期間における出生と死亡に関する世界の人口統計量を計算してみよう．`Kenya.csv`, `Sweden.csv`, `World.csv` という 3 つのデータファイルを分析する．この 3 つのファイルにはそれぞれ，ケニア，スウェーデン，世界全体の人口に関するデータが含まれている．表 1.4 は，それぞれのデータセットに含まれる変数の名前と説明を示したものである．データは 5 年間における観察人年(person-year)，すなわち，その期間内における各人の観察期間の総和となっている．例えば，その 5 年間ずっと生きていた人は 5 人年と加算される一方，その半分しか生きていない人は 2.5 人年と加算される．練習問題を始める前に，それぞれのデータセットを閲覧しておくとよいだろう．R では，`View()` 関数を使えばよい．引数は調べるデータフレーム名である．また，RStudio では，`Environment` タブ内のデータフレーム名をダブルクリックすることで，データをスプレッドシート形式で表示できる．

1. まず，各期間における**粗出生率**(crude birth rate; CBR)を計算してみよう．CBR は以下のように定義できる．

$$\text{CBR} = \frac{\text{出生数}}{\text{観察人年数}}$$

ケニア，スウェーデン，世界のそれぞれについて，各期間における CBR を計算しよう．まず，男性と女性の観察人年を合計し，総観察人年を計

表 1.4　出生数・死亡数の推定データ

変数	説明
country	国名の略号
period	データが収集された期間
age	年齢グループ
births	出生数(単位：1000 人)，すなわち当該年齢グループに属する女性が産んだ子供の数
deaths	死亡数(単位：1000 人)
py.men	男性の観察人年(単位：1000 人年)
py.women	女性の観察人年(単位：1000 人年)

出典：United Nations, Department of Economic and Social Affairs, Population Division (2013) *World Population Prospects: The 2012 Revision, DVD Edition.*

算しよう。その際，$ を使って既存のデータフレーム内に新しい変数として記録しておく。次に，その結果について，地域ごとに適切なラベルを付けて，長さ 2 (2 つの期間の CBR) のベクトルとして保存する。効率的なプログラミングのために，独自の関数を作成してもよい。CBR の計算結果から観察されるパターンを簡潔に説明してみよう。

2. CBR はわかりやすいが，その分母にはすべての年代の男女両方が含まれている。そこで，次に，**合計特殊出生率**(total fertility rate; TFR)を求めてみよう。CBR と違い TFR は，女性人口における年齢構成について調整する。そのためには，まず**年齢別出生率**(age-specific fertility rate; ASFR)を計算する必要がある。これは，出産可能年齢 [15, 50) の女性による出生率を示している。$[x, x+\delta)$ の範囲の ASFR といった場合，x は開始年齢を，δ は年齢範囲(年単位)を表しており，以下のように定義できる。

$$\text{ASFR}_{[x,\,x+\delta)} = \frac{[x,\,x+\delta)\text{ の年齢の女性による出生数}}{[x,\,x+\delta)\text{ の年齢の女性の観察人年数}}$$

なお，角括弧 [と] は端点を含むのに対し，括弧 (と) は端点を含まない。例えば，[20, 25) は，20 歳以上 25 歳未満を意味する。多くの人口統計データでは，年齢範囲 δ は 5 年となっている。それぞれの期間のスウェーデン，ケニア，世界全体の ASFR を計算しよう。そして，地域ごとの ASFR を別々に保存しておこう。スウェーデンとケニアの女性の出産に関して，この ASFR のパターンから何がいえるだろうか。

3. ASFR を使うと，TFR を出産可能年齢の間に 1 人の女性が産む子供の平

均数と定義できる。

$$\text{TFR} = \text{ASFR}_{[15,\ 20)} \times 5 + \text{ASFR}_{[20,\ 25)} \times 5 + \cdots + \text{ASFR}_{[45,\ 50)} \times 5$$

年齢範囲が5年なので，それぞれのASFRに5を掛ける。それぞれの期間について，スウェーデン，ケニア，世界全体のTFRを求めてみよう。なお，前の設問と同様，女性の出産可能年齢の範囲は[15, 50)とする。各国と世界全体のTFRが求められたら，それぞれの期間について長さ2のベクトルとして保存しよう。概して，1950年から2000年にかけて世界の女性数はどのように変化したのだろうか。世界全体の出生数についてはどうだろうか。

4. 次に，人口動態のもう1つの重要な側面である死亡について考えてみよう。まず，粗出生率(CBR)と同じように，**粗死亡率**(crude death rate; CDR)を各期間，地域ごとに計算しよう。各国と世界全体のCDRが求められたら，長さ2のベクトルとして保存しよう。CDRは以下のように定義できる。

$$\text{CDR} = \frac{死亡数}{観察人年数}$$

求めたCDRから観察されるパターンを簡潔に説明してみよう。

5. ここまでの分析から，2005年から2010年までの期間におけるケニアのCDRが，スウェーデンのCDRとほとんど同じレベルであるという理解しにくい結果が得られた。一般に，スウェーデンのような先進国は，ケニアのような途上国よりも死亡率が低いと予想される。CDRは単純でわかりやすいが，人口における年齢構成が考慮に入れられていない。そこで，**年齢別死亡率**(age-specific death rate; ASDR)を計算する。年齢範囲 $[x, x+\delta)$ のASDRは以下のように定義される。

$$\text{ASDR}_{[x,\ x+\delta)} = \frac{年齢範囲\ [x,\ x+\delta)\ の死亡者数}{年齢範囲\ [x,\ x+\delta)\ の観察人年数}$$

2005年から2010年にかけてのケニアとスウェーデンそれぞれについて，年齢グループごとにASDRを計算してみよう。また，観察された結果を簡潔に説明してみよう。

6. ケニアとスウェーデンにおけるCDRの意味することの違いを理解するための1つの方法として，スウェーデンの人口分布から反事実的なケ

ニアのCDR（または，ケニアの人口分布から反事実的なスウェーデンのCDR）を算出することが考えられる。これは，CDRを以下のように書き換えて求めることができる。

$$\text{CDR} = \text{ASDR}_{[0,\,5)} \times P_{[0,\,5)} + \text{ASDR}_{[5,\,10)} \times P_{[5,\,10)} + \cdots$$

ここで，$P_{[x,\,x+\delta)}$ は年齢範囲 $[x, x+\delta)$ の人口割合を表す。これは，すべての年齢範囲の総観察人年に対するその年齢範囲の観察人年数の割合として計算することができる。この反事実の分析を行うために，2005年から2010年の期間におけるケニアの $\text{ASDR}_{[x,\,x+\delta)}$ とスウェーデンの $P_{[x,\,x+\delta)}$ を使う。つまり，まず，スウェーデンの各年齢別人口割合を計算した後，それを，ケニアの反事実的な CDR を計算するために使うのである。もともとのケニアの CDR の値と，反事実的なケニアの CDR の値を比べると何がいえるだろうか。結果を簡潔に解釈してみよう。

第2章 因果関係

> 浅はかな者は運を信じ，情況に頼る。強い者は原因と結果を信じる。
>
> ——ラルフ・ワルド・エマソン『処世論』

　この章では，計量社会科学で最も重要な概念の1つである因果関係について考える。社会科学の研究の多くは，様々な政策や他の社会的要因がもたらす因果効果に関心を寄せる。少人数クラスを導入することで，生徒たちの標準テストの成績はよくなるのだろうか。国民皆保険制度は貧困層の健康状態や暮らし向きをよくしてくれるのだろうか。選挙の投票率や各有権者の投票先を決定づける要因はなんだろうか。こうした因果関係に関する問いに答えるためには，反事実の結果(counterfactual outcome，実際には起こらなかった帰結)を推論し，事実の結果(factual outcome，実際に起こった帰結)と比較する必要がある。因果関係に関するこれらの問いは重要な学術論争や政策論争を形作るものだが，入念なリサーチ・デザインやデータ分析がこれらの問いをどのように分析できるかを示す。まず，労働市場における人種差別の研究を取りあげる。次に，因果推論をする上で役に立つ様々なリサーチ・デザインを解説し，それをほかの研究に応用してみる。ここで取りあげるのは，社会的プレッシャーと投票率の関係や，最低賃金の上昇が雇用に与える影響に関する研究である。また，Rでデータの部分集合を取り出す何種類かの方法や基本的な記述統計を計算する方法を学ぶ。

2.1 労働市場における人種差別

　労働市場には人種差別が存在するのだろうか。あるいは，人種による失業率の格差は，人種によって学業成績に差があるといった他の要因に帰すべきなのだろうか。この問いに答えるために，2人の社会科学者が次のような実験を行

表 2.1 履歴書実験データ

変数	説明
firstname	架空の求職者の名前
sex	求職者の性別 (female または male)
race	求職者の人種 (black または white)
call	連絡が来たかどうか (1= 来た，0= 来なかった)

った[1]。彼らは新聞広告を見て，求人企業に対し，架空の求職者の履歴書を送った。その際，求職者の名前だけ変え，履歴書のそれ以外の情報はまったく同じにした。一部の求職者にはラキーシャ・ワシントンやジャマル・ジョーンズのように黒人らしい名前を用いたのに対し，別の求職者にはエミリー・ウォルシュやグレッグ・ベイカーのように白人に典型的な名前を用いたのである。次に，こうしてできた 2 つのグループの間で書類審査通過の連絡が来た者の割合を比較し，白人に典型的な名前を使った場合よりも，黒人に典型的な名前を使った場合のほうが，連絡が来た割合が低いかどうか調査した。なお，応募した職種は，営業職，管理支援職，事務職，顧客サポート職のいずれかである。

この実験から得られたデータを詳しく見てみよう。まず，read.csv() 関数を使って，resume.csv という CSV ファイルを resume というデータフレーム・オブジェクトとして R に読み込む。表 2.1 は，このデータセットにある変数とその説明である。

```
resume <- read.csv("resume.csv")
```

read.csv() 関数を使う代わりに，RStudio のプルダウンメニュー Tools > Import Dataset > From Text File... を使ってデータセットを読み込んでもよい。

この resume というデータフレーム・オブジェクトは，**実験データ** (experimental data) の一例である。実験データは実験研究デザインに基づいて集めたデータであり，実験研究デザインにおいては，**トリートメント変数** (treatment variable) すなわち関心をもっている原因変数が**結果変数** (outcome variable) に与

---

[1] この節は，以下の論文に基づいている。Marianne Bertrand and Sendhil Mullainathan (2004) "Are Emily and Greg more employable than Lakisha and Jamal? A field experiment on labor market discrimination." *American Economic Review*, vol. 94, no. 4, pp. 991–1013.

える因果効果を調べるために，研究者がトリートメント変数を操作する。今の例でいうと，履歴書に書かれた名前によって暗示される架空の求職者の人種がトリートメントにあたる。結果変数は，求職者に審査通過の連絡が来たかどうかである。ここでの関心は，履歴書に書かれている名前によって連絡が来る割合に変化が生じるかどうかを調べることにある。

> **実験研究**(experimental research)では，様々な観察に異なる値のトリートメント変数を割り当て，それに対応する結果変数の値を測定することで，トリートメントが結果にどのような因果効果をもたらすのかを調べる。

```
dim(resume)
```

```
## [1] 4870    4
```

dim() 関数を使うと，resume には 4870 の観察と 4 つの変数が含まれていることがわかる。それぞれの観察は，架空の求職者を示している。結果変数は，架空の求職者が求人企業から書類審査通過の連絡をもらったかどうかである。トリートメント変数は，各求職者の人種と性別である。より正確には，求職者のそれらの属性を直接操作するのではなく，求人企業が求職者の性別や人種をどう感じるかが操作されている。

いったん読み込むと，RStudio ではデータセットがスプレッドシート形式で表示される。あるいは，head() 関数を使って，データセットの最初のいくつかの観察を見ることもできる。

```
head(resume)
##   firstname    sex  race call
## 1   Allison female white    0
## 2   Kristen female white    0
```

```
## 3   Lakisha female black   0
## 4   Latonya female black   0
## 5    Carrie female white   0
## 6       Jay   male white   0
```

例えば，2番目の観察にはクリステン（Kristen）の履歴書があるが，これは白人女性と特定され，連絡は来なかった。さらに，`summary()` 関数によって，データフレームの要約を作成することもできる。

```
summary(resume)

##    firstname         sex           race
## Tamika : 256    female:3746   black:2435
## Anne   : 242    male  :1124   white:2435
## Allison: 232
## Latonya: 230
## Emily  : 227
## Latoya : 226
## (Other):3457
##      call
## Min.   :0.00000
## 1st Qu.:0.00000
## Median :0.00000
## Mean   :0.08049
## 3rd Qu.:0.00000
## Max.   :1.00000
##
```

要約には名前・性別・人種ごとの履歴書の数が示されるほか，連絡の来た履歴書が全体に占める割合が示される。例えば，「ラトーニャ（Latonya）」という求職者の名前が書かれた履歴書は230あった。また，このデータセットには，黒人と白人の名前が同数ある一方で，男性よりも女性の履歴書が多く含まれて

いることもわかる。

これで，黒人らしい名前が記載された履歴書が連絡をもらいにくいのかどうかに答える準備ができた。この問いに答えるために，まず，架空の求職者の人種と連絡をもらったかどうかの関係をまとめた**分割表**(contingency table，**クロス集計表** cross tabulation とも呼ばれる)を作成してみよう。これには table() 関数を用いる。2元分割表には，対応する行(race 変数)と列(call 変数)で定義された各カテゴリーに入る観察の数が示されている。データフレーム内にある変数を使用する場合には，$ 演算子を使うことを思い出そう(1.3.5 参照)。例えば，resume$race というシンタックスは，resume データフレームから race 変数を取り出す。

```
race.call.tab <- table(race = resume$race, call = resume$call)
race.call.tab

##         call
## race       0    1
##   black 2278  157
##   white 2200  235
```

例えば，この分割表から，黒人らしい名前が記載された履歴書 2435 (= 2278 + 157) 通のうち，157 通のみに連絡が来たことがわかる。table() 関数の出力結果に addmargins() 関数を使って各行・各列の合計を追加しておくと便利である。

```
addmargins(race.call.tab)

##         call
## race       0    1  Sum
##   black 2278  157 2435
##   white 2200  235 2435
##   Sum   4478  392 4870
```

この分割表を使って，審査通過率(審査通過の連絡を受けた履歴書の割合)

を，標本全体に対して，次に黒人と白人のそれぞれに対して計算できる。

```
## 審査通過率（全体の審査通過数を標本サイズで割ったもの）
sum(race.call.tab[, 2]) / nrow(resume)

## [1] 0.08049281

## 人種ごとの審査通過率
race.call.tab[1, 2] / sum(race.call.tab[1, ])   # 黒人

## [1] 0.06447639

race.call.tab[2, 2] / sum(race.call.tab[2, ])   # 白人

## [1] 0.09650924
```

`race.call.tab[1, ]` というシンタックスは，列の番号は指定せず，この行列の1行目のすべての要素を抽出することを思い出そう。なお角括弧内では，コンマの前の数が行列の行を指定し，コンマの後の数が列を指定する（1.3.5 参照）。R にこのシンタックスをタイプするだけで確認できる。

```
race.call.tab[1, ]   # 1 行目

##    0    1
## 2278  157

race.call.tab[, 2]   # 2 列目

## black white
##   157   235
```

この分析から，黒人らしい名前が記載された履歴書が書類審査を通過する割合は，白人らしい名前が記載されている場合よりも 0.032（3.2 パーセントポイント）低いことが見て取れる。これが意図的な差別の結果なのかどうかはわからないが，黒人求職者に対する低い審査通過率は，労働市場において人種差別があることを示唆している。具体的にいえば，この分析結果は，黒人らしい名

前が記載された履歴書は，白人らしい名前が記載された同一の履歴書よりも，審査通過の連絡を受ける可能性がかなり低いことを示している。

call 変数が **2 値変数**(binary variable)あるいは**ダミー変数**(dummy variable)であることをうまく利用すると，審査通過率の計算が簡単になる。call 変数は，求人企業が連絡をすれば 1，そうでなければ 0 である。一般的に，2 値変数の標本平均は，値が 1 の観察の割合に等しい。すなわち，値が 1 の観察の数を観察数の合計で割るよりも，mean() 関数を使って**標本平均**(sample mean, sample average)として計算したほうが便利である。例えば，上で使った少々複雑なシンタックスの代わりに次のように打ち込めば全体の審査通過率を計算できる。

```
mean(resume$call)

## [1] 0.08049281
```

それでは，人種ごとの審査通過率はどうだろうか。mean() 関数を用いてこれを計算するには，まず，人種ごとにデータを部分集合化し，その部分集合内で call 変数の平均を求める必要がある。次の節では，R でデータを部分集合化する方法を解説する。

2.2 | R でデータを部分集合化する

この節では，データセットを部分集合化する様々な方法を学ぶ。まず，論理値と論理演算子について解説する。これらを使うと，データセット内のどの観察や変数を抽出するか指定できる。また，R においてカテゴリー変数を表す因子変数についても学ぶ。

2.2.1 論理値と論理演算子

部分集合化を理解するために，まず，R には TRUE(真)と FALSE(偽)という 2 つの**論理値**(logical value)の特別な表示があることに注意しよう。これらは論理型というオブジェクト・クラス(1.3.2 参照)に属している。

```
class(TRUE)
## [1] "logical"
```

これらの論理値は，as.integer() 関数を使うことで，整数型の 2 値変数に変換することができる。その場合，TRUE が 1，FALSE が 0 となる。

```
as.integer(TRUE)
## [1] 1
as.integer(FALSE)
## [1] 0
```

R では，多くの場合，数値演算が行いやすいように，論理変数が強制的に 2 値変数に変換される。例えば，ベクトル内の TRUE の割合を計算するには，mean() 関数を使い，論理ベクトルの標本平均を計算すればよい。同様に，TRUE の合計を計算するには，sum() 関数を使って，このベクトルの要素を合計すればよい。

```
x <- c(TRUE, FALSE, TRUE)   # 論理値のベクトル
mean(x)   # TRUE の割合
## [1] 0.6666667
sum(x)   # TRUE の数
## [1] 2
```

論理値は**論理演算子**(logical operator)の & や | と一緒によく出てくる。& は**論理積**(logical conjunction, 「かつ」)，| は**論理和**(logical disjunction, 「または」)に相当する。「かつ」(&) の値は，両方のオブジェクトの値が TRUE の場合にのみ，TRUE である。

表 2.2　論理積(「かつ」)と論理和(「または」)

言明 a	言明 b	a かつ b	a または b
TRUE	TRUE	TRUE	TRUE
TRUE	FALSE	FALSE	TRUE
FALSE	TRUE	FALSE	TRUE
FALSE	FALSE	FALSE	FALSE

表は，a と b が TRUE または FALSE であるときの「a かつ b」の値と「a または b」の値を示す．

```
FALSE & TRUE

## [1] FALSE

TRUE & TRUE

## [1] TRUE
```

「または」(|)も同じように使う．ただし，「かつ」(&)とは異なり，「または」は，少なくとも一方のオブジェクトが値 TRUE をもてば，TRUE である．

```
TRUE | FALSE

## [1] TRUE

FALSE | FALSE

## [1] FALSE
```

これらの関係を表 2.2 にまとめた．例えば，ある言明が FALSE でもう 1 つが TRUE の場合には，これら 2 つの言明の論理積は FALSE だが，論理和は TRUE となる(表の 2 行目および 3 行目)．

同じ法則を念頭において，論理積を 2 つ以上つなげることもできる．その場合には，すべての要素が TRUE でないと TRUE が返ってこない．

```
TRUE & FALSE & TRUE

## [1] FALSE
```

さらに,「かつ」と「または」は同時に使用することもできる。ただし,その場合には混乱を避けるために括弧を使わなければならない。

```
(TRUE | FALSE) & FALSE   # 括弧内は TRUE になる

## [1] FALSE

TRUE | (FALSE & FALSE)   # 括弧内は FALSE になる

## [1] TRUE
```

論理演算子「かつ」と「または」は,ベクトル全体に一度に実行することができる。以下のシンタックスの例では,TF1 という論理ベクトルの各要素を,対応する TF2 という論理ベクトルの各要素と比較している。

```
TF1 <- c(TRUE, FALSE, FALSE)
TF2 <- c(TRUE, FALSE, TRUE)
TF1 | TF2

## [1]  TRUE FALSE  TRUE

TF1 & TF2

## [1]  TRUE FALSE FALSE
```

2.2.2 関係演算子

関係演算子は2つの値の関係を評価する。これには,「大なり(より大きい)」(>),「大なりイコール(以上)」(>=),「小なり(より小さい)」(<),「小なりイコール(以下)」(<=),「等しい」(==, 代入を表す = とは異なるので注意),「等しくない」(!=)などがある。これらの演算子は論理値を返す。

2.2 Rでデータを部分集合化する — 55

```
4 > 3
## [1] TRUE
"Hello" == "hello"   # R は大文字・小文字を区別する
## [1] FALSE
"Hello" != "hello"
## [1] TRUE
```

　論理演算子と同じように，関係演算子も一度にベクトル全体に適用することができる。ベクトルに適用した場合には，演算子はベクトルの各要素を評価する。

```
x <- c(3, 2, 1, -2, -1)
x >= 2
## [1]  TRUE  TRUE FALSE FALSE FALSE
x != 1
## [1]  TRUE  TRUE FALSE  TRUE  TRUE
```

　関係演算子は論理値を返すので，その出力結果を「かつ」(&)や「または」(|)でつなぐことができる。複数の条件がある場合には，わかりやすいようにそれぞれ括弧内に入れる習慣をつけておくとよい。

```
## 論理値をもつ 2 つのベクトルの論理積
(x > 0) & (x <= 2)
## [1] FALSE  TRUE  TRUE FALSE FALSE
## 論理値をもつ 2 つのベクトルの論理和
(x > 2) | (x <= -1)
```

```
## [1]  TRUE FALSE FALSE  TRUE  TRUE
```

前述のとおり，論理値であるTRUEやFALSEは整数に変換できる(TRUEが1，FALSEが0となる)。したがって，ベクトルに含まれるTRUEの要素の数や割合は簡単に求めることができる。

```
x.int <- (x > 0) & (x <= 2) # 論理ベクトル
x.int

## [1] FALSE  TRUE  TRUE FALSE FALSE

mean(x.int) # TRUE の割合

## [1] 0.4

sum(x.int) # TRUE の数

## [1] 2
```

2.2.3　部分集合化

　1.3.3や1.3.5では，要素指定を使ってベクトルやデータフレームを部分集合化する方法を学習した。ここでは，本節でここまで見てきた論理値を使って，データフレームを部分集合化する方法を紹介する。2.1の最後では，2値のcall変数にmean()関数を使うことで，標本全体に対する審査通過率を計算した。黒人らしい名前の記載された履歴書の審査通過率を計算するには，次のシンタックスを使う。

```
## 黒人らしい名前の審査通過率
mean(resume$call[resume$race == "black"])

## [1] 0.06447639
```

　このコマンドのシンタックスは，resumeというデータフレーム内のcall

変数のうち，race 変数が black に等しい観察を抽出している。角括弧内で各要素の論理値を同じ長さのベクトルに割り当てることによって，ベクトル内の値に抽出指定を与えているのである。ここでは，抽出指定される値がTRUE である要素が抽出されている。次にこのシンタックスは，mean() 関数を使って，部分集合化されたベクトルの標本平均を計算している。これは，call 変数が 1 に等しい観察の割合と等しい。部分集合化をする角括弧内で使われている論理ベクトルを出力するとよくわかる。ある観察の race 変数が black (white) に等しいならば，できあがる論理ベクトルの対応する要素は TRUE (FALSE) となる。

```
## 最初の 5 つの観察の人種
resume$race[1:5]

## [1] white white black black white
## Levels: black white

## 最初の 5 つの観察を比較
(resume$race == "black")[1:5]

## [1] FALSE FALSE  TRUE  TRUE FALSE
```

なお，上の出力結果に表示されている Levels は，因子 (factor) 変数 (カテゴリー変数) を表している。これに関しては後で詳しく解説する (2.2.5 参照)。黒人らしい名前を用いた場合の審査通過率も以下の 2 段階で算出できる。まず，黒人らしい名前のみを含むようにデータフレームを部分集合化し，それから審査通過率を計算する。

```
dim(resume)   # 元のデータフレームに含まれる行・列の数

## [1] 4870    4

## 黒人のみ部分集合化する
resumeB <- resume[resume$race == "black", ]
dim(resumeB)  # このデータフレームは元のデータフレームよりも行数が
```

少ない

```
## [1] 2435    4
```

```r
mean(resumeB$call) # 黒人の審査通過率
```

```
## [1] 0.06447639
```

　ここで，データフレーム resumeB には黒人らしい名前が記載された履歴書に関する情報のみが含まれている。角括弧 [,] が，元のデータフレームから行を抽出するために使われていることに注目してほしい。ベクトルから要素抽出する場合と異なり，行と列の抽出を区切るためにコンマを使用している。このコンマは重要で，これがないとエラーになる。

　元の観察の一部だけを用いて元の変数の一部だけを含むデータフレームを作成するにあたり，角括弧ではなく，subset() 関数を使うこともできる。この関数は，元のデータフレーム・オブジェクトのほかに，subset と select という 2 つの引数をとる。引数 subset は，新しいデータフレームに各行を残すかどうかを指示する論理ベクトルをとる。引数 select は，残す変数名を指定する文字ベクトルをとる。例えば，以下のシンタックスは，黒人女性らしい名前が記載された履歴書の call 変数と firstname 変数を抽出する。

```r
## call 変数と firstname 変数を残す
## 同時に，黒人女性らしい名前の観察を残す
resumeBf <- subset(resume, select = c("call", "firstname"),
    subset = (race == "black" & sex == "female"))
head(resumeBf)
```

```
##    call firstname
## 3     0   Lakisha
## 4     0   Latonya
## 8     0     Kenya
## 9     0   Latonya
## 11    0     Aisha
```

```
## 13        0       Aisha
```

subset() 関数を使う場合には，引数 subset のラベルを省略することも可能である。例えば，subset(resume, subset = (race == "black" & sex == "female")) は，subset(resume, race == "black" & sex == "female") と短縮できる。ここで，race 変数や sex 変数が属するデータフレーム名を subset(resume, (resume$race == "black" & resume$sex == "female")) というように指定することもできるが，その必要はない。デフォルトで，この引数で使用される変数名は，最初の引数(この場合は resume)で指定されているデータフレームにあると見なされる。そのため，subset(resume, (race == "black" & sex == "female")) というように簡単なシンタックスが使える。それぞれの言明が括弧のペア内に収まっているか，括弧によく注意することが肝心である。

subset() 関数ではなく角括弧 [,] を使って同一の結果を得ることもできる。その場合には，角括弧内の1つ目の要素が(論理ベクトルを使って)残したい行を指定し，2つ目の要素が(文字ベクトルまたは整数ベクトルを使って)残したい列を指定する。

```
## 同じ結果を得る別のシンタックス
resumeBf <- resume[resume$race == "black" & resume$sex ==
    "female", c("call", "firstname")]
```

これで，女性求職者と男性求職者について別々に審査通過率の人種格差を計算できる。ここではどの変数を残すか指定するために引数 select を使用していないことに注意しよう。こうすると，すべての変数が保持される。

```
## 黒人男性
resumeBm <- subset(resume, subset = (race == "black") &
    (sex == "male"))
## 白人女性
resumeWf <- subset(resume, subset = (race == "white") &
```

```
    (sex == "female"))
## 白人男性
resumeWm <- subset(resume, subset = (race == "white") &
    (sex == "male"))
## 人種格差
mean(resumeWf$call) - mean(resumeBf$call)   # 女性同士

## [1] 0.03264689

mean(resumeWm$call) - mean(resumeBm$call)   # 男性同士

## [1] 0.03040786
```

人種格差は存在するが，性別によってその格差に違いはないことが見て取れる。女性求職者と男性求職者いずれの場合も，黒人より白人のほうが，審査通過率が約3パーセントポイント高くなっている。

2.2.4 簡単な条件文

ある言明がTRUEなのかFALSEなのかに応じて異なることを実行したい状況は多い。そうした実行内容は，何をさせたいかによって複雑にもなれば単純にもなる。例えば，新しい変数を，データセット内の別の変数に基づいて作りたいこともある。第3章で条件文(conditional statement)についてより詳しく学ぶが，ここではifelse()関数を使った簡単な条件文を取りあげる。

関数ifelse(X, Y, Z)には3つの仮引数がある。XがTRUEである各要素に対しては，対応するYの要素が返される。一方，XがFALSEである各要素に対しては，対応するZの要素が返される。例えば，resumeデータフレームにBlackFemaleという新しい2値変数を作成したいとしよう。これは，求職者の名前が黒人女性らしい場合には1，それ以外の場合には0に等しい変数である。以下のシンタックスでこの目的が果たせる。

```
resume$BlackFemale <- ifelse(resume$race == "black" &
    resume$sex == "female", 1, 0)
```

次に，結果を確認するために，table() 関数で作ることのできる 3 元分割表を使おう。予測どおり，BlackFemale 変数は，履歴書が黒人女性のものである場合のみ 1 になっている。

```
table(race = resume$race, sex = resume$sex,
    BlackFemale = resume$BlackFemale)

## , , BlackFemale = 0
##
##          sex
## race    female male
##    black      0  549
##    white   1860  575
##
## , , BlackFemale = 1
##
##          sex
## race    female male
##    black   1886    0
##    white      0    0
```

上の出力結果で，, , BlackFemale = 0 および, , BlackFemale = 1 という見出しは，3 元分割表の最初の 2 変数を，3 つ目の変数である BlackFemale が 0 のとき(1 番目の表)と 1 のとき(2 番目の表)に示したものであることを表している。

2.2.5 因子変数

次に，R で**因子変数**(factor variable, factorial variable)を作る方法を示す。因子変数は，**カテゴリー変数**(categorical variable)の別名で，有限個の明確に分かれた値あるいはレベルをとる。ここでは，BlackFemale, BlackMale, WhiteFemale, そして WhiteMale という 4 つの因子変数を作成したい。そのためにまず，欠損値 NA で埋めた type という変数を作成する。次に，求職者

の特徴を使って，それぞれのタイプを指定する。

```
resume$type <- NA
resume$type[resume$race == "black" & resume$sex == "female"]
    <- "BlackFemale"
resume$type[resume$race == "black" & resume$sex == "male"]
    <- "BlackMale"
resume$type[resume$race == "white" & resume$sex == "female"]
    <- "WhiteFemale"
resume$type[resume$race == "white" & resume$sex == "male"]
    <- "WhiteMale"
```

　この新しい変数は，文字ベクトルであることがわかる。そこで，このベクトルを因子ベクトルに変換するために as.factor() 関数を用いる。因子変数は文字変数のように見えるが，実はレベル (level) と呼ばれる数値をもっており，各レベルが文字ラベルを1つもっている。デフォルトでは，レベルは文字ラベルのアルファベット順に並べられる。因子変数のレベルは levels() 関数を使って取り出すことができる。さらに，table() 関数を使えば，各レベルに振り分けられた観察の数を取り出すことができる。

```
## オブジェクトのクラスを確認する
class(resume$type)

## [1] "character"

## 新しい文字変数を因子変数に変換する
resume$type <- as.factor(resume$type)
## 因子変数のレベルのリストを出す
levels(resume$type)

## [1] "BlackFemale" "BlackMale"   "WhiteFemale" "WhiteMale"

## 各レベルの観察の数を取り出す
```

```
table(resume$type)

##
## BlackFemale   BlackMale WhiteFemale   WhiteMale
##         1886         549        1860         575
```

　因子型のオブジェクトを使用する主な利点は，Rには因子型のオブジェクト用の便利な機能が数多く備わっていることである．その一例が，因子変数の各レベルに繰り返し1つの関数を適用する tapply() 関数である．例えば，先ほど作成した4つのカテゴリーそれぞれに対して審査通過率を計算したいとしよう．tapply() 関数を使えば1行で済み，1つ1つ計算しなくてよい．具体的には，tapply(X, INDEX, FUN) のように使い，ベクトル INDEX に固有の値(因子変数のレベル)で定義された各グループについて，引数 FUN で示された関数をオブジェクト X に適用する．ここでは，resume データファイルを用い，type 変数の各カテゴリーについて，mean() 関数を call 変数に適用する．

```
tapply(resume$call, resume$type, mean)

## BlackFemale   BlackMale WhiteFemale   WhiteMale
##  0.06627784  0.05828780  0.09892473  0.08869565
```

　引数名を明示的に指定しない場合には，関数の引数の順番が関係することを思い出そう．出力結果によれば，審査通過率は黒人男性が最も低く，続いて黒人女性，白人男性，白人女性となっていることがわかる．さらに一歩進めて，名前ごとの審査通過率も計算できる．sort() 関数を使えば，見やすいように結果を昇順に並べ替えることができる．

```
## 名前を因子変数に変換する
resume$firstname <- as.factor(resume$firstname)
## それぞれの名前の審査通過率を計算する
callback.name <- tapply(resume$call, resume$firstname, mean)
## 結果を昇順に並べ替える
```

```
sort(callback.name)
```

```
##     Aisha      Rasheed        Keisha      Tremayne     Kareem
## 0.02222222   0.02985075   0.03825137   0.04347826   0.04687500
##    Darnell      Tyrone        Hakim        Tamika      Lakisha
## 0.04761905   0.05333333   0.05454545   0.05468750   0.05500000
##    Tanisha       Todd         Jamal         Neil        Brett
## 0.05797101   0.05882353   0.06557377   0.06578947   0.06779661
##    Geoffrey    Brendan        Greg         Emily        Anne
## 0.06779661   0.07692308   0.07843137   0.07929515   0.08264463
##      Jill       Latoya       Kenya        Matthew     Latonya
## 0.08374384   0.08407080   0.08673469   0.08955224   0.09130435
##     Leroy      Allison       Ebony       Jermaine     Laurie
## 0.09375000   0.09482759   0.09615385   0.09615385   0.09743590
##     Sarah      Meredith      Carrie       Kristen       Jay
## 0.09844560   0.10160428   0.13095238   0.13145540   0.13432836
##     Brad
## 0.15873016
```

前述の総計の結果から予測されたように，黒人男性・黒人女性に典型的な名前の多くが低い審査通過率となっていることがわかる。

2.3 因果効果と反事実

履歴書実験では，求職者の名前が求人企業からの書類審査通過連絡の受け取りやすさに与える**因果効果**(causal effect)を定量的に示そうとしている。因果効果の厳密な意味はなんだろうか。因果関係は一般にどう考えたらよいのだろうか。この節では，計量社会科学の研究で**因果推論**(causal inference)を行う際によく用いられる枠組を検討する。

因果関係を理解する上でカギとなるのが，**反事実**(counterfactual)について考えるということである。因果推論とは，事実(factual，実際に起きたこと)と反事実(カギとなる条件が違っていたら起きたであろうこと)の比較である。履歴

書実験のデータの1つ目の観察は，求人企業はアリソン(Allison)という白人女性にありふれた名前の履歴書を受け取ったが連絡しなかったことを示している(この観察のcall変数は0となっている)．

```
resume[1, ]
##    firstname    sex   race call BlackFemale         type
## 1    Allison female white    0           0   WhiteFemale
```

ここで重要な因果関係の問いは，求職者の名前がラキーシャ(Lakisha)のような黒人にありふれた名前であった場合に連絡が来たかどうかである．残念なことに，この反事実の結果を私たちが観察することはない．なぜなら，この実験を行った研究者が，ラキーシャという名前を使って同じ求人企業に同じ履歴書を送ることはなかったからである(まったく同内容で名前だけ違う履歴書を送って求人企業が疑念を抱くことを恐れたためであろう)．

　他の例も考えてみよう．最低賃金を引き上げると失業率が上昇するかどうかに研究者が関心をもっている場合である．一部の研究者は最低賃金の引き上げは貧困層の助けにならないかもしれないと論じる．その理由は，より高い賃金を払わなければいけなくなったら雇用者は労働者の雇用人数を減らす(あるいは，非熟練労働者を雇う代わりに熟練労働者を雇おうとする)からとされる．ある国のある州が最低賃金を引き上げ，その州で失業率が上昇したとしよう．しかし，この事実は必ずしも，最低賃金の引き上げが失業率の上昇につながることを意味しない．最低賃金引き上げの因果効果を知るには，この州が最低賃金を引き上げなかった場合に失業率がどうなっていたか観察する必要があるのである．明らかに，この反事実的な失業率を直接調べることはできない．

　別の例では，職業訓練プログラムを受けることで雇用の見込みが上がるかどうかを知りたい．実際に職業訓練を受けた人がその後に職を得たとしても，必ずしも職業訓練が雇用につながったと結論づけることはできない．その人はそのような訓練プログラムがなくても雇われたかもしれないからである．

　これらの例は，**因果推論の根本問題**(fundamental problem of causal inference)と呼ばれるもので，反事実の結果を観察できないために生じる．カギとなるような関心のある原因変数を**トリートメント変数**と呼ぶ．関心のあるトリートメ

表 2.3　因果推論の潜在的結果の枠組

履歴書	黒人らしい名前	連絡		年齢	学歴
i	T_i	$Y_i(1)$	$Y_i(0)$		
1	1	1	?	20	大卒
2	0	?	0	55	高卒
3	0	?	1	40	大学院修了
⋮	⋮	⋮	⋮	⋮	⋮
n	1	0	?	62	大卒

注：表は履歴書実験の例を用いた因果推論の潜在的結果の枠組を示している。架空の求職者 i の各履歴書には，黒人らしい ($T_i = 1$) あるいは白人らしい ($T_i = 0$) 名前が使われている。履歴書には年齢や学歴などの特徴も含まれるが，これらは操作の対象でもないし，操作の影響も受けていない。黒人らしい名前の履歴書に関しては，それを受け取った求人企業から連絡があったかどうか ($Y_i(1)$) は観察できるが，白人らしい名前を使っていたなら結果がどうであったか ($Y_i(0)$) は知ることができない。どの履歴書に関しても，2つの潜在的結果のうち1つのみが観察され，もう1つは欠損している（「?」で表示）。

ント変数 T が結果変数 Y に変化をもたらしたかどうかを決定するには，2つの**潜在的結果** (potential outcome) を考えなければならない。すなわち，トリートメントがあった場合となかった場合に実現される潜在的な Y の値である。これを，それぞれ $Y(1)$, $Y(0)$ と表すことにしよう。履歴書実験では，T が架空の求職者の人種を表し（$T = 1$ は黒人らしい名前，$T = 0$ は白人らしい名前），Y は履歴書を受け取った求人企業が審査通過の連絡をしたかどうかを表すとすればよい。すると，$Y(1)$ と $Y(0)$ はそれぞれ，求人企業が黒人あるいは白人に典型的な名前の書かれた履歴書を受け取った場合に連絡をするかどうかを表すことになる。

これらの変数はすべて，各観察について定義することができ，対応する下付き添字を使って各観察を表す。例えば，$Y_i(1)$ は，i 番目の観察のトリートメント条件のもとでの潜在的結果を，T_i は同じ観察のトリートメント変数を表している。表 2.3 は，履歴書実験の状況における，潜在的結果の枠組を例示したものである。各行は1つの観察を表しているが，そこでは2つの潜在的結果のうち片方しか観察されていない（欠損している潜在的結果は「?」で表示されている）。どちらの潜在的結果が観察されるかは，トリートメント状態 T_i の値によって決まる。年齢や学歴といった変数は，トリートメント操作の対象でもないし，操作の影響も受けていない。

2.3　因果効果と反事実

これで因果効果が定義できる。それぞれの観察に対して，T_i が Y_i にもたらす因果効果は，2つの潜在的結果の差 $Y_i(1) - Y_i(0)$ で定義される。求人企業が連絡するかどうかの判断が求職者の人種に依存していれば，求職者の人種には因果効果がある。前述のとおり，因果推論の根本問題とは，因果推論をするには2つの潜在的結果を比較する必要があるにもかかわらず，実際にはそのうちの片方しか観察することができないということである。ここから言える重要なことは，因果効果を推定するためには，これらの観察されない反事実の結果を推論する，信頼できる方法を見つけなければならない，ということである。そのためには，一定の仮定が必要となる。よって因果推論の信頼性は，これらの反事実の結果を特定するための仮定が妥当であるかどうかに依存している。

> それぞれの観察 i に対して，2値のトリートメント T_i の**因果効果**は，2つの潜在的結果の差 $Y_i(1) - Y_i(0)$ と定義することができる。ここで，$Y_i(1)$ は，トリートメント条件 ($T_i = 1$) のもとで実現される結果，$Y_i(0)$ はコントロール条件 ($T_i = 0$) のもとで実現される結果である。
>
> **因果推論の根本問題**とは，2つの潜在的結果のうち片方のみしか観察することができず，どちらの潜在的結果が観察されるかはトリートメント状態によるということである。形式的に述べれば，観察された結果 Y_i は $Y_i(T_i)$ と等しい。

このシンプルな因果推論の枠組によって，因果推論について適切な問いとそうでない問いを明確にすることができる。例えば，人種が雇用の見込みに因果的に影響するか，という問いを考えてみよう。この問いに直接答えるためには，その求職者が別の人種だった場合の反事実的な雇用状態を考えなければならない。しかしながら，誰かの人種は操作できるようなものではないため，これは取り組むのが困難な命題である。性別や人種のような人間の特徴は，**不変的な特徴** (immutable characteristic) と呼ばれており，こうした不変的な特徴に関する問いには答えることができないと考える学者が多い。実際，「操作なくして因果なし」というスローガンがある。関心のあるトリートメント変数が簡単に操作できないような場合には，因果関係について考えるのは難しいかもし

れない。

　しかしながら，履歴書実験では，人種差別に関する重要な社会科学の問いに取り組むために巧みな方法が取られている。人種の因果効果を直接推定するという困難な課題に取り組む代わりに，この研究では，同一の履歴書の名前の部分を変えることで，潜在的な雇用主が求職者に抱く**認識**（perception）を操作したのである。このリサーチ・デザインは，人種そのものを操作する困難を回避し，因果推論の枠組で人種差別を研究することを可能にした。人種や性別，宗教といった要因による差別を研究する同様のリサーチ・デザインは多くの社会科学者が用いている。

2.4 ランダム化比較試験

　因果効果の一般的な定義を行ったが，では，因果効果はどのように推定すればよいのだろうか。まず，研究者がトリートメントをランダムに割り当てる**ランダム化実験**（randomized experiment）あるいは**ランダム化比較試験**（randomized controlled trial; RCT）と呼ばれるものについて考えよう。RCTは，多くの科学分野において，因果関係を立証するための最も標準的な方法と見なされている。なぜなら，RCTを使うことで，トリートメント変数の効果のみを抜き出し，不確実性を計量できるからである。この節では，ランダム化を使うことでどのように平均因果効果が特定されるか検討する。不確実性の計量法についての議論は第7章で取りあげる。

2.4.1 ランダム化の役割

　前節で説明したように，因果推論の根本問題とは，因果効果を推定するには，反事実の結果を推論しなければならないということである。この問題があるため，各個人に対するトリートメントの因果効果の妥当な推定値を得ることができない。しかしながら，トリートメントの割り当てをランダム化することで，**平均トリートメント効果**（average treatment effect; ATE）を推定することができる。平均トリートメント効果とは，グループ全体にわたって個人のトリートメント効果の平均をとることをいう。

　標本平均トリートメント効果（sample average treatment effect; SATE）を推定したいとしよう。これは標本内における個人レベルのトリートメント効果の平

均と定義される。

> 標本平均トリートメント効果(SATE)は，個人レベルの因果効果($Y_i(1) - Y_i(0)$)の標本平均として以下のように定義される。
>
> $$\text{SATE} = \frac{1}{n} \sum_{i=1}^{n} \{Y_i(1) - Y_i(0)\} \tag{2.1}$$
>
> n は標本サイズであり，$\sum_{i=1}^{n}$ は最初の観察 $i = 1$ から最後の観察 $i = n$ までの和をとる演算を表す。

SATE は直接観察することができない。トリートメントを受けた**トリートメントグループ**については，トリートメント条件下の平均的な結果を観察することはできるが，トリートメントがなかった場合の平均的な結果はわからない。**コントロールグループ**についても同じ問題がある。このグループはトリートメントを受けていないため，トリートメント条件下で生じたであろう平均的な結果は観察されない。

トリートメントグループの平均的な反事実的結果を推定するために，コントロールグループについて観察された平均的な結果が使える。同様に，コントロールグループの平均的な反事実的結果を推定するために，トリートメントグループについて観察された平均的な結果が使える。つまり，SATE は，トリートメントグループとコントロールグループの平均的な結果の差，すなわち**平均の差推定量**(difference-in-means estimator)を計算することで推定できる。ここで重要な問題は，この差を平均因果効果の妥当な推定値と解釈できるかどうか，である。履歴書実験では，トリートメントグループは黒人らしい名前の書かれた履歴書を送付された求人企業から成る。一方，コントロールグループは，白人に典型的な名前が書かれた履歴書を受け取った他の求人企業から成る。この2つのグループの審査通過率の差は，求職者の人種がもつ平均因果効果を表しているのだろうか。

トリートメントの割り当てのランダム化は，この**相関関係**(association または correlation)を因果関係として解釈する上で不可欠な役割を果たしている。各被験者をトリートメントグループとコントロールグループのいずれかにラン

ダムに割り当てることによって，これら2つのグループが互いに(トリートメント以外の)あらゆる点で似ていることが保証される。実際，異なった個人から構成されているとしても，トリートメントグループとコントロールグループは，トリートメント前の**すべての**特徴について(観察されるものもされないものも)**平均的には**等しい。2つのグループの間にある体系的な違いはトリートメントを受けたかどうかのみなので，結果変数の差は，トリートメントの推定平均因果効果と解釈できるのである。このように，トリートメントのランダムな割り当てが，トリートメントの因果効果と，結果に影響を与えうる他の要因を切り離す。2.5で見るように，ランダム割り当てがなければ，すべての観察されない特徴についてトリートメントグループとコントロールグループが比較可能であることを保証できない。

> **ランダム化比較試験**(RCT)では，それぞれのユニットがランダムにトリートメントグループまたはコントロールグループに割り当てられる。トリートメントの割り当てがランダム化されることで，トリートメントグループとコントロールグループの間にある結果の平均的な差がトリートメントのみに帰することが保証される。なぜなら，これら2つのグループは，トリートメント前のすべての特徴において平均的には等しいからである。

　RCTは，うまく実施されれば，因果効果の妥当な推定値を導き出してくれる。そのため，RCTは**内的妥当性**(internal validity)の点で優れていると言われている。内的妥当性とは，その研究において因果関係の仮定が満たされているかどうかを指す。しかし，RCTにも弱点がある。特に，RCTの強い内的妥当性は**外的妥当性**(external validity)との妥協を伴うことが多い。外的妥当性とは，結論がその特定の研究を超えてどれだけ一般化できるかで定義される。外的妥当性を欠いてしまうよくある理由の1つは，研究の標本が関心のある母集団を適切に代表していないというものである。倫理上・実施上の理由で，進んで研究の被験者になってくれる被験者から成る便利な標本を使ってRCTが行われることがよくある。これは**標本選択のバイアス**(sample selection bias)の

一例であり，これがあると実験に用いる標本が目的の母集団を適切に代表しなくなってしまう。また，外的妥当性に関して生じる可能性のある別の問題として，現実世界の状況とは著しく異なった環境(例えば実験室)でRCTが行われることが多いということもある。さらに，まったく非現実的な介入をRCTが用いる場合もある。しかし，履歴書実験で見たように，RCTを現場で実施し，介入をできるだけ現実的なものにすることで，研究者はこうした問題を乗り越えようとしている。

> ランダム化比較試験(RCT)の最大の長所は，**内的妥当性**(その研究で因果関係の仮定がどれだけ満たされているか)が改善されていることである。しかし，RCTの弱点は，**外的妥当性**(その結論が特定の研究を超えてどれだけ一般化できるか)を欠く可能性があることである。

2.4.2 社会的プレッシャーと投票率

RCTを用いた他の事例として，仲間のプレッシャーと投票率の研究を見てみよう[2]。3人の研究者が，近隣住民からの社会的プレッシャーが選挙への参加を増やすかどうかを調べるRCTを行った。具体的には，ミシガン州の予備選挙期間中に，選挙名簿に登録されている有権者に対して，異なる**投票推進**(get-out-the-vote; GOTV)メッセージをランダムに割り当て，それらのメッセージが書かれた葉書を送ることで投票率が増えるかどうか調査した[*]。アメリカでは個々の有権者が投票したか否かが公開情報であることがこの研究では利用されている。

この投票推進メッセージでは，自分が選挙で投票したかどうかを選挙後に隣人が知ることになると有権者に伝えることで，社会的な圧力を引き起こすようデザインされていた。この研究の仮説は，このような「名前公表」の投票推進メッセージを送ることで投票する人が増える，というものである。実際

---

[2] この節は以下の論文に基づいている。Alan S. Gerber, Donald P. Green, and Christopher W. Larimer (2008) "Social pressure and voter turnout: Evidence from a large-scale field experiment." *American Political Science Review*, vol. 102, no. 1, pp. 33-48.

[*] [訳注]予備選挙とは，アメリカ大統領選挙に先立って共和党と民主党でそれぞれ統一候補を選出するために各州で行われる選挙のこと。

> 選挙名簿に登録されている有権者の皆様へ
>
> **もしあなたの隣人が，あなたが投票したかどうかを知っていたら？**
>
> なぜ多くの人が投票しないのでしょうか？ この問題が長年話題になってきましたが，悪化する一方のようです。今年は新しい取り組みを行います。
>
> 誰が投票し，誰が棄権したかを公表するこの葉書を，あなたとあなたの隣人に送ります。
>
> 以下の表は，あなたの隣人何人かの名前と，誰が過去に投票したかを示しています。8月8日の選挙の後で情報を更新した表を送る予定です。あなたとあなたの隣人は全員，誰が投票し，誰が棄権したかがわかるでしょう。
>
> **市民の義務として投票に行きましょう！**
>
> | メイプル通り | 04年8月 | 04年11月 | 06年8月 |
> |---|---|---|---|
> | 9995番地 ジョセフ・ジェイムズ・スミス | 投票 | 投票 | ―― |
> | 995番地 ジェニファー・ケイ・スミス | | 投票 | ―― |
> | 9997番地 リチャード・B・ジャクソン | | 投票 | ―― |
> | 9999番地 キャシー・マリー・ジャクソン | | 投票 | ―― |

図 2.1 「名前公表」投票推進メッセージ。Gerber, Green, and Larimer (2008) より引用。

に送られた名前公表のメッセージの例を図 2.1 に示す。何の葉書も受け取らなかったコントロールグループに加えて，この研究では他の投票推進メッセージも用いられた。例えば，ある標準的な「市民の義務」メッセージの最初の2文（「なぜ多くの人が……一方のようです。」）は「名前公表」メッセージと同じだが，それに続く，隣人がその人の投票参加について知ることに関する情報は書かれていなかった。その代わりに，メッセージは以下のように続いていた。

> 民主主義の核心は，市民が政府に積極的に参加すること，我々が政府に声を届けることです。あなたの声は投票から始まります。8月8日には，市民としての権利と責任を思い出しましょう。投票を忘れないように。市民の義務として投票に行きましょう！

この RCT にはもう1つ重要な特徴がある。それは，名前公表の効果を，観察されていることの効果から分離しようとしている点である。多くの RCT では，研究者に観察されていることを知っていると被験者が異なる振る舞いをするのではないかという懸念がある。この現象は**ホーソン効果**(Hawthorne effect）と呼ばれ，研究の一環として自分が監視されていることを知っていたというだけの理由で労働者の生産性の向上が観察されたという工場の名前に由来する。この RCT では，こうした問題に対処するために，別の投票推進メッセージも使われている。それは「あなたは研究の被験者です」というメッセージから始まり，次に「名前公表」メッセージと同じ 2 文が続く。メッセージの残りは以下のように書かれている。

> 今年，私たちはみなさんが投票する理由・棄権する理由を明らかにしようとしています。8 月 8 日に行われる予備選挙の投票率を調査する予定です。分析は公開記録をもとに行いますので，あなたに再度連絡をとったり，いかなる形でもお邪魔したりすることはありません。我々が知り得たあなたの投票あるいは棄権に関するどんな情報も，誰にも開示されることはありません。市民の義務として投票に行きましょう！

> **ホーソン効果**とは，被験者が，研究者に観察されていることを知っているために，異なる振る舞いをする現象をいう。

したがって，この実験には 3 つのトリートメントグループが存在する。社会的プレッシャー（名前公表）のメッセージ，市民の義務のメッセージ，ホーソン効果のメッセージをそれぞれ受け取る有権者である。また，実験では，メッセージを受け取っていない有権者から成るコントロールグループもある。各有権者はこの 4 つのグループのどれかにランダムに割り当てられ，グループ間で投票率が異なるかどうかが検討された。

実験のデザインがわかったところで，データの分析に入ろう。データファイルは CSV 形式で，ファイル名は social.csv であり，read.csv() 関数を使って R に読み込むことができる。表 2.4 は，この社会的プレッシャー実験データにおける変数の名前と説明を示したものである。

```
social <- read.csv("social.csv")   # データの読み込み
summary(social)   # データの要約
```

表 2.4　社会的プレッシャー実験データ

変数	説明
hhsize	当該有権者の世帯人数
messages	投票推進メッセージ(Civic Duty= 市民の義務，Control= コントロール，Neighbors= 名前公表，Hawthorne= ホーソン効果)
sex	性別(female= 女性，male= 男性)
yearofbirth	当該有権者の生年
primary2004	2004 年の予備選挙で投票したかどうか(1= 投票，0= 棄権)
primary2006	2006 年の予備選挙で投票したかどうか(1= 投票，0= 棄権)

```
##      sex           yearofbirth      primary2004
##   female:152702    Min.   :1900    Min.   :0.0000
##   male  :153164    1st Qu.:1947    1st Qu.:0.0000
##                    Median :1956    Median :0.0000
##                    Mean   :1956    Mean   :0.4014
##                    3rd Qu.:1965    3rd Qu.:1.0000
##                    Max.   :1986    Max.   :1.0000
##         messages         primary2006         hhsize
##   Civic Duty: 38218   Min.   :0.0000    Min.   :1.000
##   Control   :191243   1st Qu.:0.0000    1st Qu.:2.000
##   Hawthorne : 38204   Median :0.0000    Median :2.000
##   Neighbors : 38201   Mean   :0.3122    Mean   :2.184
##                       3rd Qu.:1.0000    3rd Qu.:2.000
##                       Max.   :1.0000    Max.   :8.000
```

2.2.5 で見たように，tapply() 関数を使って各トリートメントグループの投票率が算出できる．コントロールグループから得られるベースラインの投票率を引けば，それぞれのメッセージがもつ平均因果効果が求められる．なお，ここで興味のある結果変数は 2006 年予備選挙の投票率であり，1 が投票，0 が棄権を表す 2 値変数 primary2006 として数値化されている．

```
## 各グループの投票率
tapply(social$primary2006, social$messages, mean)
```

```
## Civic Duty      Control    Hawthorne    Neighbors
##   0.3145377   0.2966383   0.3223746    0.3779482
```

```
## コントロールグループの投票率
mean(social$primary2006[social$messages == "Control"])

## [1] 0.2966383

## 各グループの投票率からコントロールグループの投票率を引く
tapply(social$primary2006, social$messages, mean) -
    mean(social$primary2006[social$messages == "Control"])

## Civic Duty      Control    Hawthorne    Neighbors
## 0.01789934   0.00000000  0.02573631   0.08130991
```

名前公表メッセージが投票率をかなり引き上げていることがわかる。コントロールグループの投票率と比べ，名前公表メッセージの投票率は8.1パーセントポイント上昇している一方，市民の義務メッセージの効果は1.8パーセントポイントとずっと少ない。観察されることからくる**ホーソン効果**が市民の義務メッセージよりもいくらか大きい効果をもつのは興味深いが，名前公表メッセージの効果よりはかなり小さい。

最後に，トリートメント割り当てのランダム化がうまくいっているなら，年齢(yearofbirthで表示)や，前回の予備選挙における投票率(primary2004)，世帯人数(hhsize)といった**トリートメント前の変数**(pretreatment variable)はグループ間で大きな違いが見られないはずである。同じシンタックスを使って，これらを調べよう。

```
social$age <- 2006 - social$yearofbirth  # 年齢変数を作成する
tapply(social$age, social$messages, mean)

## Civic Duty      Control    Hawthorne    Neighbors
##    49.65904    49.81355    49.70480     49.85294

tapply(social$primary2004, social$messages, mean)
```

```
## Civic Duty    Control   Hawthorne  Neighbors
##  0.3994453  0.4003388  0.4032300  0.4066647

tapply(social$hhsize, social$messages, mean)

## Civic Duty    Control   Hawthorne  Neighbors
##   2.189126   2.183667   2.180138   2.187770
```

これらのトリートメント前の変数についてグループ間の違いは無視できるものであることがわかり，トリートメント割り当てのランダム化によって，4つのグループは平均すれば互いに本質的に等しくなっていることが確認できる。

2.5 観察研究

ランダム化比較試験は内的妥当性のある因果効果の推定を行うことができるが，社会科学者は多くの場合，倫理上・実施上の問題のために，現実世界ではトリートメント割り当てをランダム化することができない。そこでこの節では，研究者が介入を行わない**観察研究**(observational study)について検討する。観察研究では，研究者は介入を行うのではなく，自然に発生する事象を観察し，データを収集・分析する。このような研究は，選択バイアスが生じる可能性があるため**内的妥当性**が犠牲になりがちだが，RCT よりも**外的妥当性**が高いことが多い。現実世界の環境で関連する母集団において実施されたトリートメントを調査できるので，観察研究から得られた知見は概して一般化しやすいのである。

2.5.1 最低賃金と失業率

ここで取りあげる観察研究は，前述の最低賃金に関する論争に基づいている。2人の社会科学者が，最低賃金の引き上げがファストフード産業の雇用に与える影響について調査を行った[3]。1992年，アメリカのニュージャージー州(NJ)では，1時間あたりの最低賃金が 4.25 ドルから 5.05 ドルに引き上げら

---

3) この節の記述は以下の論文に基づいている。David Card and Alan Krueger (1994) "Minimum wages and employment: A case study of the fast-food industry in New Jersey and Pennsylvania." *American Economic Review*, vol. 84, no. 4, pp. 772–793.

表 2.5 最低賃金研究データ

変数	説明
chain	ファストフード・チェーンの名前
location	店舗の所在地(centralNJ, northNJ, PA, shoreNJ, southNJ)
wageBefore	最低賃金引き上げ前の賃金
wageAfter	最低賃金引き上げ後の賃金
fullBefore	最低賃金引き上げ前の常勤労働者の数
fullAfter	最低賃金引き上げ後の常勤労働者の数
partBefore	最低賃金引き上げ前のパートタイム労働者の数
partAfter	最低賃金引き上げ後のパートタイム労働者の数

れた.このような最低賃金の引き上げは,経済理論が予測するように雇用を減らすのであろうか.先ほども述べたように,この問いに答えるためには,最低賃金が引き上げられなかった場合に NJ の雇用がどうなっていたか推論する必要がある.この反事実は観察することができないため,観察データを使って,どうにか推定しなければならない.

考えられる方策の1つは,最低賃金の引き上げを行わなかった他の州に目を向けることである.例えば,この研究では隣のペンシルベニア州(PA)が選ばれているが,それは NJ の経済状況が PA のそれと似ており,2つの州のファストフード店が比較可能であることを理由としている.したがって,この**横断的比較デザイン**(cross-section comparison design)では,NJ のファストフード店がトリートメント(最低賃金の引き上げ)を受けた**トリートメントグループ**,PA のファストフード店がそのようなトリートメントを受けなかった**コントロールグループ**ということになる.トリートメント前と結果の指標を収集するために,研究者は,最低賃金の引き上げ前後にファストフード店を調査した.具体的には,各店舗について常勤の労働者が何人いるか,パートタイムの労働者が何人いるか,時給がいくらかといった情報を集めた.

このデータセットは minwage.csv という CSV ファイルに入っている.これまでと同様 read.csv() 関数を使ってデータセットを読み込み,dim() 関数で観察と変数の数,summary() 関数で各変数の要約を出す.表 2.5 は,この最低賃金研究データにおける変数の名前と説明を示している.

```
minwage <- read.csv("minwage.csv")   # データの読み込み
```

```
dim(minwage)   # データの次元
## [1] 358   8
summary(minwage)   # データの要約
##      chain             location        wageBefore
##  burgerking:149   centralNJ: 45    Min.   :4.250
##  kfc       : 75   northNJ  :146    1st Qu.:4.250
##  roys      : 88   PA       : 67    Median :4.500
##  wendys    : 46   shoreNJ  : 33    Mean   :4.618
##                   southNJ  : 67    3rd Qu.:4.987
##                                    Max.   :5.750
##    wageAfter        fullBefore       fullAfter
##  Min.   :4.250    Min.   : 0.000   Min.   : 0.000
##  1st Qu.:5.050    1st Qu.: 2.125   1st Qu.: 2.000
##  Median :5.050    Median : 6.000   Median : 6.000
##  Mean   :4.994    Mean   : 8.475   Mean   : 8.362
##  3rd Qu.:5.050    3rd Qu.:12.000   3rd Qu.:12.000
##  Max.   :6.250    Max.   :60.000   Max.   :40.000
##    partBefore       partAfter
##  Min.   : 0.00    Min.   : 0.00
##  1st Qu.:11.00    1st Qu.:11.00
##  Median :16.25    Median :17.00
##  Mean   :18.75    Mean   :18.69
##  3rd Qu.:25.00    3rd Qu.:25.00
##  Max.   :60.00    Max.   :60.00
```

まず，ファストフード店が法律に従っているかどうかを確認するため，法律の施行後 NJ で実際に最低賃金が上昇したのか調べてみよう．初めに州ごとにデータを部分集合化し，次に各州にどれくらいの割合で新たな最低賃金 5.05 ドル以下のファストフード店があるか計算する．この分析には，NJ で法が施行された前と後の最低賃金を表す wageBefore 変数 と wageAfter 変数を使用

する。この分析の実行には subset() 関数を用いればよい。

```r
## 2 つの州ごとにデータを部分集合化する
minwageNJ <- subset(minwage, subset = (location != "PA"))
minwagePA <- subset(minwage, subset = (location == "PA"))
## 賃金が 5.05 ドル以下のファストフード店の割合
mean(minwageNJ$wageBefore < 5.05)  # 法施行前の NJ

## [1] 0.9106529

mean(minwageNJ$wageAfter < 5.05)   # 法施行後の NJ

## [1] 0.003436426

mean(minwagePA$wageBefore < 5.05)  # 法施行前の PA

## [1] 0.9402985

mean(minwagePA$wageAfter < 5.05)   # 法施行後の PA

## [1] 0.9552239
```

　NJ のファストフード店では，最低賃金の引き上げ前には 91％ の店が 5.05 ドル未満しか支払っていなかったのに対し，施行後にはそのような店が 1％ 未満に激減していることが見て取れる。一方，PA ではその割合は基本的に変化しておらず，NJ の法律は PA のファストフード店の賃金に大して影響を与えていないようである。この分析から，NJ のファストフード店では，法律に従って賃金を最低賃金の 5.05 ドル以上に引き上げたのに対し，PA のファストフード店では同様の変更をする必要がなかったことがわかる。

　次に，PA のファストフード店をコントロールグループとして用い，最低賃金の引き上げが NJ のファストフード店における雇用に与える平均因果効果を推定する。経済学の理論的観点からは，最低賃金の引き上げが行われると，賃金コストの上昇分を埋め合わせるために，雇用者は常勤労働者をパートタイム労働者に置き換えると予測される。この理論的予測を検証するために，常勤労働者の割合をカギとなる結果変数として調べる。それには，NJ の法律が施行

された後のNJとPAのファストフード店でこの変数の**標本平均**を単純に比較する。この平均の差推定量を計算してみよう。

```
## NJとPAにおける常勤労働者の割合を表す変数を作成する
minwageNJ$fullPropAfter <- minwageNJ$fullAfter /
    (minwageNJ$fullAfter + minwageNJ$partAfter)
minwagePA$fullPropAfter <- minwagePA$fullAfter /
    (minwagePA$fullAfter + minwagePA$partAfter)
## 平均の差を計算する
mean(minwageNJ$fullPropAfter) - mean(minwagePA$fullPropAfter)
## [1] 0.04811886
```

この分析結果は，最低賃金の引き上げが雇用に負の影響を与えなかったことを示している。むしろ，NJのファストフード店では常勤雇用の割合が若干増えたことがうかがえる。

2.5.2　交絡バイアス

観察研究における重要な仮定は，トリートメントを除けば，結果に関連するあらゆることがトリートメントグループとコントロールグループで同等であるに違いない，ということである。先ほどの例で考えてみよう。例えば，NJには非熟練労働者が従事できる競合産業があるが，PAにはそうした産業がないのであれば，NJとPAにおける常勤雇用の割合に上記の差があったとしても，NJでの最低賃金引き上げをその原因と考えることはできない。この場合には，2つの州のファストフード店は同等でなく，PAのファストフード店はNJのファストフード店の妥当なコントロールグループとならない。実際，最低賃金の引き上げが行われなくても，NJのファストフード店では非熟練労働者を惹きつけようと，常勤雇用の割合が比較的高くなったかもしれないからである。より一般的に言えば，NJで法律が施行される前に2つの州のファストフード店に存在する他のいかなる違いも，それらが結果に関連する場合には，推論にバイアスを生じさせる。

トリートメント変数と結果変数の双方に関係している**トリートメント前の**

予測変数のことを**交絡因子**(confounder)と呼ぶ。トリートメント前の予測変数は，トリートメント適用に先行して存在する変数であり，よってトリートメントには因果的に影響されない。しかし，それらの変数はトリートメントの受けやすさを決定し，結果に影響することがある。そうした変数があることを，トリートメントと結果の因果関係に交絡があるといい，その場合，観察データから因果推論をすることが不可能となる。こうしたタイプの**交絡バイアス**(confounding bias)は，人間自身がトリートメントを受けるかどうかを自分で選ぶことの多い社会科学の研究ではしばしば深刻な懸念となる。NJには競合する産業があるがPAにはないという前述の可能性は，交絡バイアスの一例である。

> トリートメント変数と結果変数の双方に関係するトリートメント前の予測変数は**交絡因子**と呼ばれ，トリートメント効果を推定する際に**交絡バイアス**が発生する原因となる。

トリートメントグループに入ることを自ら選ぶことで生じる交絡バイアスは**選択バイアス**(selection bias)と呼ばれる。観察研究では，誰がトリートメントを受けるか研究者が操作できないため，選択バイアスが生じることが多い。最低賃金の研究では，NJの政治家はこの特定の時期に最低賃金を引き上げることを決定したが，PAの政治家はそうしなかった。NJでは最低賃金が引き上げられPAではそうならなかったのには，とりわけ経済や雇用に関係した理由があるのではないかと考える人もいるだろう。もしそうだとすれば，NJの最低賃金引き上げ後のNJとPAの横断的な比較には選択バイアスが生じる可能性が高い。トリートメントの割り当てが適切に操作されていないということは，トリートメントグループに入ることを自ら選ぶ人が，観察された特徴・観察されない特徴に関して，そうしない人と有意に異なる可能性があることを意味する。その場合，トリートメントグループとコントロールグループに観察された差が，トリートメント条件の差によって生じたものなのか，交絡因子の差によって生じたものなのか判断するのが難しくなる。交絡バイアスが生じている可能性があるため，「相関関係は必ずしも因果関係を意味しない」とよくいわれ

るのである。

　観察研究では，交絡バイアスが生じてしまう可能性を決して排除できない。しかし，**統計的コントロール**(statistical control)，すなわち統計的手続きを用いて交絡因子を調整することで，それへの対処を試みることができる。この節では，いくつかの基本的な方策を説明する。1つの簡単な方法は，**細分類化**（subclassification）と呼ばれる統計的手法である。これは，トリートメント前の予測変数のうち共通する値によって定義される観察の部分集合，すなわち細分類の中でトリートメントグループとコントロールグループを比較することで，両グループをなるべく似通ったものにするという考え方である。例えばPAの標本には，NJの標本よりも，バーガーキングが多く含まれていることがわかる。2つの州のこの違いは，バーガーキングに他のファストフード・チェーンとは異なる雇用ポリシーがある場合には，最低賃金引き上げと雇用の関係に交絡を生じさせる可能性がある。この可能性に対処するには，バーガーキングの店のみについて比較を行えばよい。このような分析を行うことで，統計的コントロールを通じてファストフード・チェーンの違いからくる交絡バイアスを排除することができる。

　分析にあたっては，まず，2つの標本それぞれについて異なるファストフード・チェーンの割合をチェックする。ここでは，prop.table() 関数を使う。この関数は，table() 関数の出力結果すなわちカウント数の表を入力とし，それを割合の表に変換する。

```
prop.table(table(minwageNJ$chain))

##
## burgerking         kfc        roys       wendys
##  0.4054983   0.2233677   0.2508591   0.1202749

prop.table(table(minwagePA$chain))

##
## burgerking         kfc        roys       wendys
##  0.4626866   0.1492537   0.2238806   0.1641791
```

2.5 観察研究

　この結果は，PA は NJ よりバーガーキングの割合が高いことを示している。最低賃金が引き上げられた後の NJ と PA のバーガーキングで常勤労働者の雇用割合を比較してみよう。ここでは示さないが，他のファストフード・チェーンに関しても同様に分析することができる。

```
## バーガーキングのみ部分集合化する
minwageNJ.bk <- subset(minwageNJ, subset
    = (chain == "burgerking"))
minwagePA.bk <- subset(minwagePA, subset
    = (chain == "burgerking"))
## 常勤雇用の割合の比較
mean(minwageNJ.bk$fullPropAfter) -
    mean(minwagePA.bk$fullPropAfter)
## [1] 0.03643934
```

　結果は先ほど示した全体の結果と極めて似ており，ファストフード・チェーンの種類は交絡因子ではなさそうである。

　他に交絡因子となる可能性があるのは，店の立地である。特に，PA との州境近くに店舗を構える NJ のバーガーキングは，地域経済の特徴が PA と似ていると考えられるので，より高い信頼性で PA との比較ができるかもしれない。この潜在的な交絡因子に対処するには，店舗の立地に基づいてデータをさらに細分類化すればよい。具体的には，PA に近い NJ の北部と南部に位置するバーガーキングに注目し，海岸部や中心部は除外する。この分析は，統計的コントロールを通じてファストフード・チェーンの種類と立地の両方を調整したものとなる。

```
minwageNJ.bk.subset <-
    subset(minwageNJ.bk, subset = ((location != "shoreNJ") &
        (location != "centralNJ")))
mean(minwageNJ.bk.subset$fullPropAfter) -
    mean(minwagePA.bk$fullPropAfter)
```

[1] 0.03149853

結果から，元データのこの小さい部分集合においても，最低賃金引き上げの推定される影響は，全体の推定値とほとんど同じままであることがわかる。この知見は，最低賃金の引き上げが常勤雇用にほとんど影響を与えなかったという主張の確からしさをさらに強いものにしている。

> 交絡バイアスは**統計的コントロール**によって減らすことができる。例えば，トリートメントグループとコントロールグループの中で交絡変数の値が同じユニット同士を比較する**細分類化**という方法が使える。

2.5.3 事前・事後の比較と差の差分法

観察研究では，時間をかけて収集されたデータは貴重な情報源である。同じユニットに対して長期間にわたって繰り返し測定を行ったデータは，**縦断的データ**(longitudinal data)や**パネルデータ**(panel data)と呼ばれる。縦断的データは，**クロスセクション・データ**(横断的データ，cross-section data)よりも信頼性の高い比較を行える場合が多い。なぜなら，縦断的データには，時間にともなう変化に関する情報が含まれているからである。最低賃金の研究では，NJ で最低賃金が引き上げられる以前から，同じファストフード店の雇用や賃金に関する情報が集められていた。こうしたトリートメント前の情報があると，観察研究で因果効果を推定する際にいくつかのリサーチ・デザイン上の選択肢ができる。

最初の選択肢はトリートメント前とトリートメント後の測定値を比較するもので，**事前・事後の比較デザイン**(before-and-after design)と呼ばれる。NJ で最低賃金が引き上げられた後の NJ と PA のファストフード店を比較するのではなく，このデザインでは，最低賃金が引き上げられる前と後で NJ の同じファストフード店の集合を比較する。このデザインのもとで推定値を計算してみよう。

```r
## NJ での法施行前の常勤雇用の割合
minwageNJ$fullPropBefore <- minwageNJ$fullBefore /
    (minwageNJ$fullBefore + minwageNJ$partBefore)
## 最低賃金引き上げ前後の平均の差
NJdiff <- mean(minwageNJ$fullPropAfter) -
    mean(minwageNJ$fullPropBefore)
NJdiff

## [1] 0.02387474
```

　事前・事後の比較分析によって，先ほど得られたものと近い推定値が求められた。このリサーチ・デザインの利点は，NJ内での比較が行われるため，それぞれの州に特有の交絡因子が一定に保たれる点である。しかし，事前・事後の比較デザインの欠点は，時間とともに変化する交絡因子があると，推定結果にバイアスが生じる点である。例えば，地域経済に上向きの**時間傾向**(time trend)があり，賃金と雇用が改善しているとしよう。もしこの傾向が最低賃金の引き上げによって生じたものでないのならば，2つの時期における結果の違いの原因が最低賃金の引き上げにあると誤って結論づけてしまう可能性がある。事前・事後の比較デザインを用いる際には，そのような時間傾向がないことが決定的に重要である。

> 事前・事後の比較デザインは，同じユニットに対してトリートメントの前後の時期で結果変数がどのように変化したかを調べる。このデザインは，各ユニットに特有だが時間とともに変化することはないどんな交絡因子でも調整できる。しかし，このデザインは，時間とともに変化する潜在的交絡因子の問題は解決しない。

　差の差分法(difference-in-differences; DiD)は，時間傾向から発生する交絡バイアスの問題を解決するために，事前・事後の比較デザインを拡張したものである。差の差分法の背景にある仮定は，もしトリートメントが行われていなけ

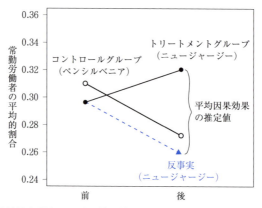

図 2.2 最低賃金研究における差の差分法。観察された結果，すなわち常勤労働者の平均的割合が，最低賃金引き上げの前後のトリートメントグループ(NJ のファストフード店，黒丸)とコントロールグループ(PA のファストフード店，白丸)について示されている。差の差分法において，トリートメントグループの反事実的結果(青三角)は，トリートメントグループの時間傾向が，観察されたコントロールグループの傾向に平行であるという前提で推定されている。NJ のファストフード店に対する推定平均因果効果は，波括弧 } で示されている。

れば結果変数は平行する傾向(parallel trend)をたどるであろうというものである。図 2.2 は，最低賃金研究のデータを使ってこの仮定を図示している。この図は，関心のある結果，すなわち最低賃金引き上げの前後でトリートメントグループ(黒丸で示された NJ のファストフード店)とコントロールグループ(白丸で示された PA のファストフード店)の常勤労働者の平均的割合がどのように変化したか示している。この設定において，コントロールグループで観察された傾向とトリートメントグループの傾向が平行であると仮定することで，トリートメントグループの反事実の結果を推定することができる。この推定値は，青三角で表されている。

ここで，関心のある反事実は，NJ で最低賃金の引き上げが行われなかった場合に観察されるはずの常勤労働者の平均的割合となる。これを推定するために，最低賃金の引き上げが行われなかったら，NJ は PA と同じ経済傾向を経験していたと仮定する。これは，図中の青の破線で示されており，コントロールグループについて観察された傾向(黒の実線)と平行になっている。

差の差分法では，NJ のファストフード店の平均因果効果の推定値は，最低賃金引き上げ後に観察された結果と，平行な時間傾向という仮定によって導き

出された反事実との差となる。差の差分法において関心のある量は，トリートメントグループに対する標本平均トリートメント効果(sample average treatment effect for the treated; SATT)と呼ばれる。SATT は，式(2.1)で定義された SATE とは異なる。なぜなら，SATT はトリートメントグループ(この場合は NJ のファストフード店)にしか適用できないからである[4]。図で，SATT は波括弧で示されている。この推定値を求めるには，まず，NJ で最低賃金が引き上げられる前後の PA におけるファストフード店の結果の差を計算する。次に，その差を，事前・事後の比較分析で求めた推定値(NJ における最低賃金引き上げ前後の差と等しい)から引き算する。したがって，平均因果効果の推定値は，トリートメントグループとコントロールグループの事前・事後の差の差分となる。

このように，差の差分法はトリートメントグループとコントロールグループの両方に関して集められたトリートメント前とトリートメント後の測定値を使う。一方，クロスセクショナル(横断的)な比較では，2 つのグループに関するトリートメント後の測定値のみが用いられる。また，事前・事後の比較では，トリートメントグループに関してのみトリートメント前とトリートメント後の測定値が使われるのである。

> 差の差分法(DiD)は，トリートメントグループに対する標本平均トリートメント効果(SATT)の以下の推定値を用いる。
>
> $$\text{DiD 推定値} = \underbrace{\left(\overline{Y}^{\text{事後}}_{\text{トリートメント}} - \overline{Y}^{\text{事前}}_{\text{トリートメント}}\right)}_{\text{トリートメントグループの差分}} - \underbrace{\left(\overline{Y}^{\text{事後}}_{\text{コントロール}} - \overline{Y}^{\text{事前}}_{\text{コントロール}}\right)}_{\text{コントロールグループの差分}}$$
>
> ここでの仮定は，トリートメントグループの反事実の結果は，コントロールグループの時間傾向と平行な時間傾向をもつというものである。

---

[4] 正式には，トリートメントグループに対する標本平均トリートメント効果(SATT)は，トリートメントユニットの間でのユニットレベルの因果効果の標本平均であり，SATT $= \frac{1}{n_1} \sum_{i=1}^{n} T_i \{Y_i(1) - Y_i(0)\}$ と表される。ここで T_i は 2 値のトリートメント指標変数，$n_1 = \sum_{i=1}^{n} T_i$ はトリートメントグループの規模である。

最低賃金の研究の場合，次のように差の差分の推定値を求められる。

```
## PA の事前の常勤労働者の割合
minwagePA$fullPropBefore <- minwagePA$fullBefore /
    (minwagePA$fullBefore + minwagePA$partBefore)
## PA の事前・事後の平均の差
PAdiff <- mean(minwagePA$fullPropAfter) -
    mean(minwagePA$fullPropBefore)
## 差の差分法
NJdiff - PAdiff

## [1] 0.06155831
```

　この結果は，最低賃金を引き上げると雇用にネガティブな影響を与えるとする一部の経済学者の予測に反する。むしろ，差の差分法による分析からは，NJ のファストフード店では，最低賃金の引き上げによって常勤労働者の割合が少し上昇した可能性が示唆される。差の差分法の推定値は，PA のネガティブな傾向を反映し，事前・事後の推定値よりも大きくなっているのである。

　差の差分法がうまくいかないのはどんな場合だろうか。差の差分法が妥当でない因果効果の推定値を出してしまうのは，トリートメントグループに関する反事実の結果の時間傾向が，コントロールグループの観察された時間傾向と平行でない場合である。トリートメントグループの反事実的な時間傾向は観察されないため，この仮定を裏づけることはできない。しかし，場合によっては，仮定の信頼性を高めることができる。例えば，以前よりファストフード店から雇用情報を収集していたなら，NJ の最低賃金が引き上げられなかった場合に，NJ のファストフード店の常勤労働者の割合が PA のファストフード店と平行に変化していたかどうかを調査できただろう。

2.6 ｜ 1 変数の記述統計量

　ここまでは，結果の平均を関心のある統計量として見てきたが，結果の他の統計量を検討することも可能である。この章の最後のトピックとして，**記述統**

計量(descriptive statistic)を用いて，1変数の分布を数値的に要約する方法を取りあげよう。これまでに，範囲(最小値と最大値)や中央値，平均などいくつかの記述統計量を見てきた。この節では，1変数の分布を記述するためによく使われる他の1変量統計量について解説する。

2.6.1 分位数

まず，**分位数**(quantile)を紹介しよう。これは，変数の大きさに応じて観察をグループ分けするものである。分位数の一例が**中央値**(メディアン，median)である。中央値は，データを大きいものと小さいものの2つのグループに分ける。つまり，観察数が奇数個の場合には真ん中の値，偶数個の場合には(真ん中に位置する1つの値がないので)真ん中の2つの値の平均値が中央値となる。例えば，$\{1, 3, 4, 10\}$ の中央値は 3.5 である。偶数個の値が入っているので，その真ん中の値である 3 と 4 の平均値となるのである。一方，このベクトルの平均値は 4.5 である。

平均値も中央値も分布の中心を測るものだが，平均値は中央値よりも**外れ値**(outlier)の影響を受けやすい。例えば，極端な値の観察が1つ含まれていると，平均値は大きく変わることがあるが，中央値はそれほど影響を受けない。$\{1, 3, 4, 10, 82\}$ の中央値は 4 であるが，平均値は 20 に増えてしまう。最低賃金の研究データでは，賃金の平均値と中央値はほとんど同じである。例えば，最低賃金引き上げ前の賃金は中央値が 4.50 ドルであり，平均値 4.62 ドルに近い。

---

x の**中央値**は以下のように定義される。

$$\text{中央値} = \begin{cases} x_{((n+1)/2)} & n \text{ が奇数の場合} \\ \frac{1}{2}\left(x_{(n/2)} + x_{((n/2)+1)}\right) & n \text{ が偶数の場合} \end{cases} \quad (2.2)$$

ここで $x_{(i)}$ は，小さい方から数えて i 番目の観察の変数 x の値を，n は標本サイズをそれぞれ表す。中央値は，**平均値**(mean)よりも外れ値の影響を受けにくいため，分布の中心を示す，より頑健な尺度である。

さきほどの知見が確固たるものかどうかを考えるため，最低賃金の引き上げが常勤労働者の割合にどのように影響するか，平均値ではなく中央値を使って検討する。変数の中央値を算出するためには，median() 関数を用いる。

```
## NJ と PA の横断的な比較
median(minwageNJ$fullPropAfter) -
    median(minwagePA$fullPropAfter)

## [1] 0.07291667

## 事前・事後の比較
NJdiff.med <- median(minwageNJ$fullPropAfter) -
    median(minwageNJ$fullPropBefore)
NJdiff.med

## [1] 0.025

## 差の差分の中央値
PAdiff.med <- median(minwagePA$fullPropAfter) -
    median(minwagePA$fullPropBefore)
NJdiff.med - PAdiff.med

## [1] 0.03701923
```

差の差分の推定が前より少し小さいが，基本的には先ほどの分析と同じ結果となる。ここでも，最低賃金を引き上げると常勤雇用が減るという仮説にはほとんど根拠がない。むしろ，常勤雇用をわずかに増加させた可能性がある。

より完全な分布の記述を得るために用いられるのが，データを4つのグループに等分する**四分位数**(quartile)である。25% の観察がその値以下に入るのが**第1四分位数**(first quartile, lower quartile)であり，**第3四分位数**(third quartile, upper quartile)以下には 75% の観察が入る。**第2四分位数**(second quartile)は中央値と等しい。summary() 関数を使うと，最小値，平均，最大値とともに，四分位数が出力される。さらに，第3四分位数と第1四分位数(75 パーセンタイルと 25 パーセンタイル)の差を**四分位範囲**(interquartile range; **IQR**)と呼ぶ。

すなわち，四分位範囲はデータの半分が含まれる範囲を示しており，分布の広がり具合を測るものである。四分位範囲は，IQR() 関数で求めることができる。

```
## summary では最小値，最大値，平均とともに四分位数が表示される
summary(minwageNJ$wageBefore)

##    Min. 1st Qu.  Median    Mean 3rd Qu.    Max.
##    4.25    4.25    4.50    4.61    4.87    5.75

summary(minwageNJ$wageAfter)

##    Min. 1st Qu.  Median    Mean 3rd Qu.    Max.
##   5.000   5.050   5.050   5.081   5.050   5.750

## 四分位範囲
IQR(minwageNJ$wageBefore)

## [1] 0.62

IQR(minwageNJ$wageAfter)

## [1] 0
```

この分析から，最低賃金が引き上げられる以前には，賃金は 4.25 ドルから 5.75 ドルの範囲にあり，NJ の 75% のファストフード店では時給が 4.87 ドル以下であったことがわかる。しかし，最低賃金が 5.05 ドルに引き上げられると，ほとんどのファストフード店が新しい最低賃金まで賃金を引き上げたが，最低賃金より高くすることはなかった。その結果，第 1 四分位数と第 3 四分位数がともに 5.05 ドルとなり，四分位範囲は 0.62 ドルから 0 ドルへと縮小している。

四分位数は**分位数**と呼ばれる一般統計の一種である。分位数とは，観察を何等分かしてグループ分けする数をいう。分位数の他の例には，**三分位数**(tercile, データを 3 等分する数), **五分位数**(quintile, 5 等分), **十分位数**(decile, 10 等分), **百分位数**(percentile, 100 等分)などがある。いずれの分位数も，

quantile() 関数に引数 probs を指定すれば算出できる。この引数は，データをどのように分割するかを示すもので，確率の数列をとる。例えば，賃金変数の十分位数は，0, 0.1, ..., 0.9, 1 という数列を作成するのに seq() 関数を使えば求められる。

```
## 十分位数
quantile(minwageNJ$wageBefore, probs = seq(from = 0, to = 1,
    by = 0.1))

##    0%   10%   20%   30%   40%   50%   60%   70%   80%   90%  100%
## 4.25  4.25  4.25  4.25  4.50  4.50  4.65  4.75  5.00  5.00  5.75

quantile(minwageNJ$wageAfter, probs = seq(from = 0, to = 1,
    by = 0.1))

##    0%   10%   20%   30%   40%   50%   60%   70%   80%   90%  100%
## 5.00  5.05  5.05  5.05  5.05  5.05  5.05  5.05  5.05  5.15  5.75
```

NJ では法律制定後，少なくとも 90% のファストフード店が賃金を 5.05 ドル以上に設定したことがわかる。一方，最低賃金の引き上げ以前には，5.05 ドル以上の賃金を払っていたファストフード店はほとんどない。したがって，この法律は，新しい最低賃金まで賃金を引き上げる決定的な効果があった一方，それより高く引き上げる効果はなかった。実際，賃金の最大値は最低賃金引き上げ後も 5.75 ドルで変化していない。

> **分位数**とは，観察を一定の数で等分したものをいう。分位数には，四分位数（観察を 4 等分する数）や百分位数（100 等分）などがある。
> ・25 パーセンタイル = 第 1 四分位数
> ・50 パーセンタイル = 中央値（第 2 四分位数）
> ・75 パーセンタイル = 第 3 四分位数
> 第 3 四分位数と第 1 四分位数の差は**四分位範囲**と呼ばれ，分布の広がりを測定する。

2.6.2 標準偏差

ここまで，範囲や四分位数(IQRを含む)を使って分布の広がりを記述してきた。よく使われるもう1つの尺度が**標準偏差**(standard deviation)である。標準偏差について解説する前に，**2乗平均平方根**(root mean square; **RMS**)という統計量を説明しておこう。2乗平均平方根は変数の大きさを記述するもので，以下のように定義される。

$$\begin{aligned}\text{RMS} &= \sqrt{\text{エントリーの2乗の平均}} \\ &= \sqrt{\frac{\text{エントリー1}^2 + \text{エントリー2}^2 + \cdots}{\text{エントリーの数}}} \\ &= \sqrt{\frac{1}{n}\sum_{i=1}^{n} x_i^2}\end{aligned} \quad (2.3)$$

式(2.3)は正式な数学的定義である。名前のとおりの数式で，それぞれのエントリー(投入値)を2乗して平均値を計算し，その平方根をとる。平均値が分布の中心を示す一方，RMSはエントリーの正負の符号を無視し，各データエントリーの絶対値の平均を表す(例えば，-2の**絶対値**(absolute value)は2であり，|-2|と書く)。例えば，{-2,-1,0,1,2}の平均値は0であるが，RMSは$\sqrt{2}$である。最低賃金の研究データでは，最低賃金の引き上げ前後における常勤労働者の割合の変化のRMSを計算できるが，この値は平均値とは大きく異なる。

```
sqrt(mean((minwageNJ$fullPropAfter -
    minwageNJ$fullPropBefore)^2))

## [1] 0.3014669

mean(minwageNJ$fullPropAfter - minwageNJ$fullPropBefore)

## [1] 0.02387474
```

したがって，最低賃金の引き上げが行われた後の，常勤労働者の割合の変化の絶対値は，平均しておよそ0.3となる。差の平均は0に近いが，0.3という数値は比較的大きな変化を示している。

RMS を使い，各データエントリーの平均からの平均偏差として標本の**標準偏差**を定義できる．したがって標準偏差は，データポイントが平均からどのくらい平均的に離れているかを計量することで分布の広がりを測る．具体的には，標準偏差は平均からの偏差の RMS と定義される．

$$標準偏差 = 平均からの偏差の RMS$$

$$= \sqrt{\frac{(エントリー1 - 平均)^2 + (エントリー2 - 平均)^2 + \cdots}{エントリーの数}}$$

$$= \sqrt{\frac{1}{n} \sum_{i=1}^{n} (x_i - \bar{x})^2} \tag{2.4}$$

式(2.4)の分母で，n の代わりに $n-1$ を使う場合がある．その理由は第7章で説明するが，十分な数のデータがあれば，わずかな違いしか生じない．さらに，平均から2ないし3標準偏差離れたデータポイントはかなり少ないことに注意しよう．したがって，標準偏差を知ることで，データのおよその範囲が理解できる．最後に，標準偏差の2乗は**分散**(variance)と呼ばれ，平均からの偏差の2乗の平均値を示している．分散に関しては，後の章でより詳しく説明する．分散は標準偏差よりも解釈が難しい概念であるが，第6章で示すように，分析に役立つ特徴がある．

標本の**標準偏差**とは，平均からの平均的な偏差を測るもので，以下のように定義される．

$$標準偏差 = \sqrt{\frac{1}{n} \sum_{i=1}^{n} (x_i - \bar{x})^2} \quad または \quad \sqrt{\frac{1}{n-1} \sum_{i=1}^{n} (x_i - \bar{x})^2}$$

ここで，$\bar{x}$ は標本の平均 $\bar{x} = \frac{1}{n} \sum_{i=1}^{n} x_i$ を，n は標本サイズを示している．平均から2ないし3標準偏差以上離れたデータポイントはほとんどない．標準偏差を2乗したものを**分散**という．

R では，sd() 関数を使って，簡単に標準偏差を求められる（この関数では分母に $n-1$ を用いる）．var() 関数は標本の分散を返す．最低賃金の研究データ

を用いた例を以下に示す。

```
## 標準偏差
sd(minwageNJ$fullPropBefore)

## [1] 0.2304592

sd(minwageNJ$fullPropAfter)

## [1] 0.2510016

## 分散
var(minwageNJ$fullPropBefore)

## [1] 0.05311145

var(minwageNJ$fullPropAfter)

## [1] 0.0630018
```

この結果は，NJのファストフード店の常勤労働者の割合は，平均して平均から約0.2離れていることを示す。この変数については，標準偏差は，最低賃金の引き上げ前後でほとんど変わっていないことがわかる。

2.7 まとめ

本章では，まず，労働市場における人種差別に関する実験研究を分析した。**因果推論の根本問題**とは，2つの潜在的結果のうち片方しか現実には観察することができない一方で，因果効果を推論するには反事実と事実の結果を比較しなければならないことをいう。この章ではまた，観察データから反事実の結果を推論するためのリサーチ・デザインの様々な方策を紹介してきた。それぞれのリサーチ・デザインの強みと弱み，さらに，そのリサーチ・デザインが依拠している仮定を理解することが重要である。

ランダム化比較試験（RCT）では，トリートメントグループとコントロールグループを単純に比較するだけでトリートメントの因果効果を推定することが

できる。トリートメントの割り当てをランダム化することで，トリートメントグループとコントロールグループにおいて，トリートメントを受けたかどうか以外の特徴（観察されるもの・観察されないもののいずれも）が，平均的に等しいと見なすことができる。その結果，トリートメントグループとコントロールグループの平均的な違いは，トリートメントのせいで生じていると考えることができるのである。RCT は内的に妥当な因果効果の推定をもたらすことが多いが，外的妥当性には欠ける傾向がある。このため，現実社会での母集団を対象に実証的結論を一般化することは難しい。

観察研究では，研究者は直接的な介入を行わない。観察対象がトリートメントグループに入るかどうかを能動的に選択していることがあるため，トリートメントグループとコントロールグループの差がトリートメントを受けたかどうか以外の要因によって生じてしまう可能性がある。したがって，観察研究は外的妥当性に優れているが，それには内的妥当性の犠牲が伴っていることが多い。トリートメントの割り当てがランダムでない場合，交絡バイアスの可能性に対して，統計的なコントロールを用いて対処しなければならない。トリートメントと結果の双方に関係する交絡因子が存在する場合に，2 つのグループを単純に比較してしまうと，誤った推論が導かれる。このようなバイアスを減らすリサーチ・デザインの方策として，細分類化や事前・事後の比較デザイン，差の差分法などを紹介した。

最後に，R を使ってデータを部分集合化する様々な方法を学習した。部分集合化は，論理値や関係演算子，条件文などを使って行うことができる。また，データセットに含まれる各変数を要約するのに役立つ記述統計量もいくつか解説した。例えば，平均，中央値，分位数，標準偏差などである。R には，ここで紹介した以外のものも含め，データセットから様々な記述統計量を計算するための関数がある。

2.8 練習問題

2.8.1 初期教育における少人数クラスの有効性

STAR（Student-Teacher Achievement Ratio）プロジェクトは，初期教育におけるクラス規模が学業成績や人格の発達に与える影響を調査するために 4 年間

表 2.6 STAR プロジェクトのデータ

変数	説明
race	生徒の人種（白人 = 1，黒人 = 2，アジア系 = 3，ヒスパニック = 4，ネイティブ・アメリカン = 5，その他 = 6）
classtype	幼稚園でのクラスのタイプ（少人数クラス = 1，標準規模クラス = 2，補助教員付きの標準規模クラス = 3）
g4math	4 年生時の算数の成績
g4reading	4 年生時の読解の成績
yearssmall	少人数クラスでの年数
hsgrad	高校卒業（卒業 = 1，中退 = 0）

かけて行われた**縦断的研究**である[5]。縦断的研究では，長期間にわたり同じ被験者を追跡する。この研究は 1985 年から 1989 年にかけて行われ，11,601 人の生徒が対象となった。その 4 年間，生徒たちは少人数クラス，標準規模クラス，補助教員付き標準規模クラスにランダムに割り当てられた。この実験に対し，総計 1,200 万ドルが投じられた。このプログラムは最初の幼稚園児が小学 3 年生を終える 1989 年に打ち切られたが，参加者が高校を卒業するまで様々な測定値（例えば，中学 2 年生時（アメリカの学制での 8 年生時）のテストの成績，高校での全科目学業成績平均点（GPA）など）が収集され続けた。

このデータのごく一部を分析して，少人数クラスは生徒の学業成績を向上させるかどうかを調べてみよう。データファイルは STAR.csv という名前の CSV フォーマットである。このデータセットに含まれる変数の名前と説明は表 2.6 にある。なお，このデータセットにはかなりの数の欠損値が含まれている。例えば，STAR プロジェクトが実施されている学校から 3 年生になる前に生徒が転出したり，生徒が途中から転入したりするために欠損値が生じる。

1. データフレームに kinder という新たな因子変数を作成しよう。この変数は，classtype に含まれる整数値をわかりやすいラベルに変更する（例えば，1 を small に変更する，など）。同様に，race 変数を，アジア系とネイティブ・アメリカンを others にまとめ，white, black, hispanic, others という 4 つのレベルをもつ因子変数に変更しよう。race 変数については，新しい変数を作成するのではなく，データフレームにある元の変数を上書きする。なお，欠損値を除外するには，関数に

---

[5] この練習問題の記述の一部は以下の文献に拠っている。Frederick Mosteller (1995) "The Tennessee study of class size in the early school grades." *The Future of Children*, vol. 5, no. 2, pp. 113-127.

na.rm = TRUE を付け加えればよいことを思い出そう (1.3.5 参照)。

2. 4年生時の読解と算数の成績について，幼稚園で少人数クラスに割り当てられた生徒と標準規模クラスに割り当てられた生徒を比較すると，どうだろうか。少人数クラスのほうが成績は良いだろうか。欠損値を取り除いた上で，平均値を用いて比較しよう。結果の実質的な解釈を簡潔に述べよう。推定された効果の大きさを理解するため，テスト点数の標準偏差を比べよう。

3. 少人数クラスに割り当てられた生徒と標準規模クラスに割り当てられた生徒との間で，読解と算数の平均点を比較する代わりに，両グループが取りうる点数の範囲を調べよう。それにあたり，66パーセンタイルで示されるハイスコアと，33パーセンタイルで示されるロースコアを，少人数クラスと標準規模クラスで比較する。これらは**分位値トリートメント効果**(quantile treatment effect)の例である。この分析から，前問の平均値による分析に加えて何かいえるだろうか。

4. 一部の生徒は，STAR プログラムが実施されていた4年間，ずっと少人数クラスに在籍していた。一方で，1年間だけ少人数クラスに割り当てられ，その他の年は標準規模クラスや，補助教員付きの標準規模クラスに在籍していた生徒もいる。このデータセットでは，それぞれ何人ずつそうした生徒がいるだろうか。kinder と yearssmall という2つの変数を使って，分割表を作成しよう。少人数クラスにより長く在籍していた場合，テストの成績により大きな変化が見られるだろうか。少人数クラスに在籍していた期間が違う生徒同士で，読解と算数のテストの平均点や中央値を比較しよう。

5. STAR プロジェクトによって，人種間の学力差が縮まったかどうかを検討しよう。まず，補助教員がついていない標準規模クラスに割り当てられた生徒のうち，白人の生徒とマイノリティ(黒人とヒスパニック)の生徒の平均点を比較する。同様の比較を少人数クラスに割り当てられた生徒についても行う。分析結果について実質的な解釈を簡潔に述べよう。

6. 幼稚園のクラス規模が与える長期的な影響を考えよう。異なるタイプのクラスに割り当てられた生徒の高校卒業率を比較する。また，少人数クラスに在籍した期間によって卒業率が変わるかどうか調べよう。最後に，前問と同様に，STAR プロジェクトが白人とマイノリティの生徒の卒業

表 2.7 同性婚データ

変数	説明
study	データの出典(1 = 研究 1, 2 = 研究 2)
treatment	5 種類のトリートメント割り当ての選択肢
wave	調査の実施回(全 7 波)
ssm	同性婚に対する 5 点尺度(高い値が支持を意味する)

率の格差を縮めたかどうかを調べよう。結果について簡潔に論じよう。

2.8.2 同性婚に関する意見の変化

この練習問題では,同性婚への支持を訴える戸別訪問が行われた 2 つの実験のデータを分析する[6]。なお,元になった研究は,データ捏造の申し立てを受けて後に撤回された。捏造問題に関しては,後の練習問題でもう一度取りあげる(3.9.1 参照)。しかし,この練習問題では,申し立ては無視して元のデータを分析する。

この実験では,訪問員に 20 分程度の会話をするための台本が渡される。この研究の際立った特徴は,ゲイ(同性愛者)の訪問員とストレート(異性愛者)の訪問員がランダムに割り当てられ,会話の中で自分がゲイなのかストレートなのか伝えさせるところにある。この実験の目的は,「接触仮説(contact hypothesis)」を検証することにある。接触仮説とは,外集団(自分の所属する集団以外の集団,この場合はゲイ)に対する敵意は,その集団と接する中で消えていくという仮説である。データは CSV フォーマットの gay.csv である。表 2.7 に,データセットに含まれる変数の名前と説明を示した。データセットにある各観察は,同性婚に関する 5 点尺度の調査項目への回答である。また,このデータセットには,2 つの異なる研究データが含まれており,7 つの異なる時期に(すなわち 7 波の)インタビューが行われた。どちらの研究でも,初回の調査は,戸別訪問(トリートメント)前に行われたインタビューである。

1. トリートメントが行われる前に実施されたベースライン(基準)インタビューを使って,ランダム化が適切に行われているかどうかを調べよう。研究 1 に含まれる 3 つのグループ(ゲイの訪問員による同性婚台本,ス

---

[6] この練習問題は,以下の論文に基づく。Michael J. LaCour and Donald P. Green (2015) "When contact changes minds: An experiment on transmission of support for gay equality." *Science*, vol. 346, no. 6215, pp. 1366–1369.

トレートの訪問員による同性婚台本，戸別訪問なし)を対象に分析する。結果について簡潔にコメントしよう。
2. 第2波調査は戸別訪問の2か月後に行われた。研究1を使って，ゲイとストレートの訪問員が同性婚の支持に与える平均トリートメント効果をそれぞれ推定しよう。結果の解釈を手短に述べよう。
3. この研究では，同性婚台本を使わない戸別訪問を行ったトリートメントグループも加えられている。具体的には，リサイクルを促す戸別訪問を行った。このトリートメントグループを追加した目的は何だろうか。研究1の第2波調査を使って，「ゲイの訪問員による同性婚台本」と「ゲイの訪問員によるリサイクル台本」のトリートメントの結果を比較しよう。同様のことをストレートの訪問員についても行って，「ストレートの訪問員による同性婚台本」と「ストレートの訪問員によるリサイクル台本」のトリートメントも比較しよう。これらの比較から何がわかるだろうか。結果の解釈を詳しく述べよう。
4. 研究1では，戸別訪問後，2か月ごとに計6回（第2波から第7波まで）の再インタビューが行われた。最後のインタビューである第7波は，トリートメントの1年後に行われた。戸別訪問の効果は持続しているだろうか。持続しているとしたら，どのような条件のもとでだろうか。この問いに答えるにあたり，それぞれの調査時点で，（コントロールグループを比較対象として）同性婚台本を用いたゲイとストレートの訪問員の平均効果をそれぞれ求めよう。
5. 研究1で得られた主要な結果を再現するために研究2が行われた。この研究では，ゲイの訪問員のみが同性婚台本で戸別訪問を行った。研究2について，「ゲイの訪問員による同性婚台本」グループと「戸別訪問なし」グループを使って，ランダム化が適切に行われているか調べよう。この分析では，ベースラインとして第1波の支持得点を用いる。
6. 研究2において，第2波のデータを使って，ゲイの訪問員によるトリートメント効果を推定しよう。その結果は，研究1と一致しているだろうか。
7. 研究2を使って，調査時点ごとにゲイの訪問員による平均効果を推定し，それが時間とともにどのように変化していったか調べよう。研究2では，第5波と第6波の調査が行われていないが，第7波は研究1と同

表 2.8 指導者暗殺データ

変数	説明
country	国
year	年
leadername	狙われた指導者の名前
age	狙われた指導者の年齢
politybefore	暗殺計画までの3年間の平均ポリティ指標
polityafter	暗殺計画後3年間の平均ポリティ指標
civilwarbefore	暗殺計画までの3年間に当該国が内戦状態にある場合は 1，そうでない場合は 0
civilwarafter	暗殺計画後の3年間に当該国が内戦状態にある場合は 1，そうでない場合は 0
interwarbefore	暗殺計画までの3年間に当該国が国家間戦争の状態にある場合は 1，そうでない場合は 0
interwarafter	暗殺計画後の3年間に当該国が国家間戦争の状態にある場合は 1，そうでない場合は 0
result	暗殺計画の結果

様にトリートメントの1年後に行われている点に注意する。研究1と研究2から研究全体の結論を導こう。

2.8.3　自然実験としての指導者暗殺の成功

　国際関係論における長年の論争の1つが，政治的指導者個人によって違いが生まれるのかどうかという問題である。指導者のイデオロギーや性格によって国家の方向性が決まるという見方がある一方で，政治的指導者は歴史や制度の力に強く制約されると考える研究者もいる。ヒトラー，毛沢東，ルーズヴェルト，チャーチルといった指導者らは大きな影響をもたらしたのだろうか。こうした議論を検証する難しさは，指導者の交代はランダムに決まるものではなく，調整すべき様々な交絡因子が存在することに起因する。

　この練習問題では，暗殺計画が成功するか失敗するかは基本的にランダムであると仮定した**自然実験**(natural experiment)について検討する[7]。CSV 形式のデータセットである leaders.csv の各観察には，暗殺計画に関する情報が含まれている。表 2.8 は，この指導者暗殺データセットに含まれる変数の名前

---

[7] この練習問題は，以下の論文に拠っている。Benjamin F. Jones and Benjamin A. Olken (2009) "Hit or miss? The effect of assassinations on institutions and war." *American Economic Journal: Macroeconomics*, vol. 1, no. 2, pp. 55–87.

と説明を示したものである．`polity` という変数は，ポリティ・プロジェクトが公表しているいわゆる**ポリティ指標**（polity score）のことである．ポリティ・プロジェクトは，1800 年以降の世界各国の政治体制を体系的に記録し定量化している．ポリティ指標は，−10（世襲君主制）から 10（定着した民主主義）までの 21 段階の値をとる．`result` 変数は，各暗殺計画の結果を示す 10 カテゴリーの因子変数である．

1. このデータには，いくつの暗殺計画が記録されているだろうか．少なくとも 1 回は指導者暗殺が計画された国はいくつあるだろうか（ここでは，入力ベクトルにおいて重複のない値を返してくれる `unique()` 関数を使うとよい）．それらの国では年に平均していくつの暗殺計画があるだろうか．

2. 指導者が死亡した場合には `1` を，指導者が生き残った場合には `0` をとる `success` という 2 値変数を作成し，元のデータフレームの一部として保存しよう．指導者暗殺計画の全体的な成功率はどのくらいだろうか．この結果から，暗殺の成功はランダムに決まるという仮定は妥当であると言えるだろうか．

3. 成功した暗殺計画と失敗した暗殺計画では，平均して，暗殺計画までの 3 年間のポリティ指標の平均が違うかどうか調べよう．また，成功した暗殺計画と失敗した暗殺計画では，狙われた指導者の年齢に違いがあるかどうか調べよう．先述した仮定が妥当かどうかという観点から，結果の解釈を簡潔に述べよう．

4. 内戦や国家間戦争の経験を用いて，前問と同じ分析を行おう．データフレームに `warbefore` という 2 値変数を作成し，暗殺が行われる前の 3 年間に内戦や国家間戦争の状態にあった場合が 1 になるようにする．結果を簡潔に解釈しよう．

5. 指導者の暗殺成功は民主化の原因になるのだろうか．それとも，戦争を引き起こすのだろうか．自分の仮定を明確にした上でデータ分析を行い，結果の解釈を簡潔に述べよう．

第3章 測定

> 数えられるものすべてが大事なわけではないし，大事なものがすべて数えられるわけでもない。
> ——ウィリアム・ブルース・キャメロン『非公式社会学』

　社会科学の研究では，測定が中心的な役割を果たす。この章ではまず，最も一般的なデータ収集方法であるサーベイ(世論調査)の方法論について検討する。例えば，第2章で紹介した最低賃金の研究では，ファストフード店の各店舗における雇用情報を測定するためにサーベイが使われていた。サーベイは，ランダムに選択された比較的小さな標本から，我々が関心をもっている母集団について推論するのに有効なツールでもある。サーベイに加え，イデオロギーのように，社会科学の研究にとって不可欠な潜在的概念の使用についても検討する。これらの概念は，基本的には観察することができないため，理論的なモデルを使わなければ測定できない。つまり，測定の問題は，人間行動の研究における理論分析と実証分析の両方にまたがる領域なのである。本章の最後では，興味深いパターンを発見することによって探索的なデータ分析を行う際に役立つ，クラスター化の基本的な手法についても解説する。また，Rを使って，データをグラフ化する様々な方法や，それと関連する記述統計の計算方法についても学習する。

3.1 戦時における民間人の被害を測定する

　9.11同時多発テロの後，タリバン政権の庇護の下に活動してきたアルカイダを解体することを目的として，アメリカとその同盟国はアフガニスタンに侵攻した。2003年には，北大西洋条約機構(NATO)がこの紛争に加わり，国際治安支援部隊(International Security Assistance Force; ISAF)と合同で軍隊を派遣した。タリバンの反乱に抗してこの戦争を遂行するため，ISAFは民間人の支持を得ようと，経済支援，サービス提供，保護を組み合わせた「ハーツ・ア

表 3.1　アフガニスタンに関するサーベイ・データ

変数	説明
province	回答者の居住州
district	回答者の居住地区
village.id	回答者の居住村 ID
age	回答者の年齢
educ.years	回答者が教育を受けた年数
employed	回答者の就業状況
income	回答者の月収(5 段階)
violent.exp.ISAF	回答者が ISAF から暴力を受けた経験
violent.exp.taliban	回答者がタリバンから暴力を受けた経験
list.group	リスト実験用にランダムに割り当てられたグループ(control, ISAF, taliban)
list.response	リスト実験における回答(0-4)

ンド・マインズ」と呼ばれるキャンペーンを実施した。このようなキャンペーンの成否を評価するには，戦争中に人々がどのような経験をし，どのように感じてきたのかを測定し，理解する必要がある。しかし，苛酷な治安状況下では，質問や回答をすることで危険が及ぶ可能性があるため，民間人の経験や意見を測定する作業は困難となる。つまり，回答者がサーベイの質問に対して，社会的に望ましくない回答を避け，不正確に答える場合があるのである。

ある社会科学者グループが，反乱の中心地であるアフガニスタン南部で**サーベイ**(survey)を行った[1]。このサーベイは，2011 年の 1 月から 2 月にかけて実施され，2754 人の回答を得た。回収率は 89% と注記されている。これは，当初接触した 3097 人の男性のうち 343 人が回答を拒否したということである。この地域の文化では調査員が女性市民と会話することが禁じられているため，回答者は男性のみとなっている。

まず，年齢，教育を受けた年数，就業状況，現地通貨アフガニ単位での月収の点から回答者の特徴について要約する。このサーベイ・データは afghan.csv という CSV ファイルに保存されており，read.csv() 関数を使って読み込める。変数の名前と説明は表 3.1 に示した。summary() 関数を使って，いく

---

[1] この節の記述は，以下の 2 つの論文に依拠している。Jason Lyall, Graeme Blair, and Kosuke Imai（2013）"Explaining support for combatants during wartime: A survey experiment in Afghanistan." *American Political Science Review*, vol. 107, no. 4（November）, pp. 679-705，および Graeme Blair, Kosuke Imai, and Jason Lyall（2014）"Comparing and combining list and endorsement experiments: Evidence from Afghanistan." *American Journal of Political Science*, vol. 58, no. 4（October）, pp. 1043-1063.

つかの変数の数値的な要約を出してみよう。

```
## データの読み込み
afghan <- read.csv("afghan.csv")
## 関心のある変数の要約
summary(afghan$age)

##    Min. 1st Qu.  Median    Mean 3rd Qu.    Max.
##   15.00   22.00   30.00   32.39   40.00   80.00

summary(afghan$educ.years)

##    Min. 1st Qu.  Median    Mean 3rd Qu.    Max.
##   0.000   0.000   1.000   4.002   8.000  18.000

summary(afghan$employed)

##     Min.  1st Qu.   Median     Mean  3rd Qu.     Max.
##   0.0000   0.0000   1.0000   0.5828   1.0000   1.0000

summary(afghan$income)

##   10,001-20,000     2,001-10,000   20,001-30,000
##             616             1420              93
## less than 2,000      over 30,000            NA's
##             457               14             154
```

　回答者の平均年齢は32歳で，大部分が教育をあまり受けておらず，約60％の人が職に就いていることがわかる。ほとんどの回答者の月収は1万アフガニ以下，すなわち，約200ドル以下となっている。

　戦争では民間人が被害を受けることも多いが，民間人に対する攻撃がどの程度発生しているのかを体系的に測定することは困難である。サーベイは，自己申告に基づくものではあるが，民間人の被害を定量化する方法の1つである。このサーベイでは次の質問が行われた。「ここ1年の間に，あなたやあなたの家族が外国部隊あるいはタリバンの活動によって被害を受けたことはあります

か」。「被害」という言葉は，肉体的な危害だけではなく，物的損害も指すことが回答者に説明された。以下で，回答者がISAFあるいはタリバンから被害を受けたかどうかをそれぞれ示すviolent.exp.ISAFとviolent.exp.talibanという2つの変数について分析を行う。

```
prop.table(table(ISAF = afghan$violent.exp.ISAF,
    Taliban = afghan$violent.exp.taliban))
##      Taliban
## ISAF          0         1
##    0 0.4953445 0.1318436
##    1 0.1769088 0.1959032
```

第2章で解説したtable()関数とprop.table()関数を使った分析により，ここ1年の間に，37%（= 17.7% + 19.6%）の回答者がISAF（2行目）から，33%（= 13.2% + 19.6%）の回答者がタリバン（2列目）から被害を受けていることがわかる。約20%の回答者が，両方の陣営から肉体的あるいは物的損害を受けている。この分析結果は，民間人への加害が一方の紛争当事者からに偏っているのではなく，アフガニスタンの民間人はISAFとタリバン両方から同じ程度の被害を受けている（あるいは，少なくとも被害を受けていると感じている）ことを示唆している。

3.2 Rで欠損データを扱う

多くのサーベイでは，回答者がいくつかの質問について回答を拒否したり，そもそも答えを知らないために，無回答が発生することがある。サーベイ以外のタイプのデータでも，こうした欠損値はよくある。例えば，多くの新興国では，国内総生産（GDP）や失業率といった公的統計がない。Rでは，欠損データはNAという記号で表される。アフガニスタンで行われたサーベイの例では，154人の回答者が月収を回答していないことを上で見た。NAは欠損データ用の特別な値なので，is.na()関数を用いることで欠損している観察の数を数えることができる。この関数は，引数がNAの場合には論理値TRUEを，そう

でない場合には FALSE を返す。

```
## 先頭から 10 人目までの回答者の月収データを表示
head(afghan$income, n = 10)

## [1] 2,001-10,000   2,001-10,000   2,001-10,000   2,001-10,000
## [5] 2,001-10,000   <NA>           10,001-20,000  2,001-10,000
## [9] 2,001-10,000   <NA>
## 5 Levels: 10,001-20,000 2,001-10,000 ... over 30,000

## 回答者の月収が欠損しているかどうかを表示
head(is.na(afghan$income), n = 10)

##  [1] FALSE FALSE FALSE FALSE FALSE  TRUE FALSE FALSE FALSE
## [10]  TRUE
```

ここでは，6 番目と 10 番目の回答者が月収を報告しておらず，NA という記号で表されていることがわかる。is.na(afghan$income) というシンタックスは論理値のベクトルを返し，それぞれの論理値は対応する回答者が月収に関する質問に回答しなかったかどうかを示している。したがって，このシンタックスの出力結果の 6 番目と 10 番目の要素は TRUE となっている。この関数を使うことで，この変数の欠損データの総数や割合が簡単に求められる。

```
sum(is.na(afghan$income))   # 欠損値の数

## [1] 154

mean(is.na(afghan$income))  # 欠損割合

## [1] 0.05591866
```

R の関数の中には，欠損データを他のデータとは区別して扱うものがある。例えば，mean() 関数は，変数に 1 つでも欠損値が含まれている場合には，NA を返すようになっている。便利なことに，mean() 関数は na.rm という引数をとることができ，この引数を TRUE に設定することで，欠損データを取り除い

てから処理を行うことができる。他にも，max() 関数，min() 関数，median() 関数など，この引数が使える関数が多数ある。

```
x <- c(1, 2, 3, NA)
mean(x)

## [1] NA

mean(x, na.rm = TRUE)

## [1] 2
```

先ほど table() 関数を適用した際には，データセットに欠損値をもつ観察が含まれていないかのように，欠損データが無視されていた。こうした関数に対して，欠損データも陽に含めるよう指示することもできる。それには，exclude という引数を NULL に設定して，欠損値を含んだデータを除外しないようにする。

```
prop.table(table(ISAF = afghan$violent.exp.ISAF,
    Taliban = afghan$violent.exp.taliban, exclude = NULL))

##         Taliban
## ISAF              0           1         <NA>
##   0      0.482933914 0.128540305 0.007988381
##   1      0.172476398 0.190994916 0.007988381
##   <NA>   0.002541757 0.002904866 0.003631082
```

被害に関する質問には，ほとんどの回答者が答えていることがわかる。実際，これらの質問に対する無回答率はいずれも 2% 未満である。タリバンと ISAF からの被害に関する質問の無回答率は，最終列と最終行の数値をそれぞれ合計することで求められる。アフガニスタンの民間人は，被害経験に関する質問に対して進んで回答しているようである。

最後に，1つでも欠損値を含む観察すべてを，na.omit() 関数を使うことで簡単にデータフレームから除外できる。この関数を適用すると，欠損値のある

観察がすべて除外された別のデータフレームが返される。ここで注意が必要なのが，この操作は，1つでも欠損値を含む変数があった場合，その観察全体が除去される**リストワイズ除去**（listwise deletion）となる点である。例えば，回答者が収入に関する質問以外にはすべて答えていたとしても，リストワイズ除去では，この回答者のすべての情報が，回答のあった項目も含めてデータから取り除かれる。このアフガニスタンでのサーベイ・データにおいては，本章でまだ検討していない変数にも欠損データが含まれている。そのため，na.omit()関数を afghan のデータフレームに適用すると，income 変数のみに同じ関数を適用した場合と比べて，かなり少ない観察しか含まないデータの部分集合が返されるのである。

```
afghan.sub <- na.omit(afghan)   # リストワイズ除去
nrow(afghan.sub)
## [1] 2554
length(na.omit(afghan$income))
## [1] 2600
```

リストワイズ除去を用いると，2554 の観察からなるデータセットが作成される一方，収入に関する質問には 2600 人が回答していることがわかる。この差は，サーベイにおいて，収入に関する質問には答えたが，少なくとも1つは他の質問に答えなかった回答者の数を示している。

3.3　1変量の分布をビジュアル化する

これまでは，データセットに含まれる各変数の分布を要約する際に，平均値や中央値，四分位数といった記述統計を用いてきた。しかし，分布そのものをビジュアル化するとわかりやすいことが多い。この節では，Rで1つの変数の分布をビジュアル化する方法をいくつか紹介する。RStudio で図を作成していると，"figure margins too large" というエラー・メッセージがときどき表示される。この問題は，プロット枠のサイズを大きくすることで解決できる。

3.3.1 棒グラフ

いくつかのカテゴリーからなる**因子変数**（factor variable または factorial variable，2.2.5 参照）の分布を要約するには，table() 関数や prop.table() 関数を使って上で作成したような，数や割合の簡単な表で十分なことが多い。しかし，**棒グラフ**（bar plot）を使うことで分布をビジュアル化することもできる。R では，barplot() 関数は高さのベクトルをとり，独立したグラフウィンドウに棒グラフが表示される。次の例では，高さのベクトルがそれぞれの回答カテゴリーの回答者の割合を表している。

```
## プロットする ISAF 被害の割合のベクトル
ISAF.ptable <- prop.table(table(ISAF =
    afghan$violent.exp.ISAF, exclude = NULL))
ISAF.ptable

## ISAF
##             0          1       <NA>
## 0.619462600 0.371459695 0.009077705

## y 軸の範囲を指定して棒グラフを作成する
barplot(ISAF.ptable,
    names.arg = c("被害なし", "被害あり", "無回答"),
    main = "ISAF による民間人被害",
    xlab = "回答カテゴリー",
    ylab = "回答者の割合", ylim = c(0, 0.7))
## タリバン被害についても同様にする
Taliban.ptable <- prop.table(table(Taliban =
    afghan$violent.exp.taliban, exclude = NULL))
barplot(Taliban.ptable,
    names.arg = c("被害なし", "被害あり", "無回答"),
    main = "タリバンによる民間人被害",
    xlab = "回答カテゴリー",
    ylab = "回答者の割合", ylim = c(0, 0.7))
```

本書におけるグラフは，以下のものも含め，同じRのコードを使用しても異なる体裁で表示されることがある。

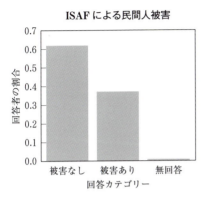
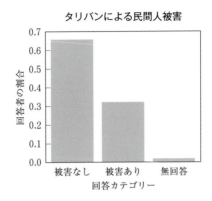

ISAFによる民間人被害とタリバンによる民間人被害の分布がきわめて類似していることがただちにわかる。また，どちらの変数も無回答率は低い。なお，`names.arg`は`barplot()`関数特有の引数で，それぞれの棒にラベルを指定する文字ベクトルをとる。上のシンタックスは他にもいくつかの引数の使い方を示しており，これらの引数は他のプロット関数でも共通する。以下にまとめておく。

- `main` グラフのメインタイトルを指定する文字列(引用符で囲む)
- `ylab, xlab` それぞれ，縦軸(y軸)と横軸(x軸)のラベルを指定する文字列(指定しなければ，Rは自動的にこれらの引数をデフォルトのラベル名に設定する)
- `ylim, xlim` それぞれ，y軸とx軸のとる範囲を指定する長さ2の数値ベクトル(指定しなければ，Rは自動的にこれらの引数を設定する)

3.3.2 ヒストグラム

ヒストグラム(histogram)は，因子変数ではなく，**数値変数**(numeric variable)の分布をビジュアル化する際によく使われる手法である。例えばアフガニスタンのサーベイ・データに含まれる`age`変数のヒストグラムをプロットするとしよう。それにあたってはまず，関心のある変数についてビン(bin)すなわち区間(階級)を指定し，変数の離散化を行う。例えば，`age`変数についてそれぞれのビンの大きさを5年とし，区間 [15, 20), [20, 25), [25, 30) などとする。第

1章の練習問題(1.5.2 参照)で述べたとおり，数学では，角括弧 [ ] は端点を含むのに対し，丸括弧 ( ) は端点を含まない。例えば，[20, 25) は，20歳以上25歳未満の範囲を示す。次に，それぞれのビンにある観察の数(度数)を数える。最後に，各ビンの密度を計算する。これはビンの高さであり，以下のように定義される。

$$密度 = \frac{ビンに含まれる観察の割合}{ビンの幅}$$

それぞれの密度の正確な値よりも，ヒストグラム内の他のビンの密度との関係によってわかる変数の分布に関心があることが多い。したがってヒストグラムは，分布を長方形で近似的に示したものと考えることができる。

Rでヒストグラムを作成するには，hist() 関数を使用し，引数 freq を FALSE に設定する。この引数のデフォルトは TRUE であり，その場合は各ビンの高さが密度ではなく度数を用いてプロットされる。2つの分布を比べる際には，度数よりも密度を用いたほうが便利である。密度尺度であれば，観察数が異なる場合でも，分布全体が比較できるからである。以下では，アフガニスタンのサーベイ・データから回答者の age 変数についてヒストグラムを作成する[*]。

```
hist(afghan$age, freq = FALSE, ylim = c(0, 0.04),
    xlab = "年齢", main = "回答者の年齢分布")
```

ここで重要なのが，ヒストグラムの各ビンの面積は，それぞれのビンに含まれる観察の割合に等しいということである。したがって，一般的に，密度尺度(縦軸の単位)は，横軸単位あたりのパーセンテージとして解釈される。年齢の例でいえば，密度は年あたりのパーセンテージで測られる。つまり，密度は各ビンの割合ではなく，したがって，ビンの幅の値が小さい場合にはそれぞれのビンの高さは1を超える場合もありうる。一方，それぞれのビンの面積は，そこに含まれる観察の割合を示しているため，すべてのビンの面積の合計は1になる。このように，ヒストグラムによって，関心のある変数の様々な値に

---

[*] [訳注]密度を縦軸とするヒストグラムの場合，縦軸ラベルはデフォルトで Density となっている。上の図のように Density ではなく「密度」とするには，シンタックスに ylab = "密度" を加える。これ以降の，密度を縦軸としたヒストグラムでも同様である。

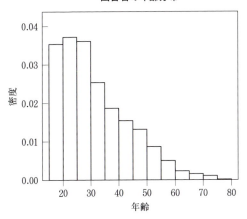

回答者の年齢分布

わたって観察がどのように分布しているかをビジュアル化することができる。サーベイ回答者の年齢分布は右裾が長い形をとり，インタビュー対象者の多くが若い男性であったことを示している。

> ヒストグラムはデータをいくつかのビン（区間）に分割するものであり，各ビンの面積はそこに含まれる観察の割合を示している。それぞれのビンの高さは**密度**を表し，ビンに含まれる観察の割合をビンの幅で割った値と等しくなる。ヒストグラムは，変数の分布を近似的に示している。

次のヒストグラムでは，教育を受けた年数を示す変数 educ.years を扱う。先ほどの年齢変数に関するヒストグラムでは，R に自動的にビンの幅を選択させたが，今回はビンをどう作るかを [−0.5, 0.5), [0.5, 1.5), [1.5, 2.5), … という区間によって厳密に指定し，それぞれのビンの中央が観察された値に対応する整数値 0, 1, 2, … となるようにする。こうすれば，それぞれのビンの高さは，対応する年数だけ教育を受けた回答者の割合を表すことになる。これは，breaks という引数を使いビンの区切り点のベクトルを指定することで実行できる。ここで，この引数を指定しないと，デフォルトの設定は [0, 1), [1, 2), [2, 3), … で，0.5, 1.5, 2.5, … が中心となり，観察された値に対応しなくな

ってしまう。なお，引数 breaks は，ヒストグラムを処理する際に，他の形式の入力をとることもできる。例えば，ヒストグラムのビンの数を指定する1個の整数を入力とすることもできる。

```
## 教育年数のヒストグラム（ビンを選択するために breaks を使用する）
hist(afghan$educ.years, freq = FALSE,
    breaks = seq(from = -0.5, to = 18.5, by = 1),
    xlab = "教育を受けた年数",
    main = "回答者の教育程度分布")
## (x, y) = (3, 0.5) にラベルを追加する
text(x = 3, y = 0.5, "中央値")
## 中央値を表す縦線を追加する
abline(v = median(afghan$educ.years))
```

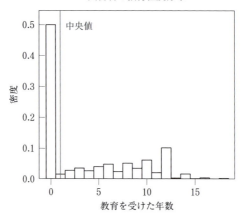

教育年数のヒストグラムから，回答者の教育程度はかなり低いことがわかる。実に，回答者のほぼ半数は就学経験がない。また，abline() 関数と text() 関数を使って，中央値を表す縦線とそのラベルを追加している。これらの関数はどちらも，既存のプロットにレイヤーを追加するものなので，上の例では hist() 関数の後に使われている。text(x, y, z) 関数は，座標ベクトル (x, y) で指定した点を中心として，z という文字を追加する。abline()

関数は，以下の 3 通りのやり方で既存のプロットに直線を追加することができる．

- `abline(h = x)` は高さ x のところに横線を引く
- `abline(v = x)` は横軸の x を通る縦線を引く
- `abline(a = y, b = s)` は切片 y，傾き s の直線を引く

線を引くためのより一般的な関数としては，`lines()` 関数がある．この関数は，x, y という 2 つの引数をとる．これら 2 つの引数は，それぞれ同数の x 座標からなるベクトル，y 座標からなるベクトルでなければならない．この関数は，引数 x の 1 番目の座標と引数 y の 1 番目の座標が表す点から，それぞれの引数で 2 番目の座標が表す点へと線分を引き，そこから，それぞれの引数で 3 番目の座標が表す点へ，……，というように線分を引いていく．例えば，先ほどの中央値を表す線は，この関数を使って以下のように引くことができる．

```
## 中央値を表す縦線を追加する
lines(x = rep(median(afghan$educ.years), 2), y = c(0, 0.5))
```

この例では，x の値が afghan$educ.years の中央値となるところに縦線を引きたい．まず，y の値を 0，0.5 とすることで，このヒストグラムの下端から上端まで線が伸びるようにする．次に，x 座標は，各 y 座標に対して afghan$educ.years の中央値に等しくなるようにする必要がある．この作業を簡単に行うには，`rep()` 関数を利用すればよい．この関数の 1 つ目の引数は繰り返し実行させたい値を，2 つ目の引数は繰り返す回数をとる（これが，生成されるベクトルの長さになる）．上の例の `rep()` 関数は，長さ 2 のベクトルを作成し，そのベクトルの各要素が afghan$educ.years の中央値になる．したがって，教育年数の中央値が 1 年なので，点 $(x, y) = (1, 0)$ から点 $(x, y) = (1, 0.5)$ まで線が引かれている．

`points()` 関数を使って，既存のプロットに点を追加することもできる．具体的には，`points(x, y)` という形で，2 つのベクトル (x, y) がプロットする点の座標を指定する．最後に，R には，色や線の種類，その他の体裁上の種類を選択する機能がある．よく使われる引数を以下にあげるが，各関数の詳細については R のマニュアルページを参照されたい．

- col は，"blue" や "red" というように使う色を指定する。この引数は，text()，abline()，lines()，points() といった多くの関数に適用できる。colors() 関数を実行することで，R に組み込まれている色名の一覧が確認できる (詳細は 5.3.3 を参照されたい)。
- lty は，文字または数値を使って，描画する線の種類を指定する。例えば，"solid" または 1 (デフォルト) が実線，"dashed" または 2 が破線，"dotted" または 3 が点線，"dotdash" または 4 が 1 点鎖線，"longdash" または 5 が長破線となる。この引数は，abline() や lines() など，線を描く関数の多くで使うことができる。
- lwd は線の太さを指定し，lwd = 1 がデフォルトとなっている。この引数は，abline() や lines() など，線を描く関数の多くで使うことができる。

3.3.3　箱ひげ図

数値変数の分布をビジュアル化するための他の手法として，**箱ひげ図** (box plot) がある。いくつかの変数の分布を並べて比較するときには，とりわけ便利である。箱ひげ図は，中央値，四分位数，四分位範囲 (IQR) を 1 つのオブジェクトとしてビジュアル化する。R で箱ひげ図を作成するには，boxplot() 関数を使い，関心のある変数を入力として与えるだけである。ここでも，age 変数を例として用いる。

```
## 青で示された波括弧およびテキストを表示するためのコマンドは省略
boxplot(afghan$age, main = "年齢の分布", ylab = "年齢",
    ylim = c(10, 80))
```

図のとおり，第 1 四分位数 (25 パーセンタイル) から第 3 四分位数 (75 パーセンタイル) にわたるデータの 50% が箱に収められており，箱の中にある実線の横線が中央値 (50 パーセンタイル) を示している。次に，短い水平線で端が示されている 2 本の垂直な破線は「ひげ」と呼ばれ，箱の下と上に伸びている。これら 2 本の破線は，それぞれ，第 1 四分位数と第 3 四分位数から IQR の 1.5 倍までのデータを表す。さらに，IQR の 1.5 倍に収まらなかった観察は，白丸で表示される。この図では，箱の上辺から横線まで伸びる破線部分

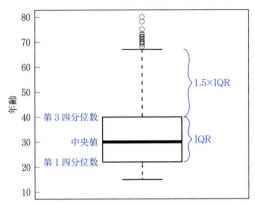

年齢の分布

が，IQR の 1.5 倍の範囲を示している。最小値（最大値）が第 1 四分位数の下から（第 3 四分位数の上から）この IQR の 1.5 倍の範囲内に含まれている場合は，破線の端が最小値（最大値）となる。この箱ひげ図には横線の下に白丸がないが，これは，この変数の最小値が第 1 四分位数から IQR の 1.5 倍の範囲内にあることを意味している。

　1 変数の分布をビジュアル化したい場合には，分布全体の形を概観できるヒストグラムのほうが，箱ひげ図よりも有益なことが多い。箱ひげ図の大きな利点の 1 つは，次の例で見るように，複数の変数の分布をヒストグラムよりコンパクトに比較できる点である。boxplot() 関数を使って，因子変数で定義された観察のグループごとに箱ひげ図を作成できる。これには y ~ x という R の式を使う。今の場合，boxplot(y ~ x, data = d) と打つことで，データフレーム d から x と y という変数を取り出し，因子 x で定義されたグループそれぞれについて変数 y の箱ひげ図を作成できる。例として，州ごとの教育年数変数の分布をプロットしよう。

```
boxplot(educ.years ~ province, data = afghan,
    main = "州別の教育程度", ylab = "教育を受けた年数")
```

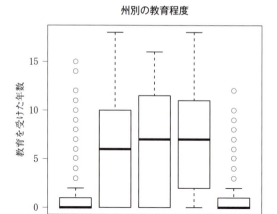

州別の教育程度

他の3州に比べ，ヘルマンド州(Helmand)とウルーズガーン州(Uruzgan)の教育程度がかなり低いことがわかる。また，以下での計算から，この2州は他の州に比べ，民間人による両勢力からの被害報告が多いこともわかる。このことは，対応する質問への肯定的回答の割合を各州について以下のように計算することで示される。

```
tapply(afghan$violent.exp.taliban, afghan$province, mean,
    na.rm = TRUE)

##    Helmand       Khost       Kunar       Logar     Uruzgan
## 0.50422195 0.23322684 0.30303030 0.08024691 0.45454545

tapply(afghan$violent.exp.ISAF, afghan$province, mean,
    na.rm = TRUE)

##    Helmand       Khost       Kunar       Logar     Uruzgan
## 0.5410226 0.2424242 0.3989899 0.1440329 0.4960422
```

なお，na.rm = TRUE というシンタックスが tapply() 関数の中で mean() 関数に渡されていることに注目しよう。こうすることで，各州の平均値を計算する際に，欠損している観察が除去されているのである(3.2 参照)。

> 箱ひげ図は，中央値，第 1 四分位数，第 3 四分位数，四分位範囲（IQR）
> の 1.5 倍の外側にある点を示すことで，変数の分布をビジュアル化す
> る。箱ひげ図を使うと，複数の変数の分布をコンパクトに比較できる。

3.3.4 グラフの印刷と保存

R で作成したグラフを印刷・保存する方法はいくつかある。最も簡単なのは，RStudio のメニューを使う方法である。RStudio では，R の描画関数を用いて図を作成するたびに，右下にあるウィンドウに新しいタブが開かれる。作図した画像を保存するには，export をクリックした後，Save Plot as Image または Save Plot as PDF のどちらかをクリックする。

また，グラフを保存・印刷するには，プロットするコマンドの前に pdf() 関数を使って PDF デバイスを開き，プロットした後に dev.off() 関数でそのデバイスを閉じてもよい。例えば以下のシンタックスでは，先ほど作成した箱ひげ図を educ.pdf という PDF ファイルとして作業ディレクトリに保存している。pdf() 関数は，グラフ描画領域の高さと幅をインチ単位で指定できる。

```r
pdf(file = "educ.pdf", height = 5, width = 5)
boxplot(educ.years ~ province, data = afghan,
    main = "州別の教育程度", ylab = "教育を受けた年数")
dev.off()
```

1 つの図のファイルに複数のプロットを並べて印刷し，比較を行いたい場合も多い。それには，描画を始める前に par() 関数を par(mfrow = c(X, Y)) のような形で使う。この関数は，「サブプロット」の X × Y 格子を作成する（mfrow は multiple figures in rows の略）。複数のプロットが 1 行ずつこの格子を埋めてゆく。列ごとに格子を埋めたい場合には，par(mfcol = c(X, Y)) というシンタックスを用いる。なお，par() 関数には他にも様々な引数が用意されており，R で図を調整する際に役立つ。例えば，引数 cex は，文字や記号のサイズを変更し，デフォルトでは cex = 1 となっている。図で用いられ

ているフォントサイズを大きくしたい場合には，例えば par(cex = 1.2) というように，引数 cex を 1 より大きく設定する。また，cex.main(メインタイトル)，cex.lab(軸ラベル)，cex.axis(軸目盛)を使って，図中の要素ごとにフォントサイズを指定することもできる。以下の一連のコードを一度に実行すると，先に作成した 2 つのヒストグラムを横に並べて 1 つの PDF ファイルに保存する。

```
pdf(file = "hist.pdf", height = 4, width = 8)
## 1 行に 2 つのプロット，フォントサイズは 0.8
par(mfrow = c(1, 2), cex = 0.8)
## 簡略化のため先ほどの例にある文章と行を省略
hist(afghan$age, freq = FALSE,
     xlab = "年齢", ylim = c(0, 0.04),
     main = "回答者の年齢分布")
hist(afghan$educ.years, freq = FALSE,
     breaks = seq(from = -0.5, to = 18.5, by = 1),
     xlab = "教育を受けた年数", xlim = c(0, 20),
     main = "回答者の教育程度分布")
dev.off()
```

3.4 標本調査

標本調査(sampling survey)は，計量社会科学の研究でよく用いられるデータ収集手法の 1 つである。この手法は，行政記録のような情報源からは得られない，世論や人びとの行動を調べる際によく用いられる。標本調査とは，対象とする母集団の特徴を理解するために，標本(サンプル)と呼ばれる母集団の部分集合を選び出すプロセスのことをいう。これは，母集団の全メンバーを調査しようとする**全数調査**(census)とは区別しなければならない。

標本調査の注目すべき点は，ほんの一部をインタビューすることで，かなり大きな母集団について明らかにできるということである。アフガニスタンのデータでは，約 1500 万人の民間人の経験や態度を推論するのに，2754 人の回

答者からなる標本が用いられた。アメリカでは，2億人以上いる成人市民の世論を推論するにあたり，たった1000人ほどの回答者からなる標本が一般的に用いられる。この節では，この一見不可能に思われる作業がなぜ可能なのかを説明し，また，サーベイ・データを収集し分析する際に重要な方法論上の問題について検討する。

3.4.1 ランダム化の役割

　第2章で検討したランダム化比較試験(RCT)の場合と同様に，標本調査においてもランダム化が非常に重要な役割を果たす。ここでは特に，**確率抽出法**(probability sampling)と呼ばれる種類の標本抽出手続きを取りあげる。確率抽出法では，ターゲットとなる母集団のどのユニットも，標本として抽出される既知のゼロでない確率をもつ。確率抽出法のうち最も基本的な方法である**単純無作為抽出法**(simple random sampling; SRS)を考えてみよう。この抽出法では，どの潜在的回答者も標本として抽出される確率が等しくなるように，あらかじめ決められた人数のインタビュー回答者が，対象となる母集団から選択される。標本抽出は，**復元抽出法**(sampling with replacement)ではなく，**非復元抽出法**(sampling without replacement)を用いて行われる。これは，いったんインタビュー対象となるユニットを選んだら，それらのユニットを**標本抽出枠**(sampling frame，回答者となる可能性のある人全部が含まれるリスト)から取り除くということである。したがって非復元抽出法では，多くても1人1回のインタビューしか割り当てられない。

　SRSを使うことで，母集団の**代表的**(representative)な回答者の標本が得られる。「代表的」とは，抽出を何回も繰り返せば，抽出して得られた各標本の特徴は母集団のものと完全に一致するとは言えないまでも，それら複数の標本全部は平均して母集団に一致する，ということを意味する。例えば，母集団に比べ少しばかり年齢の高い人たちの標本が偶然得られたとしても，繰り返し標本を抽出していけば，年齢分布は母集団の分布に近くなる。さらに，RCTの場合と同じように，確率抽出法を使うことで，標本の特徴は，観察されるものもされないものも，母集団の特徴と平均的に等しくなることが保証される。そのため，確率抽出法によって得られた代表的標本から母集団の特徴について推論することが可能となる(さらなる詳細は第7章を参照されたい)。

　確率抽出法が発明される以前には，**割り当て抽出法**(quota sampling)と呼ば

れる手続きが用いられていた。この標本抽出法では，選ばれた標本の特徴が母集団のものと似たものになるよう，インタビューする回答者の特徴について一定の割り当てを指定しておく。例えば，母集団の20%が大卒者ならば，インタビューのために選ばれる大卒者の最大数を標本サイズの20%に設定する。その割り当て人数に達したら，大卒者へのインタビューをやめる。この割り当て（クオータ）は，複数の変数を使って定義してもよい。人口や性別，教育程度，人種など基本的な人口動態が割り当てを指定するカテゴリーを作るのに用いられることが多い。例えば，30代で大卒の黒人女性は標本サイズの5%までインタビューする，といった具合である。

　割り当て抽出法は，第2章で述べた観察研究と同様の問題を抱えている。割り当てを定義するのに用いた観察される特徴については標本が代表的であったとしても，観察されない特徴は母集団とは著しく異なっている可能性もある。観察研究においてトリートメントを受けるかどうかを個人が自分で選択する場合と同様，研究者がうっかり，インタビューしない人とは系統的に異なる特徴の人物をインタビューする可能性もある。確率抽出法は，できた標本が対象となる母集団を代表するものとなるよう手段を講じることで，この潜在的な**標本選択バイアス**（sample selection bias）を取り除いている。

> **単純無作為抽出法**（SRS）は，**確率抽出法**の最も基本的な形態であり，母集団からユニットをランダムに選ぶことで，**標本選択バイアス**を回避する。SRSでは，あらかじめ決められた数のユニットが対象となる母集団から重複なしでランダムに抽出され，どのユニットも選択される確率は等しい。こうして得られた標本は，いかなる観察される特徴と観察されない特徴についても，母集団を代表するものとなる。

　割り当て抽出法は，新聞の歴史において非常に有名な誤報に繋がったとされる。1948年のアメリカ大統領選挙では，選挙日前にギャラップ社やローパー社などが行った主な世論調査の大半は割り当て抽出法を用い，選挙当日には当時ニューヨーク州知事であったトマス・デューイ候補が，現職のハリー・トルーマン大統領に大差をつけて勝利するだろうと予測した。選挙当夜，シカ

図 3.1　誤った見出しの付いたシカゴ・トリビューン紙を掲げる
1948 年アメリカ大統領選挙の勝者ハリー・トルーマン
出典：著作権不明，ハリー・トルーマン・ライブラリー提供。

ゴ・トリビューン紙は，多くの東海岸沿いの州における選挙結果が明らかになる前であったにもかかわらず先走り，「デューイがトルーマンに勝利」という誤った見出しを付けた朝刊を印刷した。しかし，選挙結果はまったく逆だった。トルーマンは全国では 5 パーセントポイントの得票差でデューイに勝利した。図 3.1 は，この誤った見出しの付いたシカゴ・トリビューン紙を嬉しそうに掲げるトルーマン大統領の有名な写真である。

　SRS を行うためには，標本抽出元である母集団に含まれる全ユニットのリストが必要となる。すでに述べたように，このリストは**標本抽出枠**と呼ばれる。実際には，対象となる母集団があったとして，母集団のメンバー全員を列挙した標本抽出枠を手に入れるのは必ずしも容易ではない。電話番号や住所，メールアドレスといった情報が不完全なことは多く，異なる特徴をもった母集団のある一部が欠けてしまう。**無作為番号ダイアリング**(random digit dialing; RDD) は，電話調査でよく用いられる手法の 1 つである。しかし，電話をもっていない人や複数の電話をもっている人もいるため，標本選択バイアスの懸念がある。

　対面調査を行う場合は，実施上の諸問題に対処するため，複雑な抽出方法を用いる。様々な標本抽出方法の詳細な研究は本書で扱う範囲を超えるが，標本抽出が実際にどのように行われているかを説明するために，アフガニスタン

表 3.2　アフガニスタンの村に関するデータ

変数	説明
village.surveyed	このサーベイで抽出された村かどうか
altitude	村の標高
population	村の人口

でのサーベイがどのように行われたかを簡単に検討する。アフガニスタンのサーベイでは，**多段クラスター抽出法**(multistage cluster sampling)が用いられた。アフガニスタンのような国では，すべての国民はおろか，大多数の国民を含む標本抽出枠も入手するのが困難である。しかし，地区や村といった行政単位の包括的なリストは簡単に入手できることが多い。さらに，いくつもの離れた地域に調査員を派遣するのは費用がかかりすぎることもあり，穏当な数の地域から回答者を抽出する必要があることが多い。

　多段クラスター抽出法では，段階を踏んで抽出を行う。まず，より大きい単位を抽出してから，その選ばれた単位の中でより小さな単位をランダムに抽出する。アフガニスタンのサーベイでは，関心のある5州それぞれから複数の地区が抽出され，選ばれた各地区から複数の村が抽出されている。抽出された各村では村内の位置に基づくほぼランダムなやり方で1世帯が選ばれ，最後に**キッシュ・グリッド**(Kish grid)法を使って抽出された16歳以上の男性回答者1人に対して調査が行われた。母集団に含まれる各ユニットがどのくらいの確率で選ばれているのかは大まかにしかわからないが，理論的には，おおよそ対象となる母集団を代表した標本になっている。

　アフガニスタンのデータで，ランダムに抽出された村がどの程度母集団を代表しているのか検討しよう。データファイル afghan-village.csv には，それぞれの村の標高と人口が含まれている(変数の名前と説明は表 3.2 を参照されたい)。人口の変数に対しては，極端に人口が多い(または少ない)一握りの村のせいで分布が偏ってしまわないように，**対数変換**(logarithmic transformation)を施すのが慣例である。正の数 x の対数は，底 b の指数と定義される。すなわち，$y = \log_b x \iff x = b^y$ となる。例えば，底が 10 の場合，1000 の対数は，$3 = \log_{10} 1000$ となる。同様に，0.01 の対数は，$-2 = \log_{10} 0.01$ となる。**自然対数**(natural logarithm)は，底として重要な数学定数 $e = 2.7182\ldots$ を用いる。e は n が無限大に近づくときの $(1+1/n)^n$ の極限と定義され，オイラー数と呼ばれることがあり，$y = \log_e x \iff x = e^y$ である。図 3.2 の左図は，自然

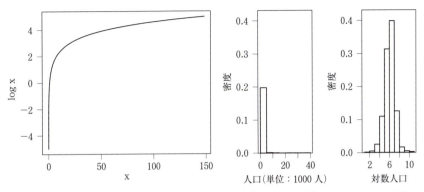

図 3.2 自然対数。左図は自然対数 $\log_e x$ を表しており，x は正の数，$e = 2.7182\ldots$ はオイラー数である。残りの 2 つの図は，アフガニスタンの村の人口を元の尺度（単位：1000 人）で示したヒストグラムと，自然対数尺度で示したヒストグラムである。対数変換をしないと人口分布が偏っている。

対数関数をグラフで表したものである。また，図 3.2 の右 2 つの図から，アフガニスタンのデータにおいて，対数変換をしないと，小さな村が多く大きな村が少ないため，人口分布が大きく偏ってしまうこともわかる。

> **自然対数変換**は，収入や人口といった極端に大きいあるいは小さい正の値の観察がわずかに存在する場合，変数の分布の偏りを是正するためによく用いられる。自然対数は e を底とする対数であり，e は 2.7182 にほぼ等しい数学定数で，$y = \log_e x$ で定義される。自然対数は指数関数の逆関数なので，$x = e^y$ である。

　抽出された村と抽出されなかった村で，これら変数の分布が異なるのかを箱ひげ図を用いて比較する。変数 `village.surveyed` は，データに含まれる各村が（ランダムに）抽出され調査が行われたかどうかを示しており，1 は抽出，0 は非抽出を表す。上で述べたように，人口を自然対数変換するが，それには `log()` 関数を用いる。R ではデフォルトで底が e に設定されているが，この関数で引数 `base` を使って底を任意の数に指定することもできる。なお，R の指数関数は `exp()` 関数である。`boxplot()` 関数で，それぞれのグループに対してラベルの文字ベクトルを指定するには，引数 `names` を用いる。

```r
## 村に関するデータの読み込み
afghan.village <- read.csv("afghan-village.csv")
## 標高の箱ひげ図
boxplot(altitude ~ village.surveyed, data = afghan.village,
    ylab = "標高(メートル)", names = c("非抽出", "抽出"))
## 対数人口の箱ひげ図
boxplot(log(population) ~ village.surveyed,
    data = afghan.village,
    ylab = "対数人口", names = c("非抽出", "抽出"))
```

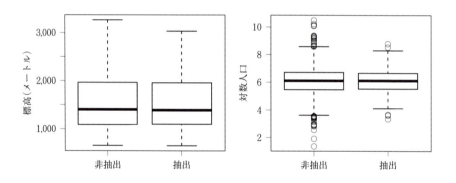

結果は，いくつかの外れ値は存在するものの，これら2つの変数の分布は，抽出された村もされていない村もほとんど同じであることを示している。したがって，少なくともこれらの変数については，標本は母集団を代表していると思われる。

3.4.2 無回答とその他のバイアス発生要因

確率抽出法は魅力的な理論的性質をもつが，実際にサーベイを実施するとなると，様々な問題に直面する。前にも述べたとおり，対象となる母集団のメンバー全員を列挙した**標本抽出枠**は入手が困難である。多くの場合，いくつかの重要な特徴に関して対象の母集団とは体系的に異なるリストから標本を抽出することになる。代表性のある標本抽出枠を入手できたとしても，ランダムに抽出された調査対象者にインタビューを行うのは容易ではない。選んだ

個人に連絡できないことを，**全項目無回答**(unit nonresponse)と呼ぶ．例えば，電話調査への回答を拒否する人は多い．アフガニスタンで実施したサーベイにおいても，3097人の調査対象者のうちサーベイに参加してくれたのは2754人であり，11%の人が回答を拒否したと報告されている．サーベイに参加した人と参加しなかった人との間に体系的な差があった場合には，全項目無回答によるバイアスが発生する．

　全項目無回答に加え，ほとんどのサーベイで，回答者がある一定の質問項目について回答を拒否する**一部項目無回答**(item nonresponse)が問題となる．例えば，3.2で見たように，アフガニスタンでのサーベイでは，月収の変数の無回答率はおよそ5%である．回答した人と無回答の人に体系的な差があれば，観察された回答のみに基づいて行われた推論もバイアスのかかったものになってしまう．例えばアフガニスタンのデータでは，タリバンとISAFからの民間人の被害状況に関する質問への一部項目無回答率は，州によって異なっている．

```
tapply(is.na(afghan$violent.exp.taliban), afghan$province, mean)
##     Helmand       Khost       Kunar       Logar      Uruzgan
## 0.030409357 0.006349206 0.000000000 0.000000000 0.062015504

tapply(is.na(afghan$violent.exp.ISAF), afghan$province, mean)
##     Helmand       Khost       Kunar       Logar      Uruzgan
## 0.016374269 0.004761905 0.000000000 0.000000000 0.020671835
```

　被害が多発しているヘルマンド州とウルーズガーン州では(3.3.3参照)，一部項目無回答率が最も高くなっていることがわかる．特に，タリバンによる民間人被害に関する質問で回答率に顕著な差が出ている．このことから，このサーベイにおける一部項目無回答率は比較的低いものの，なんらかの体系的な要因が回答率の大きさに影響していると思われる．本書では扱わないが，全項目無回答や一部項目無回答によって生じるバイアスを低減するための統計的な方法が多数存在する．

> サーベイ研究には2種類の無回答がある。**全項目無回答**は，調査対象者がサーベイへの参加自体を拒否する場合をいう。**一部項目無回答**は，サーベイへの参加には同意した回答者が特定の質問への回答を拒否する場合におこる。回答した人と無回答の人との間に体系的な違いがある場合には，どちらの無回答もバイアスのある推論につながる可能性がある。

　全項目・一部項目無回答以外に，**誤報告**(misreporting)によってバイアスが生じる可能性もある。調査者に本当の答えを知られたくないために，回答者が単純に嘘をつく場合もある。特に，**社会的望ましさバイアス**(social desirability bias)は，回答者の本当の答えとは無関係に，社会的に望ましいと思われる答えを回答者が選んでしまう問題をいう。例えば，先進民主主義国では，投票を棄権することが社会的に望ましくないため，有権者は実際には投票に行っていなくても，投票に行ったと答える傾向にあることがよく知られている。同様に，社会的望ましさバイアスのために，汚職や違法行為，人種的偏見，性行為のような公にしにくい行動や意見を正確に測定するのは困難である。こうした理由から，社会科学の研究で自己報告を測定に使うことには懐疑的な研究者もまだいる。

　アフガニスタンにおける研究の主要な目的の1つは，アフガニスタン市民がどのくらい外国部隊を支持しているかを測定することであった。アフガニスタンとイラクで起こった反乱に勝利するためには，一般市民の「心をつかむ」ことが不可欠だと多くの西欧の政策立案者が考えている。アフガニスタンの田舎の村でのインタビューは多くの場合公共の場で行われるため，市民が外国部隊や反乱軍を支持しているかどうかを直接尋ねるのは，残念なことに，調査員や回答者を危険に晒す行為である。人間を対象とした研究プロジェクトの倫理的な問題や潜在的なリスクを評価する**機関内倫理委員会**(Institutional Review Board)は，内戦状況下で慎重な扱いを要する質問を直接尋ねることを許可しないかもしれない。仮に実施できても，直接質問すれば無回答や誤報告につながる可能性がある。

　こうした問題に対処するため，アフガニスタンの研究を実施した研究者た

ちは，**アイテム・カウント法**(item count technique)あるいは**リスト実験**(list experiment)と呼ばれる手法を用いた。これは，合計を使うことで回答者の答えにある程度の匿名性を与えるというアイディアである。この手法ではまず，標本をランダムに2つの類似したグループに分ける。「コントロール」グループには以下の質問をする。

> これから，いくつかの団体や人の名前が書かれたリストを読み上げます。私がリストを最後まで読み終えたら，その中にあなたがおおむね支持するものがいくつあるか教えてください。支持するというのは，その団体や人の目的・方針に概して同意するという意味です。どの団体・人に概して同意しているかは言わないでください。あなたがおおむね支持する団体・人がいくつあるかだけをお答えください。
>
> カルザイ政権，国家連帯プログラム，地元農民

一方，「トリートメント」グループにも同じ質問文が読み上げられるが，慎重な扱いを要する項目が加えられる。

> カルザイ政権，国家連帯プログラム，地元農民，外国部隊

ここでは，最後の項目である外国部隊，すなわちISAFが慎重な扱いを要する項目である。アイテム・カウント法では，回答者がそれぞれの項目を分けて答える必要はなく，代わりに，項目の合計数を答える。慎重な扱いを要する項目以外については2つのグループは似ているため，回答者が答える項目の平均合計数の違いは，ISAFを支持する人の割合の推定値となる。`list.group`という変数は，それぞれの回答者がランダムにどちらのグループに割り当てられたのかを示し，各グループに対してそれぞれ`ISAF`と`control`という値をとる。結果変数は`list.response`で，それぞれの回答者が答えた項目数を示している。

```
mean(afghan$list.response[afghan$list.group == "ISAF"]) -
    mean(afghan$list.response[afghan$list.group == "control"])
## [1] 0.04901961
```

アイテム・カウント法から，約5%のアフガニスタン市民がISAFを支持していることが推定され，ISAFはアフガニスタン人のあいだで人気がないということになる。

しかし，アイテム・カウント法の弱点は，この場合のトリートメントグループで0または4と回答すると正直な答えがわかってしまうということである。これらの潜在的問題は，それぞれ，**床面効果**(floor effect)，**天井効果**(ceiling effect)と呼ばれる。アフガニスタンのデータでは，ISAFの代わりにタリバンを慎重な扱いを要する項目として追加した場合，これらの問題の明らかな証拠が見て取れる。

```
table(response = afghan$list.response,
    group = afghan$list.group)

##          group
## response control ISAF taliban
##        0     188  174       0
##        1     265  278     433
##        2     265  260     287
##        3     200  182     198
##        4       0   24       0
```

talibanグループで0または4と回答した人が1人もいないことは注目に値する。これは，タリバンに対する支持・不支持を特定されたくないためだろう。

ここまで見てきたとおり，慎重な扱いを要する質問に対して信頼できる回答を測定するのは困難な作業である。こうした問題を克服するために，アイテム・カウント法に加え，様々な調査手法が用いられている。その1つに，

回答者に匿名性をもたせるためにランダム化を用いる，**ランダム回答法**(randomized response technique)がある．例えば，調査員に見せないように6面のサイコロを回答者に転がしてもらう．次に，サイコロの目が1だった場合には「はい」，6だった場合には「いいえ」，2から5の目が出た場合には質問に対して正直に「はい」または「いいえ」を答えてもらう．したがって，アイテム・カウント法と異なり，それぞれの回答の秘密が完璧に担保される．その一方で，それぞれの目が出る確率は既知なので，個々の回答の信頼性はまったくわからないにもかかわらず，「はい」と答えた回答者の数から，正直な回答合計が全体に占める割合を推定することができる．

3.5 政治的分極化を測定する

社会科学者は，行動や態度，観察することのできない人間の特徴などを要約し理解するための**測定モデル**(measurement model)を考案することが多い．よく知られた例が，議員や裁判官といった政治アクターの**イデオロギー**(ideology)を，彼らの行動からどう定量的に特徴づけるのかという問題である．もちろん，ある人がどのくらいリベラルまたは保守的かを直接には観察できない．イデオロギーは純粋に人工的な概念かもしれないが，そうであっても，様々な人びとの政治的指向を記述する際には役に立つ方法の1つである．ここ数十年にわたって，社会科学者たちは，**点呼投票**(roll call vote)から議員のイデオロギーを推論しようとしてきた．例えば，アメリカ議会では，毎年何百という法案に対して，議員による投票が行われる．この投票記録は一般に公開されているので，これを使って，各議員の政治的イデオロギーを特徴づけ，アメリカ議会のイデオロギー的傾向が全体としてどのように変化してきたのかを明らかにしようという試みがなされてきた[2]．

空間投票(spatial voting)という単純な測定モデルは，議員のイデオロギーを彼らの投票に関連づけるものである．図3.3はこのモデルを示したもので，2つの次元によって議員のイデオロギー，すなわち「理想点」を特徴づけている．2つの次元とは，戦後アメリカ議会政治の主要なイデオロギー的特徴として研究者が見出した，経済と人種についてリベラルか保守か，ということであ

---

[2] この部分の記述は以下の文献に依拠している．Nolan McCarty, Keith T. Poole, and Howard Rosenthal (2006) *Polarized America: The Dance of Ideology and Unequal Riches*. MIT Press.

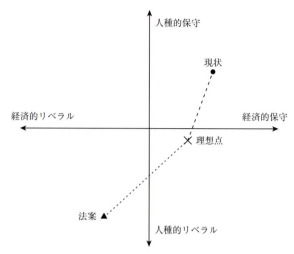

図 3.3　立法上のイデオロギーに関する空間投票モデルの図示

る。これまでの研究で，議会の点呼投票は，経済的リベラル・保守の次元でかなりの部分を説明できる一方，人種的リベラル・保守の次元はあまりはっきりと現れないことが判明している。このモデルでは，×印で示された理想点をもつ議員が，法案(三角形)よりも現状(黒丸)のほうが理想点に近い場合は常に法案に反対する可能性が高い。異論の多い法案に対する投票の結果は，議員のイデオロギーについて多くのことを明らかにしてくれる。一方，全会一致で可決または否決された法案は，議員のイデオロギー指向について何も情報をもたらさない。

　同様のモデルは，教育試験に関する文献でも用いられている。大学進学適性試験(Scholastic Assessment Test; SAT)や大学院進学基礎試験(Graduate Record Examination; GRE)といった標準化された試験では，**項目応答理論**(item response theory)と呼ばれる統計手法の一種が開発されてきた。その場合は，議員と法案が，受験者と試験問題に置き換えられる。目的は，理想点ではなく受験生たちの能力を測ることである。また，このモデルでは，それぞれの問題の難易度も推定される。これは，優秀な学生のみが正解できるように，難しすぎも易しすぎもしない良問を選ぶのに役立つ。これらの例は，社会科学における潜在的な(観察されない)測定値の重要性を示している。

表 3.3　議員の理想点に関するデータ

変数	説明
`name`	下院議員の名前
`state`	下院議員の州
`district`	下院議員の選挙区番号
`party`	下院議員の政党
`congress`	会期
`dwnom1`	DW-NOMINATE スコア（第 1 次元）
`dwnom2`	DW-NOMINATE スコア（第 2 次元）

3.6　2 変量関係の要約

この節では，2 つの変数の関係を要約するための手法をいくつか紹介する。それにあたり，議員の理想点に関する推定値を分析する。これは **DW-NOMINATE** スコアとして知られ，スコアが負の方向に大きくなるほどリベラル，正の方向に大きくなるほど保守的である。`congress.csv` という CSV ファイルに，第 80 議会（1947-1948 年）から第 112 議会（2011-2012 年）までの全下院議員について推定された理想点に関するデータが含まれている。表 3.3 は，このデータセットにある変数の名前と説明を示したものである。

3.6.1　散布図

`plot()` 関数を使って**散布図**（scatter plot）を作成する。これは，2 つの変数の関係をビジュアル化するために，一方の変数に対してもう一方の変数をプロットしたものである。この関数のシンタックスは `plot(x, y)` で，x と y はそれぞれ横軸座標・縦軸座標のベクトルを示している。ここでは，経済的リベラル／保守を示す DW-NOMINATE の第 1 次元スコア（`dwnom1` 変数）を横軸に，人種的リベラル／保守を示す第 2 次元（`dwnom2` 変数）を縦軸にプロットする。まずは，第 80 議会と第 112 議会の散布図を作成してみよう。データの該当部分の部分集合化から始める。

```r
congress <- read.csv("congress.csv")
## 政党ごとにデータを部分集合化
rep <- subset(congress, subset = (party == "Republican"))
dem <- congress[congress$party == "Democrat", ]  # 部分集合化の別の方法
## 第80議会と第112議会
rep80 <- subset(rep, subset = (congress == 80))
dem80 <- subset(dem, subset = (congress == 80))
rep112 <- subset(rep, subset = (congress == 112))
dem112 <- subset(dem, subset = (congress == 112))
```

同じ軸ラベルや軸の範囲の散布図を複数作成することになる．あとで同じシンタックスを何度も書かなくて済むよう，軸ラベルや軸の範囲をオブジェクトとして保存しておく．

```r
## 繰り返しを避けるため，軸ラベルと軸の範囲をあらかじめ設定
xlab <- "経済的リベラル／保守"
ylab <- "人種的リベラル／保守"
lim <- c(-1.5, 1.5)
```

最後に，この軸の情報を使って，第80議会と第112議会の理想点の散布図を作成する．ここで，plot() 関数と points() 関数の引数 pch は，2つの政党に異なる記号を指定してプロットするために使うことができる．この例では，pch = 16 によって民主党を丸で表示し，pch = 17 によって共和党を三角形で表示している．他にも使えるオプションがあり，R コンソールに example(points) とタイプすれば見ることができる．

```r
## 第80議会に関する散布図
plot(dem80$dwnom1, dem80$dwnom2, pch = 16, col = "blue",
     xlim = lim, ylim = lim, xlab = xlab, ylab = ylab,
     main = "第80議会")  # 民主党
```

```
points(rep80$dwnom1, rep80$dwnom2, pch = 17, col = "red")
    # 共和党
text(-0.75, 1, "民主党")
text(1, -1, "共和党")
## 第 112 議会に関する散布図
plot(dem112$dwnom1, dem112$dwnom2, pch = 16, col = "blue",
    xlim = lim, ylim = lim, xlab = xlab, ylab = ylab,
    main = "第 112 議会")
points(rep112$dwnom1, rep112$dwnom2, pch = 17, col = "red")
```

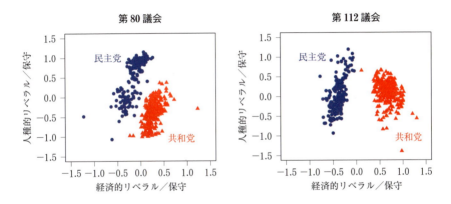

散布図から，第 112 議会では（第 80 議会と対比して）民主党と共和党のイデオロギー的な違いを説明する上で，人種的リベラル／保守の次元はもはや重要ではないことがわかる．経済の次元が党派的な違いを主として説明するようであり，それに比べて人種の次元に関する民主党と共和党の違いは目立たない．

次に，DW-NOMINATE の第 1 次元スコアに基づいて，民主党と共和党，そして各議会それぞれの議員理想点中央値を計算する．これらの理想点中央値は，各政党の経済的リベラル／保守の中心を表す．tapply() 関数を使えば簡単に求められる．

```
## 各議会の政党ごとの中央値
dem.median <- tapply(dem$dwnom1, dem$congress, median)
rep.median <- tapply(rep$dwnom1, rep$congress, median)
```

最後に，plot() 関数を使って，各議会における各党の中央値の**時系列プロット**(time-series plot)を作成してみよう。時間に沿って中央値の点を線で結ぶには，引数 type を"l"(小文字の L)に設定する。このプロットによって，各政党の中央値がどのように推移してきたかをビジュアル化できる。横軸には議会の会期を使用する。この情報は，dem.median ベクトルの name として存在する。この図から，2 大政党のイデオロギーの中心は時間とともに離れていっていることが明白である。近年，民主党はよりリベラルになり，共和党はますます保守化している。多くの研究者がこの現象を**政治的分極化**(political polarization)と呼んでいる。

```
## 民主党
plot(names(dem.median), dem.median, col = "blue", type = "l",
    xlim = c(80, 115), ylim = c(-1, 1), xlab = "議会会期",
    ylab = "DW-NOMINATE スコア(第 1 次元)")
## 共和党を付け加える
lines(names(rep.median), rep.median, col = "red")
text(110, -0.6, "民主党")
text(110, 0.85, "共和党")
```

> 散布図は，同じユニットの集合について測定された 2 つの変数を図で比較するもので，各ユニットに関する一方の変数の値に対してもう一方の変数の値をプロットする。

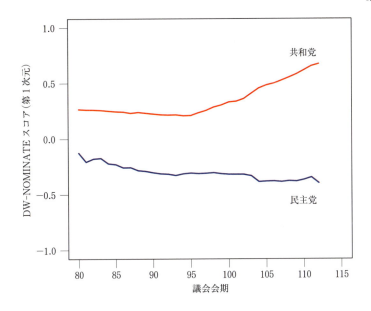

3.6.2 相関

政治的分極化の原因はなんだろうか。この問いに答えることは難しく，研究者の間でも様々な論争がある。しかし，所得の不平等の拡大が党派的な違いの拡大の原因ではないかということが指摘されている。所得の不平等を測定するために，**ジニ係数**(Gini coefficient, ジニ指数 Gini index ともいう)を使う。ジニ係数は図にするとわかりやすい。図 3.4 がその考え方を示している。横軸は所得が低い方から高い方へ並べられた人口の累積百分率を表す。一方，縦軸には所得の累積百分率をとる。**ローレンツ曲線**(Lorenz curve)は，これら 2 つの統計量を結びつけるものである。もしすべての人が完全に同じ所得を得ているのであれば，x の値にかかわらず，人口の $x\%$ が国民所得の $x\%$ を占めることになるため，ローレンツ曲線は 45 度線と同じになる。この線を，完全平等線(line of equality)と呼ぼう。しかし，低所得層が高所得層より相当低い所得ならば，ローレンツ曲線は，最初の方はより平坦になり，最後の方で急激に上昇するようになる。

さて，ジニ係数は，完全平等線とローレンツ曲線ではさまれた部分の面積を，完全平等線の下の面積で割った値と定義できる。図 3.4 の記号を使えば以下のとおりである。

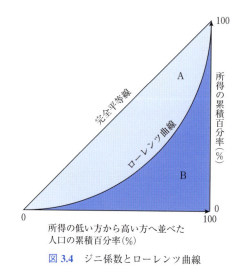

図 3.4　ジニ係数とローレンツ曲線

$$\text{ジニ係数} = \frac{\text{完全平等線とローレンツ曲線ではさまれた部分の面積}}{\text{完全平等線の下の面積}}$$
$$= \frac{\text{図 3.4 の A の面積}}{\text{図 3.4 の A + B の面積}}$$

この式から，Aの面積が大きい(小さい)ほど，ジニ係数が大きい(小さい)，すなわち，不平等が大きい(小さい)ことになる。完全に平等な社会では，ジニ係数は0になる。一方，1人がすべての富を独占している社会では，ジニ係数が1となる。

> **ジニ係数**(ジニ指数)は，ある社会における所得の平等・不平等の程度を示す尺度である。その値は，0(すべての人が同じ量の富をもつ)から1(1人がすべての富を独占している)の値をとる。

　政治的分極化と所得の不平等との関係を調べるため，2つの時系列グラフを並べて表示する。1つ目のグラフは，党派性の違い，すなわち2つの政党間の中央値の差を時間に沿って表示したものである。2つ目の時系列グラフは，同じ期間におけるジニ係数の推移を示している。`USGini.csv` という CSV デー

表 3.4 アメリカのジニ係数データ

変数	説明
year	年
gini	ジニ係数

タファイルには，1947年から2013年までのジニ係数データが入っている（表3.4参照）。アメリカにおいて政治的分極化と所得の不平等はどちらも着実に拡大してきたことがわかる（2つのプロットを横に並べる方法は p.119 参照）。

```
## ジニ係数データの読み込み
gini <- read.csv("USGini.csv")
## 党派性の違いの時系列グラフ
plot(seq(from = 1947.5, to = 2011.5, by = 2),
     rep.median - dem.median,
     xlab = "年", ylab = "共和党中央値－民主党中央値",
     main = "政治的分極化")
## ジニ係数の時系列グラフ
plot(gini$year, gini$gini, ylim = c(0.35, 0.45),
     xlab = "年", ylab = "ジニ係数", main = "所得の不平等")
```

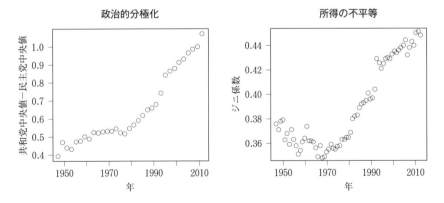

しかし，第2章で，相関関係は必ずしも因果関係を意味しないことを学んだのであるから，この上昇傾向を，所得の不平等が分極化をもたらしている証

拠と解釈するのは早計である。例えば，この期間に平均寿命も伸びているが，だからといって，平均寿命が政治的分極化の原因である，あるいはその逆であるといったことは意味しない。

相関(correlation，**相関係数** correlation coefficient とも呼ばれる)は，2変量関係を要約する際に最もよく用いられる統計量である。この尺度は，2つの変数が平均してそれぞれの平均に対してどの程度一緒に動くかを示している。相関を定義する前に，**z得点**(z-score)を導入する必要がある。これは，ある観察が平均から標準偏差何個分，上または下にあるか示したものである。具体的には，変数 x の i 番目の観察の z 得点は以下のように定義される。

$$x_i \text{の} z \text{得点} = \frac{x_i - (x \text{の平均})}{x \text{の標準偏差}} \tag{3.1}$$

例えば，ある観察の z 得点が 1.5 の場合，その観察は平均より 1.5 標準偏差上にあることになる。z 得点は，変数の標準化を行っているので，その変数の測定単位は関係なくなる。数学的にいえば，$ax_i + b$ (a, b は定数で，a はゼロでない)の z 得点は，x_i の z 得点と等しい。以下のように簡単な代数でその性質を示すことができる。

$$(ax_i + b) \text{の} z \text{得点} = \frac{(ax_i + b) - ((ax + b) \text{の平均})}{(ax + b) \text{の標準偏差}}$$
$$= \frac{a \times (x_i - (x \text{の平均}))}{a \times (x \text{の標準偏差})}$$
$$= x_i \text{の} z \text{得点}$$

1つ目の等号は式(3.1)における z 得点の定義から出てくるもので，2つ目の等号は平均と標準偏差の定義(式(2.4)を参照)に基づく。定数 b が上の等式で消せるのは，その平均が b 自身に等しいからである。

変数 x の i 番目の観察の **z 得点**は，ある観察が，標準偏差何個分，平均より上または下にあるかを示す尺度で，以下のように定義できる。

$$x_i \text{の} z \text{得点} = \frac{x_i - \bar{x}}{S_x}$$

ここで $\bar{x}$ は x の平均値，S_x は x の標準偏差である。z 得点は，平均からの偏差の尺度であるから，その変数の測定単位の大きさや基準点の

> とり方には影響されない。

　これで相関が定義できる。n 個の観察からなる同じ集合に対して測定された 2 つの変数 x, y の相関は，2 変数の z 得点の積の平均として定義される。

$$\text{相関}(x, y) = \frac{1}{n} \sum_{i=1}^{n} \left(x_i \text{の} z \text{得点} \times y_i \text{の} z \text{得点} \right) \tag{3.2}$$

　標準偏差の場合と同様に(2.6.2 参照)，相関の分母は n ではなく $n-1$ とすることが多い。しかし，標本サイズが十分に大きければ，この違いは結論には影響しない。総和($\sum$)の中では，それぞれの z 得点が，対応する観察が平均からどれだけ外れているかを標準偏差によって測っている。一方の変数がその平均より大きいときには，もう一方の変数もその平均より大きくなりやすいとしよう。この場合，標準化されたユニットの符号は一致する傾向があるため，相関は正になりやすい。これに対して，一方の変数がその平均より大きいときには，もう一方の変数はその平均より小さくなりやすいとしよう。この場合には，相関は負になりやすい。政治的分極化の例でいえば，正の相関は，所得の不平等がその全期間平均を超える年には，政治的分極化もその全期間平均より高くなりやすいということを意味する。

　z 得点は変数の測定に用いた単位の影響を受けないことを思い出してほしい。相関は z 得点をもとに計算するため，違う測定単位が使われても相関の値は同じである。例えば，1 ドルの代わりに 1000 ドルを単位として所得を測っても，相関の値は変わらない。異なる通貨単位を使うこともできる。これは便利で，例えば，所得と教育の関係は，所得をどの単位で測定しても変わってはならないからである。標準化のもう 1 つの帰結として，相関は -1 から 1 の間の値しかとらない。このため，様々な変数間の相関関係の強さ・弱さを比較できる。

> **相関**(相関係数)は，2 変数がどの程度関係しているかを測る。定義は以下のとおりである。

$$x \text{ と } y \text{ の相関} = \frac{1}{n} \sum_{i=1}^{n} \left(\frac{x_i - \bar{x}}{S_x} \times \frac{y_i - \bar{y}}{S_y} \right)$$

$$\text{または} \quad \frac{1}{n-1} \sum_{i=1}^{n} \left(\frac{x_i - \bar{x}}{S_x} \times \frac{y_i - \bar{y}}{S_y} \right)$$

ここで，$\bar{x}, \bar{y}$ はそれぞれ x, y の平均，S_x, S_y はそれぞれ x, y の標準偏差である。相関は -1 から 1 の値をとり，変数の測定単位の大きさや基準点のとり方に影響を受けない。

Rでは，cor() 関数を使って相関を計算できる。例えば，ジニ係数と政治的分極化の指標の相関を計算してみよう。アメリカ議会の1会期は2年間なので，各会期の2年目のジニ係数を使おう。

```
cor(gini$gini[seq(from = 2, to = nrow(gini), by = 2)],
    rep.median - dem.median)

## [1] 0.9418128
```

相関は正でかなり大きく，政治的分極化と所得の不平等が同じ方向に動いていることがわかる。前にも強調したように，この相関のみでは因果関係を意味しない。同じ期間に，多くの変数が上昇傾向にあり，それらの間にも強い正の相関があるのである。

3.6.3 Q–Q プロット

最後に，平均や中央値だけではなく，2変数の分布全体を比較したい場合がある。そうした比較を行う1つの方法は，単に2つのヒストグラムを並べて表示することである。例として，第112議会の人種的リベラル／保守の理想点の分布を比較してみよう。複数のグラフを比較する場合には，比較しやすいように，縦軸と横軸に同じ目盛を使うことが重要となる。

```
hist(dem112$dwnom2, freq = FALSE, main = "民主党",
    xlim = c(-1.5, 1.5), ylim = c(0, 1.75),
    xlab = "人種的リベラル／保守の次元")
hist(rep112$dwnom2, freq = FALSE, main = "共和党",
    xlim = c(-1.5, 1.5), ylim = c(0, 1.75),
    xlab = "人種的リベラル／保守の次元")
```

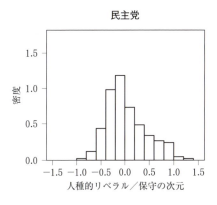
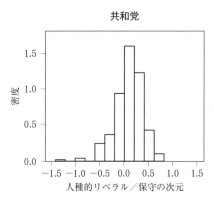

2つの分布は似ているものの，共和党よりも民主党のほうが，分布が右側に長く尾を引いていることがわかる．さらに，共和党のイデオロギー位置は，民主党よりも中央に集中しているように見える．

より直接的に2つの分布を比較する方法として，**Q-Qプロット**(quantile-quantile plot; Q-Q plot)がある．これは，2.6.1で定義した分位数に基づくものである．Q-Qプロットは分位数の散布図であり，各点が同じ分位数を表している．例えば，ある標本の中央値，第1四分位数，第3四分位数を，もう一方の標本の対応する値に対してプロットしていく．もし2つの分布が完全に一致するなら，すべての分位数はそれぞれ同じ値をとる．この場合，Q-Qプロットは45度線となる．45度線より上の点は，対応する分位数について，縦軸の変数が横軸の変数よりも大きいことを示す．それに対して，45度線より下の点はその逆の関係を示している．このことは例えば，もしすべての点が45度線より上にあれば，縦軸の変数はすべての分位数において横軸の変数よりも大きい値をとっていることを意味する．

Q–Q プロットのもう 1 つの利点は，2 つの分布の相対的なばらつきを確認できる点である．Q–Q プロットの点が 45 度線よりも平坦な線をつくる場合には，横軸にプロットされた分布が，縦軸にプロットされた分布よりも広く散らばっていることを意味する．一方，Q–Q プロットが 45 度線よりも急勾配な場合には，縦軸の分布のほうが広く散らばっていることになる．qqplot() 関数に引数 x, y を指定することでこの Q–Q プロットが作成される．

```
qqplot(dem112$dwnom2, rep112$dwnom2, xlab = "民主党",
    ylab = "共和党", xlim = c(-1.5, 1.5), ylim = c(-1.5, 1.5),
    main = "人種的リベラル／保守の次元")
abline(0, 1)  # 45 度線
```

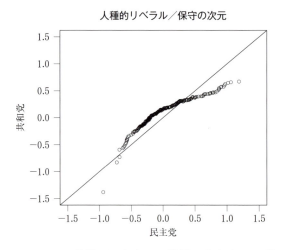

この Q–Q プロットは，横軸が民主党の，縦軸が共和党の人種に関する次元を示す．下位分位数を表す点が 45 度線を超えていることは，リベラルな共和党員のほうが，リベラルな民主党員よりも保守的であることを示している．これは，民主党よりも共和党のほうが，対応する分位数の値が大きい(より保守的である)ことによる．対照的に，上位分位数は 45 度線より下に位置している．つまり，最も高い分位数，すなわち，最も保守的な政治家は，民主党員のほうが共和党員よりも保守的となっている．したがって，保守的な民主党員は，保守的な共和党員よりも保守的である．仮に，上位分位数がすべて 45 度

線よりも上に位置しているのであれば，保守的な共和党員のほうが保守的な民主党員よりも保守的だということになる．最後に，各点をつなぐ線は45度線よりも平坦であり，イデオロギー位置の分布は，共和党よりも民主党のほうが広く散らばっていることを示している．

> **Q–Q** プロットは分位数の散布図で，ある変数の各分位数の値と，もう一方の変数の対応する分位数の値をプロットする．2変数の分布がまったく同じ場合には，Q–Qプロットは45度線上に並ぶ．各点がつくる線が45度線よりも急な場合には，縦軸にプロットされた分布は，横軸の分布よりも広く散らばっている．その勾配が45度線よりも小さい場合，縦軸にプロットされた分布は，横軸の分布ほどには散らばっていない．

3.7 クラスター化

先ほどの分析で，第112議会には，民主党と共和党というイデオロギー的にはっきり異なる2つのグループがあることを，散布図を用いてビジュアル化した．しかし，それぞれの政党内には，イデオロギー的に似たような議員の**クラスター**(cluster)があるのだろうか．似たような観察のまとまりを明らかにするための，明確に定義された手続きは存在するのだろうか．ここでは，最も基本的な**クラスター化アルゴリズム**(clustering algorithm)の1つであるk平均法を検討する．k平均法を説明する前に，新たに2つの重要なRオブジェクト，**行列**(matrix)と**リスト**(list)を簡単に紹介しよう．これらのオブジェクトは，Rでk平均法を実行する際に用いる．

3.7.1 Rにおける行列

行列とデータフレーム・オブジェクトは，どちらも長方形配列で多くの共通点をもつが，決定的な違いもある．特に重要なのは，データフレームは異なる種類の変数(数値，因子，文字など)をとることができるのに対し，行列は原則として数値しかとらない点である(ただし，ある環境では，論理値や他の

特別な値が使える場合もある)。データフレーム・オブジェクトから変数を抽出する場合には $ を使うが,行列から要素を取り出す場合は一般に,角括弧 [,] を使い,コンマで区切った第 1 の要素と第 2 の要素が,それぞれ取り出したい行と列を表す。本書では詳細に立ち入らないが,行列は,**線形代数**(linear algebra)の演算に便利であり,一般的にはデータフレームよりも計算上効率的である。

行列オブジェクトを作成するには,matrix() 関数を使い,引数 nrow(行の数)と ncol(列の数)によって行列のサイズを指定し,行列を入力データで行ごとに埋めていくか(byrow = TRUE),列ごとに埋めていくか(byrow = FALSE)を指示する。さらに,行・列にラベルを付けるには,rownames() 関数や colnames() 関数を用いる。

```
## 3x4 の行列を行ごとに埋める; 1 つ目の引数は要素に入れる数値をとる
x <- matrix(1:12, nrow = 3, ncol = 4, byrow = TRUE)
rownames(x) <- c("a", "b", "c")
colnames(x) <- c("d", "e", "f", "g")
dim(x)  # 次元

## [1] 3 4

x

##   d e  f  g
## a 1 2  3  4
## b 5 6  7  8
## c 9 10 11 12
```

データフレーム・オブジェクトは,as.matrix() 関数を使うことで行列に変換できるが,その際,変数型などデータフレーム・オブジェクトの属性の一部が失われる。以下の例で,データフレームは文字と数値のように異なるデータ型をとることができるが,行列はそれができないことを示す。as.matrix() 関数を使うと,異なるデータ型の変数が単一のデータ型(ここでは文字)に変換される。

```
## データフレームは異なるデータ型をとることができる
y <- data.frame(y1 = as.factor(c("a", "b", "c")),
    y2 = c(0.1, 0.2, 0.3))
class(y$y1)
```

```
## [1] "factor"
```

```
class(y$y2)
```

```
## [1] "numeric"
```

```
## as.matrix()関数はどちらの変数も文字に変換する
z <- as.matrix(y)
z
```

```
##      y1  y2
## [1,] "a" "0.1"
## [2,] "b" "0.2"
## [3,] "c" "0.3"
```

最後に，列の合計を計算するcolSums()関数や列の平均を計算するcolMeans()関数など，行列に対する便利な演算がある。同じ演算を行に適用するには，rowSums()関数とrowMeans()関数を使う。

```
## 列の合計
colSums(x)
```

```
##  d  e  f  g
## 15 18 21 24
```

```
## 行の平均
rowMeans(x)
```

```
##   a   b    c
## 2.5 6.5 10.5
```

より一般に，apply() 関数を使えば，マージン（行列の行または列のこと）に任意の関数を適用することができる。この関数は，3つの主な引数をとる。第1の引数あるいは x 引数は行列であり，第2の引数あるいは MARGIN 引数は関数を適用したい次元（1 は行，2 は列を表す）を指定し，第3の引数あるいは FUN 引数は適用したい関数を指定する。以下では，3つの例を示す。初めの2つは，先ほどの colSums() 関数や rowMeans() 関数と同じことをしている。3つ目の例は，各行の標準偏差を計算している。

```
## 列の合計
apply(x, 2, sum)

##  d  e  f  g
## 15 18 21 24

## 行の平均
apply(x, 1, mean)

##    a    b    c
##  2.5  6.5 10.5

## 各行の標準偏差
apply(x, 1, sd)

##        a        b        c
## 1.290994 1.290994 1.290994
```

3.7.2　R におけるリスト

ここでは，リストと呼ばれる，R において重要なオブジェクトの種類を取りあげる。リスト・オブジェクトは，異なる型のオブジェクトをリストの要素として保存できるため，使い勝手がよい。例えば，リストでは，異なる長さの数値ベクトルと文字ベクトルをとることもできる。一方，データフレームの場合，ベクトルの長さは同じであることが前提である。実際，リストは，異なるサイズの複数のデータフレームを要素としてもつことさえできる。したがっ

て，リストは汎用性の高いオブジェクトの種類なのである。

　リストの各要素には名前が付けられており，データフレームの変数と同様，$ を用いて取り出すことができる．また，二重角括弧 [[ ]] に取り出す要素を指示する整数や要素名を入れて，要素を取り出すこともできる．以下に示すのは簡単なリストの例で，長さ 10 の整数ベクトル (y1)，長さ 3 の文字ベクトル (y2)，2 つの変数と 3 つの観察をもつデータフレーム (y3) が含まれている．リストを作成するには list() 関数を使い，要素を指定するには要素の名前を引数に用いる．

```
## リストの作成
x <- list(y1 = 1:10, y2 = c("hi", "hello", "hey"),
    y3 = data.frame(z1 = 1:3, z2 = c("good", "bad", "ugly")))
## リストから要素を取り出す3通りの方法
x$y1　　#1つ目の要素

##  [1]  1  2  3  4  5  6  7  8  9 10

x[[2]]　　#2つ目の要素

## [1] "hi"    "hello" "hey"

x[["y3"]]　　#3つ目の要素

##   z1  z2
## 1  1 good
## 2  2 bad
## 3  3 ugly
```

　これまで紹介した関数には，リスト・オブジェクトに適用できるものもある．names() 関数 (要素の名前を取り出す) や length() 関数 (要素の数を取り出す) である．

```
names(x)   # すべての要素の名前
## [1] "y1" "y2" "y3"
length(x)  # 要素の数
## [1] 3
```

3.7.3　k 平均法

行列とリストになじんだので，これらを k 平均法に使うことができる。k 平均法は，その結果に目立った変化が生じなくなるまで一連の繰り返し演算を行う**繰り返しアルゴリズム**（iterative algorithm）である。k 平均法の目的はデータを k 個の似たようなグループに分割することである。各グループはその**中心点**（centroid，重心）に結びつけられており，中心点は各グループ内の平均値に等しい。これをどのように行うかといえば，まず，それぞれの観察を最も近いクラスターに割り当て，その後，新しいクラスターの割り当てに基づいて，それぞれのクラスターの中心点を計算する。クラスターの割り当てが変わらなくなるまで，この 2 つのステップが繰り返される。アルゴリズムは以下のように定義される。

> k 平均法は，あらかじめ決められた数（k 個）のクラスターを生成するアルゴリズムで，以下のステップからなる。
> 　ステップ 1：k 個のクラスターの初期中心点を選択する。
> 　ステップ 2：ステップ 1 で決められた中心点に基づき，各観察を，その観察にとって（ユークリッド距離で）最も近い中心点をもつクラスターに割り当てる。
> 　ステップ 3：各クラスターの新しい中心点を，対応する変数のクラスター内の平均に等しい座標をもつように選ぶ。
> 　ステップ 4：クラスターへの割り当てが変化しなくなるまで，ステップ 2 とステップ 3 を繰り返す。

なお，クラスターの数 k と，各クラスターの初期中心点は研究者が事前に選ばなくてはならない。R では，指定がなければ，最初の中心点の位置はランダムに選ばれる。

たいていの場合，k 平均法を適用する前に，投入変数を**標準化**(standardize)しておくとよい。これによりすべての変数の尺度が同じになるので，クラスター化の結果が各変数の測定単位に左右されなくなる。標準化は，先ほど説明した z 得点を計算することで行える（式 (3.1) を参照）。変数の z 得点は，変数から平均を引き（**中心化** centering と呼ばれる），その値を標準偏差で割ること（**スケーリング** scaling と呼ばれる）で計算されることを思い出そう。R では，1 つまたは一連の変数に scale() 関数を適用すれば標準化できる。scale() 関数は，1 つのベクトル，1 つの変数，あるいは複数の変数の行列をとる。

党派性研究に戻り，第 80 議会と第 112 議会の DW-NOMINATE スコアそれぞれに対して k 平均法クラスター化アルゴリズムを適用してみよう。それぞれ 2 個と 4 個のクラスターを作成するために，$k = 2$，$k = 4$ とする。R では，kmeans() 関数が k 平均法を実行する。この関数には様々な引数があるが，最初の引数 x は，k 平均法を適用する観察の**行列**をとる。いま適用する例では，行列は 2 つの列（DW-NOMINATE スコアの第 1 次元と第 2 次元）をもち，行の数は各会期の議員数に等しい。この行列を作るには，2 変数を列で結合する cbind() 関数（column bind，「列の結合」の意）を用いる。なお，2 つのベクトルや行列を行で結合する場合には，rbind() 関数（row bind，「行の結合」の意）を用いる。この適用例では，DW-NOMINATE スコアはすでに実質的な意味のある尺度となっているので，投入変数の標準化は行わない。

```
dwnom80 <- cbind(congress$dwnom1[congress$congress == 80],
    congress$dwnom2[congress$congress == 80])
dwnom112 <- cbind(congress$dwnom1[congress$congress == 112],
    congress$dwnom2[congress$congress == 112])
```

kmeans() 関数の主な引数としては，centers（クラスターの数），iter.max（繰り返しの上限数），nstart（ランダムに選ばれる初期中心点の数）などがある。引数 nstart を指定して，異なる初期値で何回かアルゴリズムが実行されるようにしたほうがよい（kmeans() 関数は最もよい結果を報告してくれる）。

ここではまず，2つのクラスターと5つのランダムに選ばれた初期値から k 平均法での近似を開始する．

```
## 2 クラスターの k 平均法
k80two.out <- kmeans(dwnom80, centers = 2, nstart = 5)
k112two.out <- kmeans(dwnom112, centers = 2, nstart = 5)
```

出力オブジェクトである k80two.out と k112two.out はリストであり，k 平均法を適用した結果に関する様々な要素を含んでいる．iter(収束までの繰り返し回数を表す整数．収束とはクラスターの割り当てが変化しなくなること)，cluster(最終的なクラスターのメンバーからなるベクトル)，centers(クラスターの中心点からなる行列)などである．

```
## リストの要素
names(k80two.out)

## [1] "cluster"      "centers"       "totss"
## [4] "withinss"     "tot.withinss"  "betweenss"
## [7] "size"         "iter"          "ifault"
```

3.7.2で説明したように，データフレーム・オブジェクト内の変数にアクセスするときと同様，リスト内の要素には $ を使ってアクセスできる．出力されたリスト・オブジェクトの要素 iter を確認すればわかるとおり，どちらの場合も繰り返しは1回のみで収束している．デフォルトの繰り返し回数の上限は10回である．もし収束しなかった場合には，引数 iter.max として10より大きい数を指定する必要がある．

さて，2クラスターモデルを使って，出てきたクラスターの最終中心点を確認する．出力の各行はクラスターの中心点の座標を表しており，1列目が横軸の座標，2列目が縦軸の座標である．

```
## 最終中心点
k80two.out$centers

##         [,1]        [,2]
## 1  0.14681029 -0.3389293
## 2 -0.04843704  0.7827259

k112two.out$centers

##         [,1]        [,2]
## 1 -0.3912687 0.03260696
## 2  0.6776736 0.09061157
```

次に，政党とクラスターラベルのクロス集計表を作成し，各クラスターに属している民主党と共和党の議員数を計算する。

```
## 各クラスターに含まれる政党ごとの観察数
table(party = congress$party[congress$congress == 80],
    cluster = k80two.out$cluster)

##             cluster
## party         1   2
##   Democrat   62 132
##   Other       2   0
##   Republican 247   3
table(party = congress$party[congress$congress == 112],
    cluster = k112two.out$cluster)

##             cluster
## party         1   2
##   Democrat   200   0
##   Other       0   0
##   Republican   1 242
```

第 112 議会の場合には，2 クラスターの k 平均法で，1 人を除いた全員が民主党議員からなるクラスターと，共和党議員のみからなるもう 1 つのクラスターが生成したことがわかる。この事例ではクラスター数を 2 個に設定したが，k 平均法によってこれら 2 つのクラスターは完全に党派性に沿ったものであることが判明した。対照的に，第 80 議会の場合では，一方のクラスターには民主党議員も共和党議員もかなりの数が含まれている。これは，時間とともに政治的分極化が悪化してきたことと矛盾しない。

　次に，4 クラスターの k 平均法を適用し，結果をビジュアル化する。まず，第 80 議会と第 112 議会に対して，4 クラスターモデルをあてはめる。

```
## 4 クラスターの k 平均法
k80four.out <- kmeans(dwnom80, centers = 4, nstart = 5)
k112four.out <- kmeans(dwnom112, centers = 4, nstart = 5)
```

　結果をビジュアル化するには，plot() 関数を使って散布図を作成する。以下のシンタックスでは，異なるクラスターに属する観察に異なる色を割り当てる。各クラスターの中心点は，アスタリスクで示されている。

```
## 前に定義したラベルと範囲を使って出力結果をプロットする
plot(dwnom80, col = k80four.out$cluster + 1, xlab = xlab,
    ylab = ylab, xlim = lim, ylim = lim, main = "第 80 議会")
## 中心点をプロットする
points(k80four.out$centers, pch = 8, cex = 2)
## 第 112 議会
plot(dwnom112, col = k112four.out$cluster + 1, xlab = xlab,
    ylab = ylab, xlim = lim, ylim = lim, main = "第 112 議会")
points(k112four.out$centers, pch = 8, cex = 2)
```

　points() 関数に使われている引数 cex は，各クラスターの中心点を見やすくするために，フォントサイズを調整している。また，引数 pch は，プロットに使用する記号を指定する。最後に，引数 col に実際の色名ではなく整数

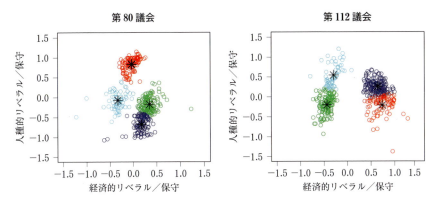

値ベクトルを指定して，対応するクラスターにそれぞれの整数値が使われるようにしている．なお，クラスターラベルに 1 を足しているが，これは，クラスターの中心点の色である黒を，どのクラスターの観察の色としても使わないようにするためである．palette() 関数で，色名と整数値の正確な対応関係がわかる (R における色の使い方に関する詳細は 5.3.3 を参照されたい)．

```
palette()

## [1] "black"   "red"     "green3"  "blue"    "cyan"
## [6] "magenta" "yellow"  "gray"
```

分析結果から，4 クラスターモデルでは，民主党が 2 クラスターに，共和党も 2 クラスターに分かれることがわかる．政党ごとにみると，第 80 議会の民主党が 2 つのクラスター間の違いが最も顕著である．どちらの政党でも，政党内の違いは人種的次元に沿って表れている．対照的に，経済的次元は，政党間の違いを支配している．

k 平均法のようなクラスター化アルゴリズムは，**教師なし学習**(unsupervised learning) の例である．**教師あり学習**(supervised learning) とは異なり，教師なし学習には結果変数がない．教師なし学習の目的は，データ内の隠れた構造を発見することにある．ただし，教師なし学習の難点は，成功や失敗の明確な基準がないということである．結果に関するデータがないため，クラスター化アルゴリズムが「正しい」結果を生成しているのかどうかを知ることは難しい．そ

のため，クラスター化アルゴリズムが生成する知見が妥当であることを確かめるには人間の判断が必要とされることが多い。

3.8 まとめ

　本章では測定の問題を取りあげた。**標本調査**は，母集団に含まれる全ユニットを列挙することなく，ランダムに抽出された少数のユニットから，大規模なこともありうる母集団の特徴を推論するための，原理に基づく有効な方法であることを論じた。第2章では，トリートメントの割り当てのランダム化について学習した。これによって，トリートメントグループとコントロールグループは，トリートメントを受けたという1点を除けば，すべての点で平均的に等しいと見なせる。標本調査では，標本が対象とする母集団を代表するように，ユニットの無作為抽出を利用した。これにより，無作為抽出から得られた標本から母集団の特徴を推論できる。

　無作為抽出は有効な手法であるが，実際にはいくつか難しい点もある。第1に，無作為抽出を行うには抽出される可能性のあるユニットの完全なリストが必要となるが，そのような標本抽出枠を入手することは難しいことが多い。第2に，コストや実施上の制約のため，複雑な無作為抽出の手法を用いなければならない場合もある。第3に，サーベイでは**全項目無回答**および**一部項目無回答**が一般に発生し，これらの発生がランダムでない場合には，推論の妥当性がおびやかされる。近年では，電話調査での無回答率が劇的に増加している。その結果，多くの調査機関はQualtricsのようなプラットフォームを利用した安価なインターネットサーベイを使うようになっているが，こうしたサーベイは確率抽出法に基づいていない場合が多い。無回答の問題以外では，慎重な扱いを要する質問項目に対して，回答者が虚偽の回答をしたり，社会的に受け入れられやすい回答をしてしまう**社会的望ましさバイアス**が生じてしまうことが多い。

　さらに，社会科学では，イデオロギーや能力のような直接観察できない概念をどのように測定するのかという課題にしばしば直面する。本章では，アメリカ議会の政治的分極化について項目応答理論の応用を検討した。これは，議員のイデオロギー位置を点呼投票から推論するというアイディアである。同様の手法が，標準化された試験から学生の能力を測定するのにも応用された。推定

された理想点を例として用いて，データ内で似たような特徴をもつ観察の隠れたグループを発見するために，基本的な**クラスター化アルゴリズム**である k 平均法をどう使うかも学んだ。

これらの概念や手法に加え，本章では，データの数値的・ビジュアル的なまとめ方を紹介した。**棒グラフ**は因子変数の分布を要約するときに使われる一方，**箱ひげ図**や**ヒストグラム**は，連続変数の分布を描く際に有用なツールである。**相関係数**は 2 変数間の関係を数値的に特徴づける一方，**散布図**は一方の変数をもう一方の変数に対してプロットする。最後に，散布図とは異なり，**Q-Q プロット**を使えば，同じ単位で測定されていない場合にも，2 つの変数の分布が比較できる。

3.9 練習問題

3.9.1 同性婚に関する意見の変化再考

この練習問題では，2.8.2 で分析を行った同性婚研究について再検討する。以下の問題に答える前に，2.8.2 の練習問題に取り組むことが大切である。2015 年 5 月，この研究の結果を出すのに使われたデータセットにいくつかの不正があることを 3 人の研究者が報告した[3]。彼らによれば，同性婚に関する実験データは，2012 年のアメリカ大統領選挙期間中に有権者を対象として行われた協同キャンペーン分析プロジェクト (Cooperative Campaign Analysis Project; CCAP) のデータと統計的に見分けがつかないという。すなわち，(実験によって収集されたとされていたオリジナルのデータではなく) CCAP のサーベイ・データが，同性婚に関する研究で用いられていたのではないかとの指摘である。これらの不正に関する報告の発表により，最終的には元の論文が撤回される事態となった。この練習問題では，同性婚に関するデータセットに見られた不正を再現するために，いくつかの測定手法を用いる。

分析にあたり，2 つの CSV データファイルを使う。1 つ目は，元のデータセットを作り直したもので，それぞれの観察がただ 1 人の回答者に対応している gayreshaped.csv である (表 3.5 参照)。2 つ目は，同性婚に関する研究で結果を出すのに用いられたとされる 2012 年の CCAP のデータセット

---

[3] この練習問題は以下の未公刊報告に依拠している。"Irregularities in LaCour (2014)" by David Broockman, Joshua Kalla, and Peter Aronow.

表 3.5　同性婚に関するデータを作り直したもの

変数	説明
study	データセットがどの研究のものか (1 = 研究 1，2 = 研究 2)
treatment	5 種類のトリートメント割り当ての選択肢
therm1	第 1 波における同性愛カップルに対する感情温度 (0-100)
therm2	第 2 波における同性愛カップルに対する感情温度 (0-100)
therm3	第 3 波における同性愛カップルに対する感情温度 (0-100)
therm4	第 4 波における同性愛カップルに対する感情温度 (0-100)

注：元データに関しては表 2.7 参照．

表 3.6　2012 年 CCAP サーベイ・データ

変数	説明
caseid	回答者の固有識別子 (ID)
gaytherm	同性愛カップルに対する感情温度 (0-100)

ccap2012.csv である（表 3.6 参照）．なお，感情温度は，回答者が同性愛カップルに対する好感度を 0 から 100 までの段階で示したものである．

1. 同性婚に関する研究では，説得の効果がどれくらいの期間持続するのか評価するために，第 7 波までサーベイが行われた．3 人の研究者が見つけた不正の 1 つは，各波のコントロールグループ（戸別訪問を受けなかったグループ）の回答が，異常に高い相関を示しているというものであった．研究 1 のコントロールグループについて，第 1 波と第 2 波の感情温度の相関はどうなっているだろうか．欠損データに対処するため，cor() 関数の引数 use を "complete.obs" に設定して，欠損データのない観察のみを用いて相関を計算する．結果について簡潔に実質的な解釈を述べよう．

2. 前問と同じことを研究 2 を使って行い，コントロールグループ内ですべての波を比較しよう．なお，cor() 関数は，複数の変数をもつ 1 つのデータフレームに対しても使える．その場合に欠損データを扱うには，引数 use を "pairwise.complete.obs" に設定する．これは，cor() 関数が，他の波に欠損値があったとしても，当該の波のペアに欠損値がない観察はすべて用いるという意味である．結果を簡潔に解釈しよう．

3. ほとんどのサーベイには，データの残りとかなり異なる**外れ値**が少なくともいくつかは含まれる．また，回答者の中には，時間とともに回答を

変え，一貫しない人もいる。研究2における，第1波とその後の各波との関係をビジュアル化する散布図を作成しよう。コントロールグループのみを使えばよい。結果を解釈しよう。
4. まったく異なる回答者の標本であるはずにもかかわらず，同性婚研究と2012年のCCAPデータセットは異常に似ていることを3人の研究者は見出した。ここでは `ccap2012.csv` と `gayreshaped.csv` に含まれるデータを使って，2つの標本を比較する。2012年のCCAPの感情温度，研究1の第1波の感情温度，研究2の第1波の感情温度のヒストグラムを作成しよう。CCAPデータには多くの欠損値が含まれている。同性婚研究において，欠損データがどのように記録されたか検討しよう。ヒストグラム間の比較がしやすくなるよう，`hist()` 関数の引数 `breaks` を使って各ヒストグラムのビンの大きさを同じにする。結果について簡潔にコメントしよう。
5. 2つの標本の分布をより直接的に比較する方法として，**Q–Q** プロットがある。前問と同じ比較を行うのにこのビジュアル化の方法を使おう。グラフの解釈を簡潔に述べよう。

3.9.2 中国とメキシコにおける政治的有効性感覚

2002年，世界保健機関は，中国の2つの省とメキシコの3つの州でサーベイを行った[4]。問題関心の1つは，この練習問題で分析するものだが，政治的有効性感覚である。サーベイではまず，以下の自己評価が質問された。

> あなたが関心のある問題に政府が取り組むようにさせることに関して，あなたにはどの程度の発言権がありますか。
>
> (5)無制限にある，(4)かなりある，(3)ある程度ある，(2)あまりない，(1)まったくない

この自己評価質問に続けて，3つのヴィニエット（短い人物描写）形式の質問が

---

[4] この練習問題は以下の論文に依拠している。Gary King, Christopher J. L. Murray, Joshua A. Salomon, and Ajay Tandon (2004) "Enhancing the validity and cross-cultural comparability of measurement in survey research." *American Political Science Review*, vol. 98, no. 1 (February), pp. 191–207.

訊かれた。

[アリソン(Alison)]には，きれいな飲み水が不足している。彼女や彼女の隣人は，次の選挙で，この問題への対処を約束する野党候補を支持している。この地域では多くの人びとが同様に感じているので，野党候補が現職を破りそうである。

[ジェーン(Jane)]には，きれいな飲み水が不足している。それは政府が工業地開発計画を推し進めているためである。次の選挙キャンペーンにおいて，野党はこの問題に取り組むことを約束しているが，政府がきっと勝つため，彼女は野党候補に投票しても無駄と感じている。

[モーゼズ(Moses)]には，きれいな飲み水が不足している。彼はこの状況を変えたいと思っているが，彼には選挙権がなく，また，政府の誰もこの問題に関心がないと感じている。そのため，将来何かがなされることを望みつつ，黙って耐えている。

回答者は，先ほどの質問と同じように，それぞれのヴィニエットを評価する。

[名前]が関心のある問題に政府が取り組むようにさせることに関して，[名前]にはどの程度の発言権がありますか。

(5)無制限にある，(4)かなりある，(3)ある程度ある，(2)あまりない，(1)まったくない

[名前]の部分は，アリソン，ジェーン，モーゼズのいずれかに置き換えられる。

分析するデータセット vignettes.csv には，表 3.7 に名前と説明を載せた変数が含まれている。以下の分析では，これらのサーベイの回答は数値変数として扱うことができると仮定する。例えば，「無制限にある」= 5，「あまりない」= 2 という具合である。ただし，このアプローチは，「無制限にある」と「かなりある」の間の距離と，「あまりない」と「まったくない」の間の距離が同じでなければ適切ではない。しかしながら，この仮定を緩める扱いは，この

表 3.7 ヴィニエット形式のサーベイ・データ

変数	説明
self	自己評価の回答
alison	アリソンのヴィニエットへの回答
jane	ジェーンのヴィニエットへの回答
moses	モーゼズのヴィニエットへの回答
china	1 は中国，0 はメキシコ
age	回答者の年齢

章の範囲を超えてしまう．

1. 自己評価の質問の分析から始める．棒グラフを使って，中国とメキシコの回答の分布を別々にグラフにしよう．縦軸には回答者の割合を用いる．さらに，それぞれの国の回答の平均を計算しよう．この分析から，どちらの国のほうが政治的有効性感覚が高いと思われるだろうか．メキシコ国民は，70 年以上メキシコを統治してきた制度的革命党(Institutional Revolutionary Party; PRI)を 2000 年の選挙で政権の座から追い出したが，中国国民は現在まで公正な選挙において投票したことがない．こうした事実は，分析結果と整合性があるだろうか．

2. メキシコと中国の回答者の政治的有効性感覚の程度の違いが，両国の年齢分布の違いに起因する可能性を検討する．メキシコと中国の回答者について別々に年齢のヒストグラムを作成しよう．その際，各国のヒストグラムに，回答者の年齢の中央値を示す縦線を追加する．さらに，2 つの年齢分布を比較するために，Q-Q プロットを使おう．両国の年齢分布にどのような違いが見られるだろうか．それぞれのグラフを解釈する形でこの問いに答えよう．

3. 自己評価による質問の問題点の 1 つに，回答者ごとに質問の捉え方が違う可能性があることがあげられる．例えば，2 人の回答者が同じ回答をしたとしても，2 人がきわめて異なる政治的状況に直面しており，「かなりある」という回答が異なる意味で解釈されている可能性もある．この問題に対処するために，自己評価の回答を，同じ回答者によるヴィニエット形式の質問への回答と比べてランクづけする．中国とメキシコの回答者について別々に，ヴィニエット形式の最後の設定であるモーゼズに関する回答よりも，自己評価による回答を低く見積もった回答者の割合を計算しよう．先ほどの分析結果と今回の分析結果はどのように違うだ

ろうか。結果について簡潔に解釈を述べよう。
4. 3つのヴィニエットを想定どおりに(すなわち,アリソン ≥ ジェーン ≥ モーゼズと)ランクづけした回答者に焦点を当てる。回答者がこれらのヴィニエットと比較してどのように自分自身をランクづけているかを示す変数を作成しよう。この変数は,回答者が自分をモーゼズより低く位置づけている場合には1を,モーゼズと同じ,または,モーゼズとジェーンの間に位置づけている場合には2を,ジェーンと同じ,または,ジェーンとアリソンの間に位置づけている場合には3を,アリソンと同じ,または,それよりも高く位置づけている場合には4とする。設問1で行ったように,この変数について棒グラフを作成しよう。縦軸は,各回答カテゴリーの回答者割合とする。また,中国とメキシコについて別々に,この変数の平均値を計算しよう。設問1で得られた結果とこの結果を比較し,簡潔に解釈を述べよう。
5. 上で明らかになった問題は,若者と中高年ではどちらが深刻だろうか。40歳以上と40歳未満について別々に,前問に答えよう。回答者の2つの年齢グループで前問の結論が異なるだろうか。設問2でわかったことと関連づけて論じよう。

3.9.3 国連総会における投票

アメリカ議会の議員たちと同じように,国際連合(United Nations; UN, 以下,国連)の加盟各国は,貿易や核軍縮,人権など様々な問題について政治的に割れている。冷戦期には,国連総会において各国は2つの陣営に分かれる傾向にあった。すなわち,資本主義のアメリカが率いる陣営と,共産主義のソビエト連邦が率いる陣営である。この練習問題では,国連決議に対する各国の投票によって捉えられるイデオロギー位置が共産主義の崩壊以降どのように変化してきたのか分析する[5]。表3.8に,CSVファイル unvoting.csv に収められたデータセットにある変数の名前と説明を示した。

以下の分析では,各国の選好を2通りの方法で測定する。第1に,同じ争点に関して,冷戦期の2大勢力陣営であるアメリカとソ連による投票と各国

---

[5] この練習問題は以下の論文に依拠している。Michael A. Bailey, Anton Strezhnev, and Erik Voeten (2015) "Estimating dynamic state preferences from United Nations voting data." *Journal of Conflict Resolution*, doi = 10.1177/ 0022002715595700.

表 3.8　国連の理想点データ

変数	説明
CountryName	国名
CountryAbb	国名の略号
idealpoint	推定された理想点
Year	理想点が推定された年
PctAgreeUS	同じ争点に対するアメリカによる投票との一致割合
PctAgreeRUSSIA	同じ争点に対するロシア／ソ連による投票との一致割合

の投票の一致割合を使うことができる．例えば，ある国が 1992 年に 10 回の決議で投票を行っており，投票のうち 6 回がアメリカの投票と一致していたとすれば，この国の 1992 年の PctAgreeUS 変数は 60 となる．第 2 に，3.5 で説明した，数値で表される理想点で各国の選好を測定することもできる．こうした理想点は，政治的自由，民主化，金融自由化などの問題に関して，国際関係論の研究者がリベラリズム (liberalism) と呼ぶものを捉える．これら 2 つの尺度には高い相関があり，理想点が高い（リベラルである）ほど，アメリカの投票に一致する割合が高い．

1. まず，各国の理想点の分布が共産主義の終焉以降どのように変化してきたかを検討する．ベルリンの壁崩壊の 10 年前と 10 年後にあたる 1980 年と 2000 年について別々に理想点の分布をグラフにしよう．それぞれのグラフに，中央値を示す縦線を追加する．これら 2 つの分布はどのような点で異なっているだろうか．分極化の程度に注意を払い，簡潔に結果の実質的な解釈を述べよう．わかったパターンを定量化するには quantile() 関数を使う．

2. 次に，アメリカと同じ投票を行った国の総数がどのように推移してきたかを検討しよう．全加盟国のアメリカとの一致割合の平均値が時間とともにどのように変化してきたかをグラフ化する．また，比較のため，ロシアとの一致割合の平均値を表す線も追加しよう．この分析には tapply() 関数が役に立つだろう．アメリカの孤立は，ロシアと比べ，次第に強まっている，あるいは弱まっているように見えるだろうか．一貫してアメリカ支持の国を特定しよう．最もロシア支持の国はどこだろうか．結果について簡潔に実質的な解釈を述べよう．

3. 国の選好の尺度としてアメリカやロシアとの投票一致割合を使う際の問題として，両国のイデオロギー位置そのものやそれに伴う投票パターン

が時代とともに変化しているかもしれないことがあげられる。この場合，どちらの側(アメリカ・ロシアまたはそれ以外の諸国)のイデオロギー位置が変わったのかを知ることは困難である。この点を調べるために，両国の理想点がどのように変化してきたかをグラフ化しよう。年ごとの全加盟国の理想点の中央値も追加する。この分析結果によって，先ほどの分析の解釈は修正される(あるいは変わらない)だろうか。

4. 旧ソ連諸国とそうでない国々では，イデオロギーや国連での投票の点でどのように異なるのか検討してみよう。旧ソ連諸国とは，エストニア (Estonia)，ラトビア (Latvia)，リトアニア (Lithuania)，ベラルーシ (Belarus)，モルドバ (Moldova)，ウクライナ (Ukraine)，アルメニア (Armenia)，アゼルバイジャン (Azerbaijan)，ジョージア (Georgia)，カザフスタン (Kazakhstan)，キルギスタン (Kyrgyzstan)，タジキスタン (Tajikistan)，トルクメニスタン (Turkmenistan)，ウズベキスタン (Uzbekistan)，そして，ロシア (Russia) である。ここで，%in% という演算子が役に立つ。x %in% y という形で使われ，ベクトル x の値とベクトル y の値が等しい場合には要素が TRUE，そうでない場合には要素が FALSE の論理ベクトルを返す。入手可能な最新の国連データである 2012 年のデータを使い，旧ソ連各国の理想点をアメリカとの投票一致割合に対してプロットしよう。同じグラフにおいて，旧ソ連諸国と他の諸国も比較する。読み取れることについて簡潔にコメントしよう。

5. すぐ上で見たように，2012 年時点で，旧ソ連諸国の中には非リベラルなイデオロギーを貫いている国もあればリベラルになった国もある。ソ連／旧ソ連諸国とそれ以外の国の理想点の中央値が，データの存在する期間でどのように変化したか検討しよう。グラフにベルリンの壁が崩壊した 1989 年を明示する。読み取れることに対し簡潔にコメントしよう。

6. 共産主義の終焉後，旧ソ連諸国はイデオロギー的に相当に多様化した。世界的に見てもこうした状況が起きているのだろうか。言い換えると，世界はいまだに 2 つのイデオロギー陣営に分かれているのだろうか。理想点とアメリカとの投票一致割合に k 平均法のクラスター化アルゴリズムを適用して，この問題を検討しよう。中心点を 2 つだけ設定してアルゴリズムを開始し，1989 年と 2012 年の結果を別々にビジュアル化する。結果について簡潔にコメントしよう。

第4章 予　測

> 予言は金になるビジネスだが，危険に満ちている。
> ——マーク・トウェイン『赤道に沿って』

　本章では予測について論じる。予測は，計量社会科学研究におけるデータ分析のもう1つの目標である。最初の例は，世論調査を用いた選挙結果の予測である。ここでは線形回帰モデルという，最も基本的な統計モデルを用いて，どのように関心のある結果を予測するのかも示そう。多くの社会科学者は因果推論を究極の目標と考えているが，人間の行動の根底にある複雑な因果関係を理解する上で，予測が最初の一歩となることも多い。実際，因果推論を正しく行うには反事実の結果を正確に予測しなければならない。本章の後半では予測と因果推論の関連性についても検討する。

4.1　選挙結果の予測

　2008年のアメリカ大統領選挙は，歴史的選挙であった。アメリカの歴史上初めて，黒人候補であるバラク・オバマが大統領に選出されたのである。この選挙は統計学コミュニティにとっても重要であった。なぜなら多くの評論家が正確に結果を予測していたからである。
　アメリカ特有の**選挙人団**(electoral college)制度は選挙結果の予測を困難にしてきた。大統領候補は，選挙人団の投じる票の絶対過半数を得て初めて大統領に選出される。538人の（選挙人団に属する）選挙人は，それぞれ1票を投じる。2016年現在，この538名分の票は連邦議会で435議席ある下院と100議席ある上院における各州の議席数に応じて50州に割り振られている。残りの3票はワシントンD.C.に割り振られる。ほとんどの場合，選挙人団はそれぞれが代表する州で最も多い票を得た候補者にすべての票を投じ，これらの州では「勝者総取り」システムとなっている。実際に，いくつかの州では投票人が最多得票候補に投票しなかった場合の刑事罰がある。大統領として選出される

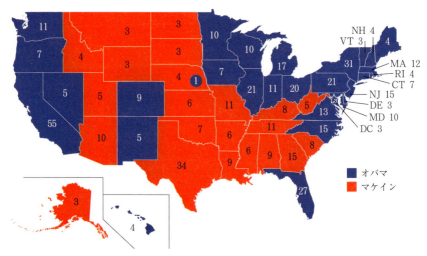

図 4.1　2008 年アメリカ大統領選挙での選挙人団の投票先マップ

には最低 270 の選挙人票が必要となる。

　図 4.1 は，各州の選挙人団の 2008 年の大統領選挙における投票先を示している。オバマは青色で示された州から 365 票を得たのに対し，共和党候補のジョン・マケインは赤色で示された州から 173 票を得た[1]。選挙人団制度は，アメリカ大統領選挙の結果をきちんと予測するには各州の勝者を正確に予測する必要があることを示唆している。実際，ジョージ W. ブッシュはフロリダ州から 25 人の選挙人団の票を得たことで 2000 年の大統領選挙に勝利したが，フロリダ州では物議を醸した (一般投票の) 再集計の末に，537 票という僅差でアル・ゴアを破ったのだった。結果として，ゴアはアメリカ全体の有権者票ではブッシュよりも 50 万票多く得票したにもかかわらず，選挙人団の票が 5 票及ばず大統領選挙に敗れたのである。より最近では，2016 年の選挙でヒラリー・クリントンが全国的にはより多くの票を獲得したにもかかわらず，ドナルド・トランプが勝利した。以下では，各州の世論調査結果を用いてどのように選挙結果を予測できるかを紹介する。どのようにこれを行うかについての詳細を示す前に，まずはプログラム上の概念であるループ (繰り返し) と条件文に

---

1)　興味深いことに，ネブラスカ州 (図中央の赤色の州で 4 の右下に青抜きで 1 と書いてある州) は 5 票のうち 2 票を州全体での最多得票の候補に配分し，下院議員選挙区の勝者にそれぞれ 1 票割り振る (メイン州も同様の制度である)。結果として，マケインはネブラスカ州全体では最多得票であったがオバマは下院の第 2 選挙区において過半数の票を得たため選挙人票を 1 票得たのである。

ついて見ていこう。

4.1.1　Rにおけるループ(繰り返し)

　変更箇所の少ない演算を何度も行うときは，できるだけ多くの部分を同じ演算の繰り返しで済ませたいものである．例えば，アメリカ大統領選挙の結果を予測するためには，各州の選挙結果を予測しなければならない．このことは，似たような計算を何度も行わなければならないことを意味するが，何行にも及ぶほとんど同じプログラムコードを何度も繰り返し書くことは避けたい．このとき**ループ**(loop)というプログラミングにおける構成概念の1つを用いれば，似たようなコードの固まりをコンパクトに繰り返し実行することが可能になる．for (i in X)というRのシンタックスでループが作成される．このとき，i(あるいは他の任意のオブジェクト名)は**ループカウンター**(loop counter)と呼ばれ，ループにおける繰り返しを制御する．また，Xはループカウンターに順に代入される値からなるベクトルである．次の擬似コードを考えてみよう．

```
for (i in X) {
    表現 1
    表現 2
    ...
    表現 N
}
```

　ここで，表現1から表現Nまでの一連の表現はベクトルXのそれぞれの値iについて繰り返される．この**繰り返し**(iteration)ではiはベクトルXに対応した値をとり，初めにXの最初の要素をとり，Xの最後の要素をとって終わる．以下の例は，ベクトル内のそれぞれの数に2を掛けるという単純なものである．便宜上，すべての繰り返し演算の結果を記録するためにベクトル内の要素すべてがNAの空の「容器」を作成する．これを行うにはrep()関数を用いる．コメントはループの中にRの他のコードと共に書くことができる．波括弧(brace){と}はループの始まりと終わりを示すために用いられる．RStudioではループ(や類似する関数)を作り始める際は自動的にインデントが追加さ

れ，終わり波括弧は for 関数と縦に揃えられる。これによりコードの解釈やデバッグ(作成したコードのエラーを特定し除去すること)が簡単にできる。

```r
values <- c(2, 4, 6)
n <- length(values)  # "values"に含まれる要素の数
results <- rep(NA, n)  # 結果を保存するための空の「容器」
## ループカウンター"i"は順番に 1, 2, …, n という値をとる
for (i in 1:n) {
    ## 掛け算の結果を"results"ベクトルの i 番目の要素として保存
    results[i] <- values[i] * 2
    cat(values[i], "times 2 is equal to", results[i], "\n")
}
## 2 times 2 is equal to 4
## 4 times 2 is equal to 8
## 6 times 2 is equal to 12

results

## [1]  4  8 12
```

上のループを繰り返すたびに，ループカウンター i は整数の 1 から n まで 1 つずつ増加する。cat() 関数は print() 関数と同様，( ) 内のオブジェクトをスクリーンに表示する。cat() 関数は，(文字や文字以外の)複数のオブジェクトをコンマで区切って入力すると，それらを結合して 1 つの文字列として出力する。ループ実行中の results[i] の結果は cat() 関数か print() 関数のいずれかを用いなければ出力されない。最後に，\n は改行を示す。もちろん，上の例では values ベクトルの各要素に 2 を掛ける values * 2 を実行すればよいので，必ずしもループを用いる必要はない。実際，ループを使ったほうが概念的には簡単な場合もあるが，演算量が膨大になるため可能なかぎり避けるべきである。

ここで重要な作業の 1 つは，ループを含むコードのデバッグである。いくつかの方法で，なぜループがうまく実行されないかを調べることができる。

ループは同じコードの固まりを何度も実行するものなので，ループ内のコマンドがループカウンターに特定の値を入れたときに問題なく実行されるかチェックしてみるとよい。上の例では，次のコマンドをループを作る前に試してみるのもいいだろう。

```
##i=1のときにコードが実行されるかどうかをチェック
i <- 1
x <- values[i] * 2
cat(values[i], "times 2 is equal to", x, "\n")

## 2 times 2 is equal to 4
```

そして，コードが予定どおりに振る舞うかを確かめるために，今度は最初の行を i <- 2 にしたり，ループカウンター i に与えたい任意の値に変えたりすることもできる。この他の役立つコツとしては，print() 関数または cat() 関数を用いて，ループカウンターの現在の値を出力するというものがある。こうすれば，エラーが出たとき，どこまでループが成功したのかを知ることができる。例えば，ループを1回も繰り返すことができなければ，ループ内のコードはおそらくどこかが間違っていると思われる。あるいはループが数回うまくいった後に失敗したならば，失敗した回に特有の何かが問題を起こしていると考えられる。次の例は，コードエラーの特定を容易にするため，繰り返した回数を示すものである。まず，data.frame() 関数を用いて，3つの変数（うち1つは文字列変数）から構成される架空の小さなデータセットを作成する。そしてループ関数を用いてそれぞれの変数の中央値の計算を試みる。

```
## 簡単な架空のデータフレーム
data <- data.frame("a" = 1:2, "b" = c("hi", "hey"), "c" = 3:4)
##2回目の繰り返しでエラーが起きていることがわかる
results <- rep(NA, 3)
for (i in 1:3) {
    cat("iteration", i, "\n")
    results[i] <- median(data[, i])
```

```
}
## iteration 1
## iteration 2
## Error in median.default(data[, i]):  need numeric data

results

## [1]  1.5 NA NA
```

上のループは，最初の繰り返しは問題なく実行されたが，2回目の繰り返しには失敗した。このことは，iteration 3 と表示される前にエラー・メッセージが表示されたことからわかる。失敗したのは，median() 関数が数値データしか受け付けないためである。結果として，この関数では2回目の繰り返しでエラーが起こり，ループは2番目と3番目の変数の中央値を計算することなく停止したのである。このことは，results ベクトルの2番目と3番目の要素が NA となっていることからもわかる。

4.1.2　R における一般的な条件文

2.2.4 において単純な条件文を紹介した際，論理クラスの入力オブジェクトに応じて生成される値を要素とするベクトルを作成するために，ifelse() 関数を用いた。この関数の一般的なシンタックスは ifelse(X, Y, Z) となる。もし入力の要素 X が真(TRUE)と評価されれば，値 Y が返される。一方，入力の要素 X が偽(FALSE)と評価されれば，もう1つの値である Z が返される。この関数は，変数を記録するときに便利である。ここで，論理表現に応じて一定の長さのコードを実行する(あるいは実行しない)，より強力な条件文の書き方について考えてみよう。これらは if(){ } や if(){ }else{ } という形をとる。最も基本的なシンタックスは次のように表される。

```
if (X) {
    表現 1
    表現 2
```

```
    ...
    表現 N
}
```

もし X の値が TRUE であれば，表現 1 から表現 N までのコードが実行される．もし X の値が FALSE であれば，これらのコードはまるごとスキップされ実行されない．次の簡単な例でこのことを見てみよう．

```
## 実行される計算を定義する
operation <- "add"
if (operation == "add") {
    cat("I will perform addition 4 + 4\n")
    4 + 4
}
## I will perform addition 4 + 4
## [1] 8
if (operation == "multiply") {
    cat("I will perform multiplication 4 * 4\n")
    4 * 4
}
```

上のコードにおいて，2番目の掛け算の部分は operation オブジェクトが "multiply" ではなく "add" に設定されているため実行されない．このように operation == "multiply" が論理値 FALSE を返すため，波括弧内のコードは実行されない．しかし，もし operation が "multiply" に設定されていれば，4 + 4 ではなく 4 * 4 が計算される．

　if(){ }else{ } 文では，if() 関数の引数が FALSE のときに実行される R 表現を組み込むことでさらに柔軟性の高いプログラミングが可能になっている．このことは，if(){ } 文では if() 関数の引数が TRUE のときに実行される表現のみが指定されるのと対照的である．次のコードは，もし X が TRUE であれば

表現 1a から表現 Na までのコードを実行し，X が FALSE であれば表現 1b から表現 Nb までのコードを実行するものである。

```
if (X) {
    表現 1a
    ...
    表現 Na
} else {
    表現 1b
    ...
    表現 Nb
}
```

先の例を発展させた次のコードは，if(){ }else{ } 文がどのように機能するかを示すもので，オブジェクトの値によって異なる演算を行う。具体的には，もし operation が "add" に設定されていれば足し算が，それ以外の場合には掛け算が行われる。

```
## operation が再定義されていることに注意
operation <- "multiply"
if (operation == "add") {
    cat("I will perform addition 4 + 4")
    4 + 4
} else {
    cat("I will perform multiplication 4 * 4")
    4 * 4
}
## I will perform multiplication 4 * 4
## [1] 16
```

次のように else if(){ } 文を使えば，さらに複雑な条件文を組み立てるこ

ともできる。

```
if (X) {
    表現 1a
    ...
    表現 Na
} else if (Y) {
    表現 1b
    ...
    表現 Nb
} else {
    表現 1c
    ...
    表現 Nc
}
```

上に示したシンタックスでは，もし条件 X が満たされれば表現 1a から表現 Na までのコードが実行される。もし X が満たされず，しかし別の条件 Y が満たされれば，表現 1b から表現 Nb までのコードが実行される。最後に，もし X と Y のどちらも満たされなければ，表現 1c から表現 Nc までのコードが実行される。なお，else if(){ } は何回も繰り返すことができる。加えて，表現の順番が重要である。例えば，もし X よりも Y が先に評価されればコードは異なる結果を出力するかもしれない。else if(){ } を使って先ほどの例を次のように書き換えることができる。

```
## operation が再定義されていることに注意
operation <- "subtract"
if (operation == "add") {
    cat("I will perform addition 4 + 4\n")
    4 + 4
} else if (operation == "multiply") {
```

```
    cat("I will perform multiplication 4 * 4\n")
    4 * 4
} else {
    cat(""", operation, "" is invalid. Use either "add" or
        "multiply." \n", sep = "")
}
## "subtract" is invalid. Use either "add" or "multiply."
```

ここで sep 引数は，それぞれのオブジェクトをどのように区切るかを指定する。上の例にある sep = "" は，オブジェクトを区切る文字がないことを意味する。区切り記号はどのような文字でもよいが，コンマとスペース(sep = ", ")やセミコロンとスペース(sep = "; ")が一般的である。デフォルトの設定は sep = " " であり，オブジェクト間にスペースを挿入する。

最後に，条件文はループの中でも効果的に使用できる。例えば，ある整数が偶数か奇数かによって異なる算術演算を行いたいとしよう。次のコードはまず入力された整数値が偶数か奇数かをチェックする。もしその数が偶数であれば R はその数同士を足し合わせ，奇数であれば掛け合わせる。それぞれの繰り返し回について，その回の演算を要約するメッセージが出力される。R では %% は割り算の余りを計算する。例えば，5 %% 2 に対しては 5 割る 2 の余りである 1 が返される。もし入力された整数を 2 で割った余りとして 1 ではなく 0 が返されれば，その数は偶数であることがわかる。

```
values <- 1:5
n <- length(values)
results <- rep(NA, n)
for (i in 1:n) {
  ## x と r は繰り返しのたびに上書きされる
  x <- values[i]
  r <- x %% 2  # 偶数か奇数かをチェックするための，2 で割った余り
  if (r == 0) {  # 余りが 0
```

```
    cat(x, "is even and I will perform addition",
        x, "+", x, "\n")
    results[i] <- x + x
  } else { #余りが 0 でない
    cat(x, "is odd and I will perform multiplication",
        x, "*", x, "\n")
    results[i] <- x * x
  }
}
## 1 is odd and I will perform multiplication 1 * 1
## 2 is even and I will perform addition 2 + 2
## 3 is odd and I will perform multiplication 3 * 3
## 4 is even and I will perform addition 4 + 4
## 5 is odd and I will perform multiplication 5 * 5

results

## [1]  1  4  9  8 25
```

RStudioでは自動で行われるが，ここで重要なのはインデントを行うことである．これにより，条件文がループの中に組み込まれていることがわかりやすくなるのである．インデントを適切に行うことは，ループや条件文を伴うコードを書く上で不可欠である．

4.1.3 世論調査からの予測

これでどうやってループや条件文を使うのかがわかったので，2008年のアメリカ大統領選挙の結果を予測する作業に取りかかろう．予測は選挙前に行われた数々の世論調査に基づいて行う．CSV形式のデータファイル pres08.csv には各州における選挙結果が含まれている．加えて，CSV形式のファイル polls08.csv には各州の選挙日に至るまでの多くの世論調査結果が含まれて

表 4.1　2008 年アメリカ大統領選挙データ

変数	説明
state	州の略称
state.name	省略されていない州名
Obama	オバマの得票率（パーセンテージ）
McCain	マケインの得票率（パーセンテージ）
EV	その州の選挙人票の数

表 4.2　2008 年アメリカ大統領選挙世論調査データ

変数	説明
state	世論調査の行われた州の略称
Obama	予測されたオバマの支持率（パーセンテージ）
McCain	予測されたマケインの支持率（パーセンテージ）
Pollster	世論調査を行った組織の名前
middate	世論調査が行われた期間の中間日

いる[2]。それぞれのデータセットに含まれる変数の名前と説明は表 4.1 と表 4.2 に示してある．まず，オバマの得票率からマケインの得票率を引いた差（マージン）をパーセントポイントで表した margin という変数を両方のデータセットに作成する．

```
## 州ごとの選挙結果を読み込む
pres08 <- read.csv("pres08.csv")
## 世論調査データを読み込む
polls08 <- read.csv("polls08.csv")
## オバマのマージンを計算
polls08$margin <- polls08$Obama - polls08$McCain
pres08$margin <- pres08$Obama - pres08$McCain
```

それぞれの州について，最後の世論調査結果だけを用いて，オバマの勝利マージン（マケインの得票率との差）の予測を行ってみよう．つまり，その州において選挙に最も近い日に行われたすべての世論調査からの予測値を平均し

---

[2]　世論調査結果は http://electoral-vote.com より得た．

たものを計算する。選挙に最も近い日というのは州によって異なるかもしれないし，複数の世論調査が同じ日（より正確には同じ中間日 middate）に行われる場合もある点に注意しよう。これを行うにはまず，50 州とワシントン D.C. のそれぞれについて世論調査からの予測を入れる長さが 51 の空ベクトルを作成し，poll.pred と名付ける。ループにおいては，それぞれの繰り返しで 1 つの州の世論調査結果だけが含まれるようにデータの部分集合をとる。

そして，その州において投票日に最も近い日に行われた調査結果を抽出するため，さらに部分集合をとる。この最後のステップでは as.Date() 関数を用いて middate 変数を Date() クラスへ変換することが必要になる。Date() クラスは，特定の 2 つの日付間の日数を簡単に計算することができるので便利である。as.Date() 関数への入力は year-month-date または year/month/date 形式の文字列によって行う。

```
x <- as.Date("2008-11-04")
y <- as.Date("2008/9/1")
x - y  # 2008/9/1 から 11/4 までの日数

## Time difference of 64 days
```

この演算によって，選挙までの日数を表す DaysToElection という名前の変数を作成する。この変数は，中間日と選挙当日（11 月 4 日）の日数の差として計算される。最後に，世論調査からの予測の平均を計算して，それを poll.pred 変数と対応するように保存する。このとき，以下のコードのように重複を避けて個々の州の名前を抽出するために unique() 関数を用いる。

```
## 日付オブジェクトへ変換
polls08$middate <- as.Date(polls08$middate)
## 投票日までの日数を計算
polls08$DaysToElection <- as.Date("2008-11-04") -
    polls08$middate
poll.pred <- rep(NA, 51)  # 値を記録するベクトルを初期化する
## ループで繰り返しを行うために重複を避けて州の名前を抽出
```

```r
st.names <- unique(polls08$state)
## 後で解釈を容易にするため州の名前をラベルとして加える
names(poll.pred) <- as.character(st.names)
## 50州とワシントン D.C. でループさせる
for (i in 1:51) {
    ## i番目の州を部分集合化する
    state.data <- subset(polls08, subset =
        (state == st.names[i]))
    ## さらに州内で最後の世論調査を部分集合化する
    latest <- subset(state.data, DaysToElection ==
        min(DaysToElection))
    ## 最後の世論調査結果の平均を計算し，保存する
    poll.pred[i] <- mean(latest$margin)
}
```

ループを作るにあたり，重複を避けて個々の州の名前を抽出するために unique() 関数を用いる。ループにおいては，まず i 番目の州のデータの部分集合をとり，それを state.data として保存する。例えば i が 1 のとき，アラバマ州が選択されるので st.names[i] は AL となる。さらに DaysToElection 変数の最小値からわかる投票日に最も近い世論調査結果のみを抽出した部分集合をとる。最後に，得られたデータ latest を，最後の世論調査結果に基づいて予測されるマージンの平均を計算するために用いる。

こうして得られた世論調査からの予測と各州の実際の選挙結果との差を計算して，予測の正確さを調べてみよう。実際の結果と予測値との差は**予測誤差**（prediction error）と呼ばれる。予測誤差は，実際の勝利マージンと予測された勝利マージンとを比較して計算される。そして，世論調査からの予測誤差の全州平均を計算する。この平均の予測誤差は**バイアス**（bias）と呼ばれる。

```r
## 最後の世論調査の誤差
errors <- pres08$margin - poll.pred
names(errors) <- st.names   # 州の名前を加える
```

```
mean(errors) # 平均予測誤差

## [1] 1.062092
```

　結果から，世論調査からの予測の全州平均にはほとんど**偏りがない**(unbiased)ことがわかる．より正確にいうと，世論調査からの予測誤差の全州平均は，1.1 パーセントポイントと非常に小さいものであった．世論調査からの予測が実際の選挙結果を上回る州もあれば下回る州もあるが，これらの誤差は平均すると打ち消し合っているように見える．世論調査からの予測は全州平均ではおおよそ偏りはないものの，各州の予測は正確ではないかもしれない．例えば，ある州では世論調査からの予測が実際の勝利マージンを大きく上回っているかもしれないが，そうした正の予測誤差は他の州の大きな負の予測誤差によって相殺されているのかもしれない．こうした可能性を調べるため，予測誤差の **2 乗平均平方根**(root mean square; RMS，2.6.2 で紹介した式(2.3)を参照)，すなわち **2 乗平均平方根誤差**(root-mean-squared error; RMSE)を計算してみよう．これは予測誤差の平均的な大きさを表す．

```
sqrt(mean(errors^2))

## [1] 5.90894
```

　計算の結果，それぞれの世論調査からの予測誤差の平均的な大きさは約 6 パーセントポイントであることがわかる．

> **予測誤差**は以下のように定義される．
>
> 　　　　　予測誤差 = 実際の結果 − 予測された結果
>
> 平均予測誤差はバイアスと呼ばれ，予測値はバイアスが 0 のとき偏りがないという．予測誤差の 2 乗平均平方根は **2 乗平均平方根誤差**と呼ばれ，予測誤差の平均的な大きさを表す．

予測誤差のより十全な全体像を得るために，hist() 関数(3.3.2 を参照)を用いて**ヒストグラム**を作成しよう。

```
## ヒストグラム
hist(errors, freq = FALSE, ylim = c(0, 0.08),
     main = "世論調査からの予測誤差",
     xlab = "オバマの予測マージンにおける誤差(パーセントポイント)")
## 平均を追加
abline(v = mean(errors), lty = "dashed", col = "blue")
text(x = -7, y = 0.08, "平均誤差", col = "blue")
```

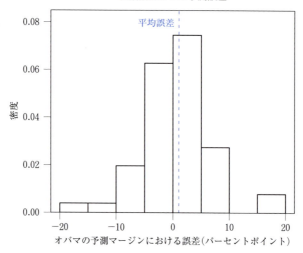

ヒストグラムを見ると，世論調査からの予測誤差が州によって大きく異なることがわかる。しかし，ほとんどの誤差は比較的小さく，大きな誤差ほど起こりにくく，0 を中心とした釣り鐘形(bell-shaped)となっている。

さらに世論調査結果を横軸に，実際の選挙結果を縦軸にしたプロットを作成することで，各州の予測の正確さを検証してみよう。ここでは州の名前を 2 文字のアルファベットで表した state 変数を用いる。45 度線よりも下(上)に表示されている州は，その州の世論調査からの予測がオバマ(マケイン)に寄り過ぎだったことを表す。文字をプロットするためには，はじめに plot() 関数

の引数 type を "n" に設定することで（何も表示されない）「空の」プロットを作成し，その後，text() 関数を用いて州名のラベルを加える．text() 関数は最初の2つの引数として，文字列がプロットされる位置の x 座標と y 座標をとる．3番目の引数である labels は，プロットされる文字ラベルの文字ベクトルである．この例では，x 座標と y 座標は世論調査からの予測とオバマの実際のマージンを表している．

```
## type = "n" と指定すると「空の」プロットが作成される
plot(poll.pred, pres08$margin, type = "n", main = "",
    xlab = "世論調査結果", xlim = c(-40, 90),
    ylim = c(-40, 90), ylab = "実際の選挙結果")
## 州の略称を追加
text(x = poll.pred, y = pres08$margin, labels = pres08$state,
    col = "blue")
## 線
abline(a = 0, b = 1, lty = "dashed")   # 45 度線
abline(v = 0)   # 0 を通る垂直線
abline(h = 0)   # 0 を通る水平線
```

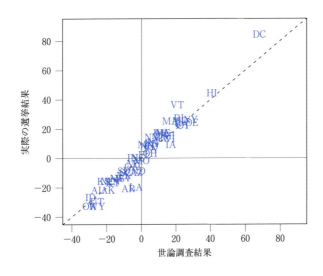

ワシントン D.C.(DC)やバーモント州(VT)など、いくつかの州では世論調査からの予測は大きく外れているが、大統領選挙は基本的にそれぞれの州で勝者総取りシステムに基づいているので(勝者がどちらかさえ合っていれば正確さは)あまり関係ないかもしれない。一方で、たとえ世論調査からの予測が実際の選挙結果とパーセントポイントにおいて近くても、間違った候補者がその州の勝者として予測されるかもしれない。世論調査から間違った勝者が予測されるときには、2種類の予測誤差がある。上のプロットでは、左上の象限にプロットされた州において、(予測結果が負なので)オバマは負けると予想されたが実際には(実際の選挙結果が正なので)勝利している。反対に、右下の象限ではオバマは勝つと予想されたが実際には敗北している。このプロット図は世論調査からの予測がほとんどの州において勝者を正確に選んでいることを示している。しかし、予測が外れた3つの州ではいずれも、勝利マージンが1パーセントポイント程度しかない接戦であった。sign() 関数を使えば、各州の poll.pred と pres08$margin の符号を調べることができる。この関数は正(オバマ勝利)であれば 1 を、負(マケイン勝利)であれば -1 を(そして引き分けであれば 0 を)返す。

```
## どの州の世論調査が間違えたのか？
pres08$state[sign(poll.pred) != sign(pres08$margin)]

## [1] IN MO NC
## 51 Levels: AK AL AR AZ CA CO CT DC DE FL GA HI IA ID ... WY

## これらの州の実際のマージンはどうだったのか？
pres08$margin[sign(poll.pred) != sign(pres08$margin)]

## [1]  1 -1  1
```

結果がどのカテゴリやクラスに属するかを予測する問題は**分類**(classification)問題と呼ばれる。ここでは、それぞれの州についてオバマの勝敗を予測しようとしている。分類問題では予測は完全に正しいか誤りかのどちらかであり、誤った予測は**誤分類**(misclassification)と呼ばれる。この分析の誤分類率は 3/51、つまり約 6 パーセントである。

表 4.3 混同行列

	実際の結果	
	陽性	陰性
予測された結果		
陽性	真陽性	偽陽性
陰性	偽陰性	真陰性

注：真陽性と真陰性という 2 種類の正しい分類がある。
同様に，偽陽性と偽陰性という 2 種類の誤分類がある。

2 値分類問題においては 2 種類の誤分類がある．オバマが敗北した州で勝利と予測されるかもしれないし，反対にオバマが勝利した州で敗北と予測されるかもしれない．仮にオバマの(敗北ではなく)勝利を「陽性」の結果と見なすならば，前者の誤分類は**偽陽性**(false positive)と呼ばれ，後者の誤分類は**偽陰性**(false negative)と呼ばれる．この例ではミズーリ州(MO)は偽陽性であり，イリノイ州(IN)とノースキャロライナ州(NC)は偽陰性である．表 4.3 に，2 種類ずつの誤分類と正しい分類の組み合わせからなる**混同行列**(confusion matrix)を示した．

> **分類**とはカテゴリ化可能な結果を予測する問題である．分類は，正しいか誤っているかしかない．2 値分類問題においては 2 種類の**誤分類**が存在する．偽陽性と偽陰性は，それぞれ，誤って予測された陽性と陰性の結果を表す．

最後に，世論調査に基づいてオバマへの選挙人票の数を予測し，それを実際の結果である 364 票と比較してみよう．270 票が勝敗の分岐点であるので，結果は世論調査がオバマの大統領選出を正しく予測したことを示している．予測された(オバマへの)選挙人票の総数は実際の結果よりも 15 票少ないものであった[3]．

```
## 実際の結果(オバマが得た選挙人票の総数)
sum(pres08$EV[pres08$margin > 0])
```

---

[3] 先述のとおり，ネブラスカ州でオバマは州全体では敗れているものの，1 票獲得している．

```
## [1] 364

## 世論調査からの予測
sum(pres08$EV[poll.pred > 0])

## [1] 349
```

一般有権者による投票は選挙結果を直接決定しないものの，選挙期間を通じた全国世論調査の正確性と世論の変遷について調べることができる。これを行うために，pollsUS08.csv という名前の CSV 形式のファイルに含まれている全国世論調査を分析してみよう。このデータセットに含まれる変数の名前や説明は，表 4.2 の最後の 4 変数と同じである。ここでは選挙期間の最後の 90 日の各日について，当日とその前の 1 週間に行われたすべての世論調査を用いて各候補の平均支持率を計算し，投票日が近づくにつれてそれがどのように変化するかを調べる。この計算にはループを使用し，ある日についてその日を含めた過去 7 日間に行われたすべての世論調査を利用する。そして，これらの世論調査に基づく予測を実際の選挙におけるオバマとマケインの得票率である 52.9% や 45.7% と比較する。上に記した州の世論調査のコードを雛型として，以下のような一連のコードを作成する。

```
## データを読み込む
pollsUS08 <- read.csv("pollsUS08.csv")
## 前回同様，投票日までの日数を計算する
pollsUS08$middate <- as.Date(pollsUS08$middate)
pollsUS08$DaysToElection <- as.Date("2008-11-04") -
    pollsUS08$middate
## 予測を保存するための空のベクトル
Obama.pred <- McCain.pred <- rep(NA, 90)
for (i in 1:90) {
    ## 過去 7 日間に行われたすべての世論調査を利用
    week.data <- subset(pollsUS08, subset = ((DaysToElection
        <= (90 - i + 7)) & (DaysToElection > (90 - i))))
```

4.1 選挙結果の予測 ── 185

```
## 平均を用いて各候補者への支持を計算
Obama.pred[i] <- mean(week.data$Obama)
McCain.pred[i] <- mean(week.data$McCain)
}
```

上のコードでは，同じ値を複数のオブジェクトに割り当てるショートカットとなるシンタックスを活用している点に注意してほしい．具体的には，同じ値 z を 2 つのオブジェクトに割り当てるために x <- z と y <- z という 2 つの表現を使うのではなく，x <- y <- z という 1 つの表現を用いている．さらに，生成されるデータがその日と過去 7 日以内に行われた世論調査のみを含むように，ループ内で pollsUS08 の部分集合を定義する．例えば，ループが始まる（つまり i が 1 の）とき，DaysToElection 変数が 96 (= 90 − 1 + 7) 以下で 89 (= 90 − 1) よりも大きい世論調査の部分集合を定義する．繰り返しの最後（つまり i が 90）では，データの部分集合を定義するこの変数は，7 (= 90 − 90 + 7) 以下で 0 (= 90 − 90) よりも大きい値をとる．

これで**時系列プロット**（time-series plot）を用いて結果を表すことができる．最も左の値が投票日の 90 日前に，最も右の値が投票日当日になるように横軸を定義する．これは引数 xlim を c(0, 90) の代わりに c(90, 0) と設定することで行うことができる．

```
## 投票日 90 日前から前日までをプロット
plot(90:1, Obama.pred, type = "b", xlim = c(90, 0),
     ylim = c(40, 60),
     col = "blue", xlab = "選挙までの日数",
     ylab = "候補者への支持(パーセントポイント)")
## type = "b" とすることで点と線の両方をプロットできる
lines(90:1, McCain.pred, type = "b", col = "red")
## 実際の選挙結果: pch = 19 で実線の円を指定
points(0, 52.93, pch = 19, col = "blue")
points(0, 45.65, pch = 19, col = "red")
## 投票日を示す線
```

```
abline(v = 0)
## 候補者にラベルを付ける
text(80, 48, "オバマ", col = "blue")
text(80, 41, "マケイン", col = "red")
```

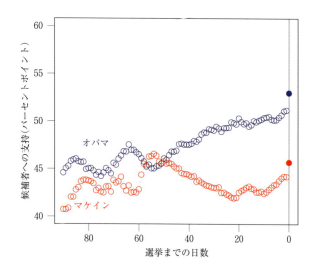

　結果の図から，選挙前の世論調査はマージンをかなり正確に予測していることがわかる。実際，（青と赤のぬりつぶした丸の差で示された）投票日のマージンは，選挙の1週間前の世論調査結果に基づいた予測マージンとほとんど一致している。もう1つ興味深いのは，選挙期間を通じて世論がかなり変化している点である。選挙の2か月前はオバマ支持とマケイン支持は拮抗していた。しかし，投票日が近づくにつれてオバマのマケインに対するリードが徐々に広がり，投票日にはその差は7パーセントポイントに達した。態度が未定の，あるいは第3の政党の候補者を支持する有権者の割合が減少した点にも注目したい。

4.2　線形回帰

　前節では，選挙結果を予測するため世論調査データを用いた。その際，世論

どちらの人物がより有能だろうか？

図 4.2　実験で使われた候補者の写真の例。出典：A. Todorov et al. (2005) *Science*, vol. 308, no. 5728 (10 June), pp. 1623–1626. Reprinted with permission from AAAS.

調査からの予測の平均を簡単に計算した．それ以外の予測方法として，モデルに基づくものがある．この節では，その中でも最も基本的なものの1つである**線形回帰**(linear regression)について紹介しよう．

4.2.1　顔の見た目と選挙結果

顔の見た目で偶然よりも高い確率で選挙結果を予測できるという興味深い実験結果が数名の心理学者によって報告された[4]．実験では，学生の被験者にアメリカ連邦議会選挙における当選者と次点の2人の候補者のモノクロの顔写真を見せる．図4.2は，2004年のウィスコンシン州の上院選に立候補した候補者の写真の例である．民主党から立候補したラス・フェインゴールド (Russ Feingold)（左）が実際の勝者で，共和党候補のティム・マイケルズ (Tim Michaels)（右）は次点であった．被験者に写真を見せるのは1秒未満で，その後，被験者は2人の候補者について感じられる能力を評価するよう求められた．

研究者グループは，これらの能力スコアを選挙結果の予測に用いた．ここで，例えば民主党候補の能力スコアは，実験で民主党候補を共和党候補よりも能力があると評価した被験者の割合を表す．鍵となる仮説は，1秒未満での顔の見た目による評価で選挙結果は予測できるだろうか，というものである．CSV形式のデータセットである `face.csv` に，実験で用いられたデータが収録されている．表4.4にはこのデータセットに含まれる変数の名前と説明が記

---

[4]　この章は次の論文に依拠している。Alexander Todorov, Anesu N. Mandisodza, Amir Goren, and Crystal C. Hall (2005) "Inferences of competence from faces predict election outcomes." *Science*, vol. 308, no. 5728 (10 June), pp. 1623–1626.

表 4.4 顔の見た目実験のデータ

変数	説明
congress	議会の会期
year	選挙の行われた年
state	選挙の行われた州
winner	当選した候補者の名前
loser	次点の候補者の名前
w.party	当選した候補者の所属政党
l.party	次点の候補者の所属政党
d.votes	民主党候補の得票数
r.votes	共和党候補の得票数
d.comp	民主党候補の見た目の能力スコア
r.comp	共和党候補の見た目の能力スコア

してある。このデータセットには，候補者の政党も政策も，どちらが現職でどちらが新人かさえも知らない被験者から得られた回答のみが収録されている。彼らは，単純に顔の見た目だけで，どちらの候補者により能力があるように見えたかを即断しただけである。

顔の見た目実験データの分析として，まず，見た目の能力スコアと選挙結果の**散布図**(scatterplot)を作成してみよう。このために，民主党と共和党の 2 党間の得票率の差を民主党候補の勝利マージンとして作成する。正の勝利マージンは民主党候補の得票が多いことを意味する。2 党間の得票率は各候補の得票数を民主党と共和党の 2 党の得票で除したものである(すべての投票で除したものではない)。

```
## データを読み込む
face <- read.csv("face.csv")
## 民主党と共和党の 2 大政党の得票率
face$d.share <- face$d.votes / (face$d.votes + face$r.votes)
face$r.share <- face$r.votes / (face$d.votes + face$r.votes)
face$diff.share <- face$d.share - face$r.share
```

次に，散布図を作成するために plot() 関数を用いる。図中の記号は，わかりやすいようにデータセット内の変数をもとに変更することができる。plot() 関数の引数 pch ではプロットの形状を指定することができる(3.6 を参照)。ま

た,引数 col を指定する際に赤い点が共和党候補の勝利を,青い点が民主党候補の勝利に用いられるように ifelse() 関数を用いる。図からは,民主党候補の能力値が増加するにつれて民主党候補の得票率マージンが緩やかな上昇トレンドを描いていることがわかる。

```
plot(face$d.comp, face$diff.share, pch = 16,
    col = ifelse(face$w.party == "R", "red", "blue"),
    xlim = c(0, 1), ylim = c(-1, 1),
    xlab = "民主党候補の見た目の能力スコア",
    ylab = "得票率における民主党候補のマージン",
    main = "見た目の能力と得票率")
```

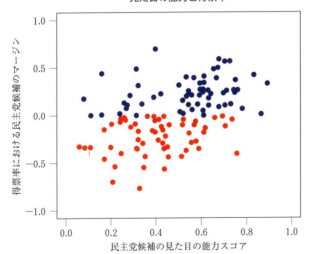

4.2.2 相関と散布図

3.6.2 で,相関とはある変数が他の変数と関連する度合いを表すことを学んだ。正(負)の相関は,ある変数が平均より大きい値をとるときにもう 1 つの変数がより平均よりも大きい(小さい)値をとりやすいことを意味する。上記の右上がりの散布図は見た目の能力と得票率の差が正の相関関係にあることを示している。相関係数を計算するには cor() 関数を使う。

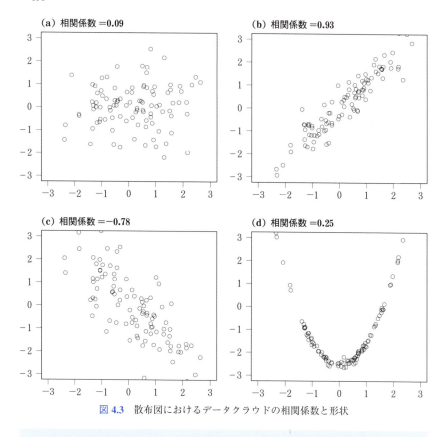

図 4.3 散布図におけるデータクラウドの相関係数と形状

```
cor(face$d.comp, face$diff.share)

## [1] 0.4327743
```

この約 0.4 という相関は，候補者の見た目の能力と実際の投票における得票率の差との間に，ある程度の強さの正の関係があることを示している．つまり，対立候補よりも能力があるように見える候補者は——それが候補者のことをまったく知らない有権者によって即断されたものであるにせよ——より多くの票を得やすいのである．

相関係数とデータクラウド(点の集まり)の形状との関係をよりよく理解するため，図 4.3 に様々な相関係数をもつ 4 つの人工的なデータセットの散布図を示した．正(負)の相関は右上がり(右下がり)のプロットに，より大きな相関係

数はより強い線形関係に対応していることがわかる。実際，相関は2つの変数間の**線形関係**(linear relationship)を示すものである。相関係数が1 (–1)の完全な正(負)の相関はプロットが一直線になり，2つの変数が完全な線形関係であることを意味する。

したがって，2変数間に(統計学上の)相関がないということは，必ずしも関係がないことを意味しない点が重要である。パネル(d)では，2変数間の相関は低いが明らかな**非線形関係**(non-linear relationship)が存在し，この場合その関係は2次関数で表される。

> **相関係数**は，2変数間の線形関係を数量化したものである。散布図におけるデータクラウドの上昇トレンドは正の相関を意味し，下降トレンドは負の相関を意味する。通常，相関は非線形関係を表すには適さない。

4.2.3　最小2乗法

先に示したように，相関は2つの変数の線形関係を示すものだった。しかし，こうした線形関係を**線形モデル**(linear model)で表すと一番わかりやすい。

$$Y = \underbrace{\alpha}_{\text{切片}} + \underbrace{\beta}_{\text{傾き}} X + \underbrace{\epsilon}_{\text{誤差項}} \tag{4.1}$$

このモデルでは，Y は結果変数または反応変数，X は予測変数や独立(説明)変数と呼ばれる。この応用例では候補者の見た目の能力を予測変数に，2つの政党の得票率の差を結果変数にして分析を行う。どのような直線も**切片**(intercept) α と**傾き**(slope) β によって表せることを思い出そう。切片 α は，X が 0 のときの Y の平均値である。一方，傾き β は，X が1単位増加したときの Y の平均的な増加分を示している。切片と傾きは，共に**係数**(coefficient)と呼ばれる。**誤差項**(error)あるいは**攪乱項**(disturbance)と呼ばれる ϵ は，観察値の完全な線形関係からの逸脱分を表している。

こうしたモデルを用いる際には，モデルが実際の**データ生成過程**(data-generating process)をうまく近似しているという仮定が立てられている。しか

し，我々は著名な統計学者であるジョージ・ボックス(George Box)の「すべてのモデルは間違いであるが，そのうちのいくつかは有用である」という格言を肝に銘じなければならない。たとえデータが式(4.1)で定式化した線形モデルに従って生成されていなくても，モデルは関心のある結果を予測するのに役立ちうるのである。

　研究者は式(4.1)の α と β の値を知らないので，それらをデータから推定しなければならない。統計学ではパラメーターの推定値には「ハット(hat)」を付ける。例えば $\hat{\alpha}$ と $\hat{\beta}$ はそれぞれ α と β の推定値を表す。係数 α と β の推定値を得たら，いわゆる**回帰直線**(regression line)が引ける。この回帰直線をもとに，予測変数の値に対応した結果変数の値を予測することができる。具体的には，以下の回帰式を用いて予測変数のある値 $X = x$ に対して結果変数の**予測値**(predicted value)あるいは**当てはめ値**(fitted value) $\widehat{Y}$ を計算できる。

$$\widehat{Y} = \hat{\alpha} + \hat{\beta}x \qquad (4.2)$$

ほとんどの場合，予測値は実際のデータの観察値とは異なる。観察された結果と予測値の差は，**残差**(residual)または**予測誤差**(prediction error)と呼ばれる。厳密には残差は以下のように表される。

$$\hat{\epsilon} = Y - \widehat{Y} \qquad (4.3)$$

ここで残差が「ハット」を伴った ϵ で表されている点に注意しよう。式(4.1)の誤差項 ϵ は観察されないため，残差はこの誤差項の推定値を表しているのである。

線形回帰モデル(linear regression model)は以下のように表すことができる。

$$Y = \alpha + \beta X + \epsilon$$

上の式において Y は結果変数(または反応変数)，X は予測変数または独立変数(または説明変数)，ϵ は誤差項(または攪乱項)，そして (α, β) は係数である。傾きを示すパラメーター β は，予測変数の1単位の増加に対応する結果変数の平均的な増加分を表す。$(\hat{\alpha}, \hat{\beta})$ を得れば，予測

> 変数の任意の値 $X = x$ を用いて，$\widehat{Y} = \hat{\alpha} + \hat{\beta} x$ により結果を予測することができる。観察された結果とこの当てはめ値，あるいは予測値 $\widehat{Y}$ との差は残差と呼ばれ，$\hat{\epsilon} = Y - \widehat{Y}$ で表される。

Rで線形回帰モデルを当てはめるには，lm() 関数を用いる。この関数は Y ~ X という形の式を主たる引数とし，Y は結果変数，X は予測変数で，これらは引数 data で指定されたデータフレームから取り出される。切片は自動的に回帰モデルに加えられる。

それでは，顔の見た目による実験データの回帰直線を得てみよう。2つの政党間の得票率における民主党マージンを結果変数に，民主党候補の見た目の能力を予測変数として用いる。

```
fit <- lm(diff.share ~ d.comp, data = face)  # モデルを当てはめる
fit

## 
## Call:
## lm(formula = diff.share ~ d.comp, data = face)
## 
## Coefficients:
## (Intercept)        d.comp
##     -0.3122        0.6604
```

上の結果によれば，切片の推定値は -0.3122 で，傾きの推定値は 0.6604 である。つまり，共和党の候補者よりも民主党の候補者のほうが優れていると考える被験者が誰もいない場合，2つの政党の得票率における民主党マージンの予測値は約 -31.2 パーセントポイントである。もし見た目の能力が 10 パーセントポイント増加すれば，結果変数は平均で 6.6 パーセントポイント増加する。

同じモデルを推定するのに，引数 data を使わない方法もある。これには，

下記のように結果変数と予測変数についてオブジェクト全体の名前を指定する必要がある。

```
lm(face$diff.share ~ face$d.comp)
```

一般的には，この方法はシンタックスを意味もなく複雑にし，混乱を生む可能性があるため，勧められない。しかし，回帰分析に用いたい変数が別々のオブジェクトとして作業スペースに存在しているときには，役立つかもしれない。

さらに，推定された係数 ($\hat{\alpha}, \hat{\beta}$) や結果変数の予測値や当てはめ値である $\widehat{Y}$ を得るには，coef() 関数や fitted() 関数をそれぞれ用いる。

```
coef(fit)  # 係数の推定値を得る
## (Intercept)       d.comp
##  -0.3122259    0.6603815

head(fitted(fit))  # 当てはめ値または予測値を得る
##           1           2           3           4           5
##  0.06060411 -0.08643340  0.09217061  0.04539236  0.13698690
##           6
## -0.10057206
```

lm() 関数から出力されたオブジェクトを入力値とする abline() 関数を用いれば，簡単に散布図に回帰直線を加えることができる。プロットには推定された切片である $\hat{\alpha}$ や，観察された結果変数 Y，結果変数の予測値あるいは当てはめ値である $\widehat{Y}$，そして残差 $\hat{\epsilon}$ が示されている。

```
plot(face$d.comp, face$diff.share,
    xlim = c(0, 1.05), ylim = c(-1, 1),
    xlab = "民主党候補の見た目の能力スコア",
    ylab = "得票率における民主党のマージン",
    main = "見た目の能力と得票率")
abline(fit)  # 回帰直線を加える
abline(v = 0, lty = "dashed")
```

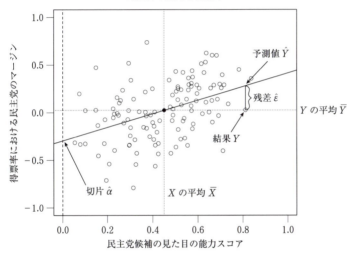

 この回帰直線は「最も当てはまりの良い直線」である。なぜなら，この直線は予測誤差を最小にするからである。この直線の切片と傾きのパラメーターを推定するために一般的に使われる方法は**最小2乗法**(least squares)と呼ばれる。最小2乗法の考え方は，**残差平方和**(sum of squared residuals; SSR)を最小化するように $\hat{\alpha}$ と $\hat{\beta}$ を選ぶというもので，SSR は次のように定義される。

$$\mathrm{SSR} = \sum_{i=1}^{n} \hat{\epsilon}_i^2 = \sum_{i=1}^{n} (Y_i - \widehat{Y_i})^2 = \sum_{i=1}^{n} (Y_i - \hat{\alpha} - \hat{\beta} X_i)^2 \tag{4.4}$$

この式において $Y_i, X_i, \hat{\epsilon}_i$ は，標本サイズ n の i 番目の観察値の結果変数，予測変数，残差をそれぞれ表している。2番目と3番目の等号はそれぞれ式(4.3)

と式(4.2)で与えられた残差の定義より求められる．SSR はそのままでは解釈が難しい．しかし，2.6.2 で紹介し先ほども用いた，**2 乗平均平方根**（root mean square; RMS）を利用するとわかりやすい．具体的には，**2 乗平均平方根誤差**（root-mean-squared error; RMSE）は下記のように計算される．

$$\text{RMSE} = \sqrt{\frac{1}{n}\text{SSR}} = \sqrt{\frac{1}{n}\sum_{i=1}^{n}\hat{\epsilon}_i^2} \tag{4.5}$$

したがって，RMSE は回帰分析における予測誤差の平均的な大きさを表しており，最小 2 乗法で最小化されるのもこの統計量である．

R では RMSE は `resid()` 関数で残差を得ることで簡単に計算できる．

```
epsilon.hat <- resid(fit)   # 残差
sqrt(mean(epsilon.hat^2))   # RMSE

## [1] 0.2642361
```

この結果によれば，見た目の能力は選挙結果をある程度予測するものの，予測はそれほど正確ではなく，平均では 26 パーセントポイントの誤差が生じている．

切片と傾きのパラメーターの最小 2 乗法による推定値は，以下の式で与えられる．

$$\hat{\alpha} = \overline{Y} - \hat{\beta}\overline{X} \tag{4.6}$$

$$\hat{\beta} = \frac{\sum_{i=1}^{n}(Y_i - \overline{Y})(X_i - \overline{X})}{\sum_{i=1}^{n}(X_i - \overline{X})^2} \tag{4.7}$$

Y と X の標本平均は，それぞれ $\overline{Y} = \frac{1}{n}\sum_{i=1}^{n}Y_i$ と $\overline{X} = \frac{1}{n}\sum_{i=1}^{n}X_i$ によって与えられることを思い出そう．結果は回帰直線が常にデータの中心 $(\overline{X}, \overline{Y})$ を通ることを意味している．このことは式(4.2)において $x = \overline{X}$ を代入し，下記のように式(4.6)の $\hat{\alpha}$ の表現を用いれば $\widehat{Y} = \overline{Y}$ となることからも明らかである．

$$\widehat{Y} = \underbrace{(\overline{Y} - \hat{\beta}\overline{X})}_{\hat{\alpha}} + \hat{\beta}\overline{X} = \overline{Y}$$

先ほどの図からも，これが事実であることが見てとれる．回帰直線は点線で示した垂直線と水平線の交点，すなわち X と Y の平均をそれぞれ通っている．

さらに，最小2乗法で係数を推定した場合，当てはめられた回帰直線に基づく予測は平均的には正確である．より厳密にいうと，以下の計算からわかるように残差 $\hat{\epsilon}$ の平均は0である．

$$\hat{\epsilon} \text{ の平均} = \frac{1}{n}\sum_{i=1}^{n}(Y_i - \hat{\alpha} - \hat{\beta}X_i) = \overline{Y} - \hat{\alpha} - \hat{\beta}\overline{X} = 0$$

この等式で，最初の等号は残差の定義によって，次の等号は括弧内のそれぞれの項を合計することによって，そして最後の等号は式(4.6)より導かれる．また，これは代数等式であるため，どのようなデータセットでも成り立つことを強調しておきたい．言い換えれば，予測誤差が標本のすべての観察について計算されるとき，線形回帰モデルの予測誤差は常に平均が0となるということである．しかし，これは線形回帰モデルが正確に実際のデータ生成過程を表していることを必ずしも意味しない．

線形回帰モデルの係数を推定する一般的な方法は，**最小2乗法**である．この手法は以下の残差平方和を最小化するものである．

$$\text{SSR} = \sum_{i=1}^{n}\hat{\epsilon}_i^2 = \sum_{i=1}^{n}(Y_i - \hat{\alpha} - \hat{\beta}X_i)^2$$

残差の平均は常に0となる．そして $\overline{X}$ と $\overline{Y}$ がそれぞれ X と Y の標本平均のとき，回帰直線は常にデータの中心 $(\overline{X}, \overline{Y})$ を通る．

回帰分析で推定された傾きと，3.6.2で紹介した相関係数との関係を理解することもまた重要である．

$$\hat{\beta} = \frac{1}{n}\sum_{i=1}^{n}\frac{(Y_i - \overline{Y})(X_i - \overline{X})}{\sqrt{\frac{1}{n}\sum_{i=1}^{n}(Y_i - \overline{Y})^2}\sqrt{\frac{1}{n}\sum_{i=1}^{n}(X_i - \overline{X})^2}} \times \frac{\sqrt{\frac{1}{n}\sum_{i=1}^{n}(Y_i - \overline{Y})^2}}{\sqrt{\frac{1}{n}\sum_{i=1}^{n}(X_i - \overline{X})^2}}$$

$$= X と Y の相関係数 \times \frac{Y の標準偏差}{X の標準偏差} \tag{4.8}$$

1番目の等号は,式(4.7)の右辺の分子・分母にYの標準偏差,すなわち$\sqrt{\frac{1}{n}\sum_{i=1}^{n}(Y_i - \overline{Y})^2}$を掛けることで得られる。一方,2番目の等号は相関係数と標準偏差の定義より導かれる(式(3.2)と式(2.4)を参照)。

式(4.8)で示された傾きのパラメーターの推定値の式は,2つの重要な意味をもつ。1つは,標準偏差は負の値をとることはないため,正(負)の相関は正(負)の傾きに対応することである。もう1つは,Xの1標準偏差分の増加が平均でYのρ標準偏差分の増加に対応していることである。ここでρはXとYの間の相関係数である。例えば相関係数が0.5のとき,Xが1標準偏差分増加するとYは0.5標準偏差分増加する。今回の例では,見た目の能力スコアと2つの政党の得票率の差との間の相関係数は0.43で,XとYの標準偏差はそれぞれ0.19と0.29である。したがって見た目の能力スコアが0.19増加すると,2つの政党の得票率の差は平均で12-13パーセントポイント($\approx 0.43 \times 0.29$)増加する。

> ρを結果変数と予測変数との相関係数とするとき,線形回帰モデルによって推定される**傾き係数**は予測変数が1標準偏差分増加したときの結果変数のρ標準偏差分の増加に等しい。

4.2.4 平均への回帰

回帰分析を世界で最初に公刊した論文の1つが,イギリスの学者フランシス・ゴルトン卿(Sir Francis Galton)による,1886年の「身長の遺伝的特性の平凡(mediocrity)への回帰」である。彼は,人間の身長の遺伝的特性を,ある子供の成人後の身長とゴルトン卿が「両親の平均身長(mid-parents' height)」と

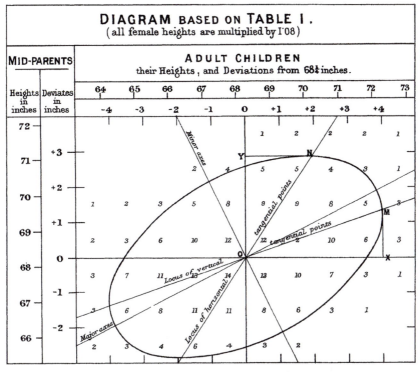

図 4.4　ゴルトンの平凡への回帰。出典：Francis Galton (1886) "Regression towards mediocrity in hereditary stature." *Journal of the Anthropological Institute of Great Britain and Ireland*, vol. 15, pp. 246-263.

呼んだその子供の両親の身長の平均との関係によって調べたのである。**平均への回帰**(regression towards the mean)と呼ばれる現象の例は，ゴルトン卿によって初めて提示された。彼はこの結果を「両親の身長の平均値が全体平均よりも低い(高い)とき，その子供は両親よりも身長が高い(低い)傾向にある」とまとめた。

図 4.4 は原論文より引用したものである。図中に記された値は観察数を表し，楕円はデータクラウドを表している。図中の斜めの線の1つである「Locus of vertical tangential points（縦軸に対する横軸の変化量を表す点の軌跡）」はある成人の身長を(横軸の)結果変数に，両親の平均身長を(縦軸の)予測変数にした回帰直線を表す。結果変数が横軸に，予測変数が縦軸に示されるというのは，現在の表記の仕方と正反対である点に注意したい。ゴルトン卿は両親の

平均身長を彼らの子供の身長に回帰する分析も行っている。この回帰直線は図中では「Locus of horizontal tangential points（横軸に対する縦軸の変化量を表す点の軌跡）」として示されている。この回帰直線の傾きはゴルトン卿によれば 2/3 と計算され，両親の平均から子への回帰の割合を示している。

回帰の効果を数値的に示すために，両親の身長の平均が約 71 インチ（約 180 cm）の観察値を考えてみよう。図 4.4 からわかるように，そのような観察は上から 2 行目の観察の合計なので 24 件存在する。これらの観察のうち，両親の身長の平均値以上の身長である子供はたったの 8 件または 33% しかない。反対に全体の平均より低い場合として（図の下から 2 行目にある）両親の身長の平均が約 67 インチ（約 170 cm）の観察値を考えてみよう。57 件の観察のうち，40 件すなわち 70% で子供の身長は両親の身長の平均値以上であった。ゴルトン卿はこの傾向を「平凡への回帰」と呼んだ。しかし，回帰直線の傾きが正であることからもわかるように，身長の高い両親をもつ子供の身長は平均よりも高い傾向にあることは事実である。第 6 章で示されるように，この経験的現象は偶然だけで説明できるということを強調しておきたい。したがって平均への回帰は，将来，人類の身長がある一定の身長に収束し，すべての人間が同じ身長になることを意味するものではないのである！

平均への回帰は，様々な文脈で見ることができる。以下では，別の例として，オバマが 2008 年に大勝した州において，2012 年の得票率が 2008 年よりも少ない傾向にあることを示す。中間テストで好成績を収めた学生の期末テストの点数は，中間テストのときほど良くない傾向があるのも平均への回帰の一例である。重要な点はこれらの例で見られるパフォーマンスの低下は，オバマや学生の努力が足りなかったわけではなく，偶然によるものだという点である。

> **平均への回帰**は，予測変数の値が分布の平均から大きく離れている観察において，結果変数の値が平均に近づく傾向にあるという経験的現象を表す。この傾向は，偶然のみによって説明できる。

表 4.5 2012 年アメリカ大統領選挙データ

変数	説明
state	州の略称
Obama	オバマの得票率(パーセンテージ)
Romney	ロムニーの得票率(パーセンテージ)
EV	その州の選挙人票の数

4.2.5　R におけるデータの結合

次に，大統領選挙において平均への回帰現象が見られるかどうかを検証してみよう．そのために，2008 年の選挙におけるオバマの得票率を用いて，彼の 2012 年における得票率を予測する．2012 年の選挙結果が記録されたデータセット pres12.csv を 2008 年の選挙データセットに**結合**(merge)して用いる．2012 年の選挙データセットに含まれる変数の名前と説明は，表 4.5 に記してある．

R においては，2 つのデータセットの結合は merge() 関数を用いて行う．この関数は 3 つの引数 x, y, by を使用する．x と y という 2 つの引数は結合される 2 つのデータフレームを意味し，by は結合で用いられる(複数の)変数の名前をとる引数である．まずは結合したい 2 つのデータセットを見てみよう．

```
pres12 <- read.csv("pres12.csv")  # 2012 年のデータを読み込む
## 2 つのデータセットをざっと見る
head(pres08)

##   state.name state Obama McCain EV margin
## 1    Alabama    AL    39     60  9    -21
## 2     Alaska    AK    38     59  3    -21
## 3    Arizona    AZ    45     54 10     -9
## 4   Arkansas    AR    39     59  6    -20
## 5 California    CA    61     37 55     24
## 6   Colorado    CO    54     45  9      9

head(pres12)

##   state Obama Romney EV
```

```
## 1        AL    38    61  9
## 2        AK    41    55  3
## 3        AZ    45    54 11
## 4        AR    37    61  6
## 5        CA    60    37 55
## 6        CO    51    46  9
```

データを結合するために，2 つのデータセットに共に含まれる state 変数を用いることにする．

```
## 2 つのデータフレームを結合
pres <- merge(pres08, pres12, by = "state")
## 結合したデータフレームを要約
summary(pres)
##      state        state.name      Obama.x
##   AK     : 1    Alabama   : 1   Min.   :33.00
##   AL     : 1    Alaska    : 1   1st Qu.:43.00
##   AR     : 1    Arizona   : 1   Median :51.00
##   AZ     : 1    Arkansas  : 1   Mean   :51.37
##   CA     : 1    California: 1   3rd Qu.:57.50
##   CO     : 1    Colorado  : 1   Max.   :92.00
##   (Other):45    (Other)   :45
##      McCain          EV.x            margin
##   Min.   : 7.00   Min.   : 3.00   Min.   :-32.000
##   1st Qu.:40.00   1st Qu.: 4.50   1st Qu.:-13.000
##   Median :47.00   Median : 8.00   Median :  4.000
##   Mean   :47.06   Mean   :10.55   Mean   :  4.314
##   3rd Qu.:56.00   3rd Qu.:11.50   3rd Qu.: 17.500
##   Max.   :66.00   Max.   :55.00   Max.   : 85.000
##
```

```
##     Obama.y          Romney          EV.y
##  Min.   :25.00   Min.   : 7.00   Min.   : 3.00
##  1st Qu.:40.50   1st Qu.:41.00   1st Qu.: 4.50
##  Median :51.00   Median :48.00   Median : 8.00
##  Mean   :49.06   Mean   :49.04   Mean   :10.55
##  3rd Qu.:56.00   3rd Qu.:58.00   3rd Qu.:11.50
##  Max.   :91.00   Max.   :73.00   Max.   :55.00
##
```

　もしデータフレーム同士が同じ名前の変数，つまりObamaやEVを含んでいるならば，結合されたデータフレームの当該変数には末尾に.xや.yが加えられ，それぞれの変数がどちらのデータフレームのものかが示される。結合に用いる変数は，必ず両方のデータフレームに存在していなければならない。この変数は上のプログラムコードに示したように，両方のデータフレームで同じ名前の場合もあるが，もし変数名が異なる場合はby.xとby.yという引数を用いて，それぞれのデータフレームで結合用の変数名を指定することもできる。デフォルトでは結合されたデータフレームには引数by.xで指定されたデータフレームxの変数名が保存される。例となる一連のコードを以下に示す。

```
## 例示のため変数名を変更
names(pres12)[1] <- "state.abb"
## 異なる名前の変数を用いてデータセットを結合
pres <- merge(pres08, pres12, by.x = "state",
    by.y = "state.abb")
summary(pres)

##      state      state.name    Obama.x
##   AK     : 1   Alabama : 1   Min.   :33.00
##   AL     : 1   Alaska  : 1   1st Qu.:43.00
##   AR     : 1   Arizona : 1   Median :51.00
##   AZ     : 1   Arkansas: 1   Mean   :51.37
```

```
##  CA     : 1    California: 1    3rd Qu.:57.50
##  CO     : 1    Colorado  : 1    Max.   :92.00
##  (Other):45    (Other)   :45
##      McCain          EV.x             margin
##  Min.   : 7.00   Min.   : 3.00    Min.   :-32.000
##  1st Qu.:40.00   1st Qu.: 4.50    1st Qu.:-13.000
##  Median :47.00   Median : 8.00    Median :  4.000
##  Mean   :47.06   Mean   :10.55    Mean   :  4.314
##  3rd Qu.:56.00   3rd Qu.:11.50    3rd Qu.: 17.500
##  Max.   :66.00   Max.   :55.00    Max.   : 85.000
##
##     Obama.y          Romney           EV.y
##  Min.   :25.00   Min.   : 7.00    Min.   : 3.00
##  1st Qu.:40.50   1st Qu.:41.00    1st Qu.: 4.50
##  Median :51.00   Median :48.00    Median : 8.00
##  Mean   :49.06   Mean   :49.04    Mean   :10.55
##  3rd Qu.:56.00   3rd Qu.:58.00    3rd Qu.:11.50
##  Max.   :91.00   Max.   :73.00    Max.   :55.00
##
```

2つのデータフレームを結合するもう1つの方法は，cbind()という複数のデータフレームの列を結合する関数を用いるものである。(ちなみにrbind()という関数は，複数のデータフレームの行を結合するもので，1つのデータフレームの下に別のデータフレームをつなげる。) ところが時に厄介なことに，cbind()関数は，データフレーム間で対応する観察が同じ行にきちんと並んでいることを前提としている。この例では2つのデータフレームで全米の各州が同じ行に現れなければならない。一方でmerge()関数は，結合に用いる変数に従って2つのデータフレームをあらかじめ並べ替えてくれる。cbind()関数のもう1つの短所は，たとえ2つの列が同じ情報を含む同じ変数を表すものであっても，この関数は両方のデータフレームに含まれるすべての列を保存してしまう点である。

以下の一連のコードは，これら2点の問題を示している。cbind() 関数を使って結合されたデータフレームでは，両データフレームのすべての変数が保存されている。さらに重要なのは，結合されたデータフレームは，元のデータフレームで異なる順で記録されていたワシントンD.C.(DC)とデラウエア州(DE)について誤った情報を含んでしまった点である。対照的に，merge() 関数であれば，1番目のデータフレームである pres08 と合うように，2番目のデータフレームである pres12 を適切に並び替える。

```
## 2つのデータフレームを cbind で結合
pres1 <- cbind(pres08, pres12)
## 以下から，すべての変数が保たれていることがわかる
summary(pres1)

##      state.name       state         Obama
##   Alabama   : 1    AK     : 1    Min.   :33.00
##   Alaska    : 1    AL     : 1    1st Qu.:43.00
##   Arizona   : 1    AR     : 1    Median :51.00
##   Arkansas  : 1    AZ     : 1    Mean   :51.37
##   California: 1    CA     : 1    3rd Qu.:57.50
##   Colorado  : 1    CO     : 1    Max.   :92.00
##   (Other)   :45    (Other):45
##      McCain            EV             margin
##   Min.   : 7.00    Min.   : 3.00   Min.   :-32.000
##   1st Qu.:40.00    1st Qu.: 4.50   1st Qu.:-13.000
##   Median :47.00    Median : 8.00   Median :  4.000
##   Mean   :47.06    Mean   :10.55   Mean   :  4.314
##   3rd Qu.:56.00    3rd Qu.:11.50   3rd Qu.: 17.500
##   Max.   :66.00    Max.   :55.00   Max.   : 85.000
##
##   state.abb         Obama            Romney
##   AK     : 1     Min.   :25.00    Min.   : 7.00
##   AL     : 1     1st Qu.:40.50    1st Qu.:41.00
```

```
##    AR     :  1    Median  :51.00    Median  :48.00
##    AZ     :  1    Mean    :49.06    Mean    :49.04
##    CA     :  1    3rd Qu. :56.00    3rd Qu. :58.00
##    CO     :  1    Max.    :91.00    Max.    :73.00
##   (Other) :45
##        EV
##   Min.    : 3.00
##   1st Qu. : 4.50
##   Median  : 8.00
##   Mean    :10.55
##   3rd Qu. :11.50
##   Max.    :55.00
##
```

先ほどと違うこのやり方では DC と DE が入れ替わっている
```
pres1[8:9, ]

##   state.name state Obama McCain EV margin state.abb Obama
## 8       D.C.    DC    92      7  3     85        DE    59
## 9    Delaware   DE    62     37  3     25        DC    91
##   Romney EV
## 8     40  3
## 9      7  3
```

merge() ではこの問題は起こらない
```
pres[8:9, ]

##   state state.name Obama.x McCain EV.x margin Obama.y
## 8    DC       D.C.      92      7    3     85      91
## 9    DE   Delaware      62     37    3     25      59
##   Romney EV.y
## 8      7    3
## 9     40    3
```

結合されたデータフレームを用いて，アメリカ大統領選挙データで平均への回帰が実際に見られるかどうかを調べてみよう。アメリカ政治における分極化の進展という最近の傾向も考慮して(3.5 を参照)，選挙年ごとに各州の得票率の z 得点を計算し，標準化を行った。こうすることで，オバマの各州における得票結果を，彼の当該選挙年における平均的な結果と比較して測定することができる (3.6.2 を参照)。つまり，各州のオバマの得票率から全州平均を引いた値を得票率の標準偏差で割ったのである。これは scale() 関数を使って簡単に行うことができる。平均への回帰が起こるのは，理論的には結果変数と説明変数が共に標準化されている場合なので，標準化の変換を行ったとも言える。

```
pres$Obama2008.z <- scale(pres$Obama.x)
pres$Obama2012.z <- scale(pres$Obama.y)
```

オバマの 2012 年の標準化得票率を，2008 年の標準化得票率で回帰してみよう。予想どおり，両者の間には強い正の線形関係がみられる。オバマは，2008 年により多くの票を得た州から 2012 年でもより多くの票を得ている。ここで，結果変数と予測変数を共に標準化すると切片は 0 になる点に注意したい。これは切片の予測値は $\hat{\alpha} = \bar{Y} - \hat{\beta}\bar{X}$ で与えられるため (式 (4.6) を参照)，標準化すると両変数の標本平均 $\bar{Y}$ と $\bar{X}$ は共に 0 になるからである。以下で見るように，この場合 R は切片をぴったり 0 ではないにせよ実質的に 0 と推定している。式に -1 を加えることでモデルを切片なしで推定することも可能である。

```
## 切片は実質 0 と推定されている
fit1 <- lm(Obama2012.z ~ Obama2008.z, data = pres)
fit1

##
## Call:
## lm(formula = Obama2012.z ~ Obama2008.z, data = pres)
##
## Coefficients:
```

```
## (Intercept)    Obama2008.z
##   -3.521e-17     9.834e-01

## 切片なしの回帰分析；傾きの推定値は同一である
fit1 <- lm(Obama2012.z ~ -1 + Obama2008.z, data = pres)
fit1

## 
## Call:
## lm(formula = Obama2012.z ~ -1 + Obama2008.z, data = pres)
## 
## Coefficients:
## Obama2008.z
##      0.9834
```

ここで，当てはめられた回帰直線とデータの座標の両方をプロットすると，強い線形関係を観察することができる。

```
plot(pres$Obama2008.z, pres$Obama2012.z,
     xlim = c(-4, 4), ylim = c(-4, 4),
     xlab = "オバマの標準化得票率(2008 年)",
     ylab = "オバマの標準化得票率(2012 年)")
abline(fit1)  # 回帰直線を描く
```

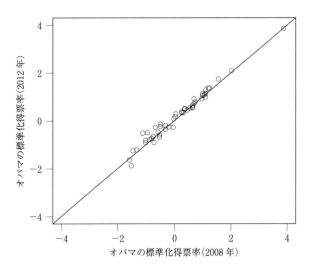

今度は，オバマが 2012 年に 2008 年のときよりも高い標準化得票率を記録した州の割合を計算してみよう．まずは，2008 年のオバマの標準化得票率の下位 25 パーセンタイルを用い，その後，上位 25 パーセンタイルを用いる．もし平均への回帰現象が存在するのであれば，こうした州の割合は下位 25 パーセンタイルのほうが上位 25 パーセンタイルよりも多いはずである．

```r
## 下位 25 パーセンタイル
mean((pres$Obama2012.z >
    pres$Obama2008.z)[pres$Obama2008.z
        <= quantile(pres$Obama2008.z, 0.25)])
## [1] 0.5714286
## 上位 25 パーセンタイル
mean((pres$Obama2012.z >
    pres$Obama2008.z)[pres$Obama2008.z
        >= quantile(pres$Obama2008.z, 0.75)])
## [1] 0.4615385
```

上のコードでは quantile() という関数を用いて，下位 25 パーセンタイルと上位 25 パーセンタイルを計算した。そして，2012 年のオバマの得票率が 2008 年の得票率よりも大きい(小さいまたは等しい)ことを示す論理ベクトル TRUE(FALSE) の部分集合を別の論理ベクトルで定義している。角括弧内の第 2 の論理ベクトルは，ある州におけるオバマの 2008 年の得票率が下位 25 パーセンタイル，あるいは，上位 25 パーセンタイルに含まれるかどうかを示すものである。結果は，明らかに平均への回帰現象を裏づけるものである。下位 25 パーセンタイルに含まれる州の 57％ でオバマは 2012 年に 2008 年のときよりも高い得票率であった。一方，オバマが 2008 年に優勢だった上位 25 パーセンタイルの州の 46％ でしか，2012 年には前回を上回る得票率は得ていない。

4.2.6 モデルの当てはまり

モデルの当てはまりは，どの程度モデルがデータに当てはまっているか，つまり，どれくらい正確にモデルが観察を予測しているかの尺度である。モデルの当てはまりは，**決定係数**(coefficient of determination)，すなわち R^2 を見ることで評価できる。R^2 はモデルによって説明された結果変数の変動の合計の割合を表す。R^2 を定義するにあたり，まず，以下のように定義される**総平方和**(total sum of squares; TSS)の概念を導入しよう。

$$\text{TSS} = \sum_{i=1}^{n}(Y_i - \overline{Y})^2$$

TSS は，結果変数と平均との距離の 2 乗に基づく結果変数の変動の合計を表す。これで R^2 を，TSS のうち予測変数 X によって説明された部分の割合として定義できる。

$$R^2 = \frac{\text{TSS} - \text{SSR}}{\text{TSS}} = 1 - \frac{\text{SSR}}{\text{TSS}}$$

SSR すなわち残差平方和は，式(4.4)で定義され，X によって説明されていない Y の残差の変動を表す。R^2 の値は 0 (結果変数と予測変数の相関が 0) から 1 (相関が 1) の間をとり，線形モデルがどの程度うまくデータに当てはまっているかを示す。

> **決定係数**はモデルの当てはまりの尺度で，予測変数によって説明され

表 4.6 フロリダ州の郡レベルでの 1996 年と 2000 年のアメリカ大統領選挙データ

変数	説明
county	郡の名前
Clinton96	1996 年のクリントンの得票数
Dole96	1996 年のドールの得票数
Perot96	1996 年のペローの得票数
Bush00	2000 年のブッシュの得票数
Gore00	2000 年のゴアの得票数
Buchanan00	2000 年のブキャナンの得票数

> た結果変数の変動の割合を表し，1 から残差平方和(SSR)と総平方和(TSS)との比を引いたものと定義される．

わかりやすい例として，2000 年のアメリカ大統領選挙でのフロリダ州における郡ごとの開票結果を，1996 年の結果から予測してみよう．フロリダには 67 の郡があり，florida.csv という CSV ファイルにはこれら 2 つの選挙における候補者別得票数が含まれている．表 4.6 には，このデータファイルに含まれる変数の名前と説明が示されている．ここでは，共にリバタリアン(自由至上主義)で 1996 年に立候補したロス・ペロー(Ross Perot)と，彼と同じ政党から 2000 年に立候補したパット・ブキャナンに注目し，前者への投票から後者への投票を予測してみたい．そして，この回帰モデルから TSS と SSR を計算し，R^2 を算出してみよう．resid() 関数は，回帰分析の出力から残差のベクトルを抽出することを思い出しておこう．

```
florida <- read.csv("florida.csv")
## ブキャナンの 2000 年の得票数を 1996 年のペローの得票数で回帰する
fit2 <- lm(Buchanan00 ~ Perot96, data = florida)
fit2

## 
## Call:
## lm(formula = Buchanan00 ~ Perot96, data = florida)
```

```
##
## Coefficients:
## (Intercept)        Perot96
##     1.34575        0.03592
```

```
## TSS(総平方和)とSSR(残差平方和)を計算する
TSS2 <- sum((florida$Buchanan00 - mean(florida$Buchanan00))^2)
SSR2 <- sum(resid(fit2)^2)
## 決定係数
(TSS2 - SSR2) / TSS2

## [1] 0.5130333
```

結果から，ブキャナンの 2000 年の得票の変動の 51% がペローの 1996 年の票によって説明できることがわかる。

ここで行った計算を関数(1.3.4 を参照)にして，異なる回帰モデルの決定係数を簡単に計算できるようにしてみよう。この関数は，様々な要素を含むリスト形式のオブジェクト(3.7.2 を参照)である lm() 関数の出力を入力とする。結果変数の値は，回帰分析の出力オブジェクトを用いて fitted() 関数から得られる当てはめ値と，各観察の残差を足し合わせることで再計算できる。

```
R2 <- function(fit) {
    resid <- resid(fit)  # 残差
    y <- fitted(fit) + resid  # 結果変数
    TSS <- sum((y - mean(y))^2)
    SSR <- sum(resid^2)
    R2 <- (TSS - SSR) / TSS
    return(R2)
}
R2(fit2)

## [1] 0.5130333
```

この関数を用いる代わりに，summary() 関数の入力として lm() 関数の出力を用いることで R^2 を得ることもできる (7.3 も参照)。

```
## R に内蔵された関数
fit2summary <- summary(fit2)
fit2summary$r.squared

## [1] 0.5130333
```

得られた決定係数は，同じ政党から立候補している候補者間で，得票を過去の選挙結果から予測していることを踏まえると，低いように見える。先に，オバマの州レベルでの得票率が 2008 年と 2012 年で強く相関していることを見た。そのときの回帰分析の R^2 を，州レベルの回帰分析結果を表す出力オブジェクトである fit1 を用いて計算できる。下に示したとおり，フロリダ州の (ペローとブキャナンの) 回帰分析の決定係数は，州レベルの (オバマの) 回帰分析のものよりもかなり低いことがわかる。

```
R2(fit1)

## [1] 0.9671579
```

通常あり得ないほど当てはまりが悪いことを踏まえると，フロリダ州の回帰分析の残差をより詳細に調査するのがよい。そのためには，残差を当てはめ値に対してプロットした**残差プロット** (residual plot) を作成する。

```
plot(fitted(fit2), resid(fit2),
    xlim = c(0, 1500), ylim = c(-750, 2500),
    xlab = "当てはめ値", ylab = "残差")
abline(h = 0)
```

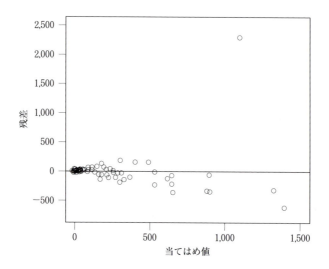

　図からは，極めて大きな残差すなわち**外れ値**があり，2000 年の選挙でブキャナンが予想されたよりも 2000 票も多く得票していることがわかる。次のプログラムコードは，この観察がパームビーチ郡であることを示している。このことは，残差の値が最大値をとる郡の名前を抽出することでわかる。

```
florida$county[resid(fit2) == max(resid(fit2))]
## [1] PalmBeach
## 67 Levels: Alachua Baker Bay Bradford Brevard ... Washington
```

　実は，パームビーチ郡では，いわゆる**チョウ型投票用紙**(butterfly ballot)がこの選挙で使われていたのである。図 4.5 にはこの投票用紙の写真が示されている。有権者は，投票したい候補者に対応する穴を開けることになっている。ところが，写真からもわかるように，この用紙はとても紛らわしい。この郡の多くのアル・ゴア支持者は，上から 3 番目の穴ではなく，2 番目のブキャナン候補の穴を間違って開けたようなのだ。本章の冒頭で述べたように，2000 年の選挙では，ゴアが全米ではブッシュよりも 50 万票多く獲得したものの，フロリダ州でブッシュが 537 票という紙一重の差で勝利したために，大統領に当選したのであった。残差プロットから明らかなように，パームビーチ郡での

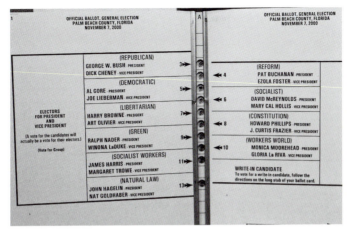

図 4.5　パームビーチ郡のチョウ型投票用紙

疑問の残る開票結果によってゴアは大統領のイスを逃したと広く信じられている。

今度は，同じモデルをパームビーチ郡を除いて推定してみよう。あとで見るように，この処理がモデルの当てはまりを改善するかどうか，パームビーチ郡を含めた場合と含めなかった場合での残差プロットと回帰直線を用いて比較する。まずは，パームビーチ郡を除いた場合の決定係数を計算してみよう。

```
## パームビーチ郡を除くデータ
florida.pb <- subset(florida, subset =
    (county != "PalmBeach"))
fit3 <- lm(Buchanan00 ~ Perot96, data = florida.pb)
fit3

## 
## Call:
## lm(formula = Buchanan00 ~ Perot96, data = florida.pb)
## 
## Coefficients:
## (Intercept)       Perot96
##    45.84193       0.02435
```

Rの2乗すなわち決定係数
R2(fit3)

[1] 0.8511675

パームビーチ郡を除くと，決定係数はそれまでの 0.51 から 0.85 へと劇的に向上した．モデルの当てはまりの改善は，残差プロットや回帰直線を伴った散布図からも簡単に見てとれる．図からは，パームビーチ郡を除くことで回帰直線が大きく変化していることから，回帰直線がパームビーチ郡の影響を非常に強く受けていたことがわかる．新しい回帰直線は，パームビーチ郡を除いた残りの観察値によく当てはまっている．

残差プロット
plot(fitted(fit3), resid(fit3),
    xlim = c(0, 1500), ylim = c(-750, 2500),
    xlab = "当てはめ値", ylab = "残差",
    main = "パームビーチ郡を除いた残差プロット")
abline(h = 0) ＃ 0における水平線
plot(florida$Perot96, florida$Buchanan00,
    xlab = "1996 年のペローの得票数",
    ylab = "2000 年のブキャナンの得票数")
abline(fit2, lty = "dashed") ＃ パームビーチ郡を含んだ回帰分析
abline(fit3) ＃ パームビーチ郡を除いた回帰分析
text(30000, 3250, "パームビーチ郡")
text(30000, 1500, "パームビーチ郡を含んだ回帰直線")
text(30000, 400, "パームビーチ郡を \n 除いた回帰直線")

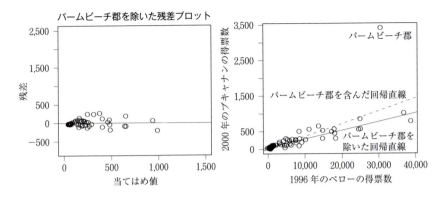

　最後に，この章で扱ったモデルの当てはまりは，**サンプル内予測**(in-sample prediction)に基づくものであり，**サンプル外予測**(out-of-sample prediction)ではない点に留意する必要がある。つまり，決定係数などのモデルの当てはまりを示す統計量は，あるモデルがどの程度そこにある標本によく当てはまるかを示すものである。特定の標本に適合するよう過度に調整された**オーバーフィッティング**(overfitting)のモデルは，別の標本に対してはそれほど正確な予測はできないかもしれない。他のデータにも適用可能な一般的なモデルを求めるのであれば，モデルを特定の標本へオーバーフィッティングさせないよう注意を払う必要がある。4.3.2 ではオーバーフィッティングの可能性を減らすために R^2 を調整する方法について述べる。

4.3 ｜ 回帰分析と因果関係

　回帰分析は，社会科学研究において予測を行う上で主要なツールである。回帰分析を因果推論に用いる際にはどのようにすればよいだろうか。第 2 章で論じたように，因果推論を行うには，反事実の結果について予測しなければならない。例えば，トリートメントを受けたユニットに対して，トリートメントを受けなかった場合の結果変数の値を予想する必要があるのである。ある仮定のもとでは，モデルを反事実の結果を予測するのに用いることができる。しかし，回帰分析を通じて量的に表される関連性は，必ずしも因果関係を意味するものではないため，注意が必要である。

表 4.7　政策立案者としての女性データ

変数	説明
GP	グラム・パンチャヤート (GP) の識別子
village	各村の識別子
reserved	GP で女性議長が割り当てられているかを示す 2 値変数
female	GP に女性議長がいるかどうかを示す 2 値変数
irrigation	割り当て政策開始以来の灌漑設備の新設・改修件数
water	割り当て政策開始以来の飲用水設備の新設・改修件数

4.3.1　ランダム化実験

　ここでは，政権内の女性政治家の存在が政策結果に与える因果効果を検証した研究を取りあげる[5]。女性政治家は男性とは異なる政策を推進するのだろうか。この問いに答えるために，女性政治家を複数選出した選挙区と男性政治家のみを選出した選挙区の政策を単純に比較するのは十分ではない。なぜなら，こうした 2 種類の選挙区の間では，女性政治家がいるかいないかの他に，数多くの要因が異なっているかもしれないからである。例えば，もしリベラルな選挙区では女性政治家がより選出されやすいとしたら，政策の違いがイデオロギーによるものなのか，政治家の性別によるものなのかは不明確になる。

　こうした潜在的な交絡の問題を解決するために，研究者たちはインドで実際に行われた実験的な政策をランダム化実験として利用した。この政策のもとでは，1990 年代中頃から 3 分の 1 の村議会議長のポストが女性政治家のために無作為に割り当てられた。CSV 形式のデータセットである women.csv は西ベンガル地域のデータを含んでいる。この政策はグラム・パンチャヤート (Gram Panchayat) あるいは GP と呼ばれる地方政府単位で実施され，それぞれの GP は多くの村を含んでいる。この研究では，詳細なデータを集めるためそれぞれの GP の中から無作為に 2 つの村が選ばれた。表 4.7 には，このデータセットに含まれる変数の名前と説明が記されている。データセットの観察単位は村で，それぞれの GP から 2 つの村が選ばれている。

　最初に，割り当て政策が正しく行われているかについて，割り当てられたポスト (議長) に女性政治家が選出された割合と，割り当てのないポストに選出された割合を計算することで確かめてみよう。それぞれの GP は同じ数の村を含

---

[5] この項の記述は以下の論文に依拠している。Raghabendra Chattopadhyay and Esther Duflo (2004) "Women as policy makers: Evidence from a randomized policy experiment in India." *Econometrica*, vol. 72, no. 5, pp. 1409–1443.

んでいるため，GP 単位での新しいデータセットを作成しなくても全部の村の平均を単純に計算すればよい。割り当てられたポストについては，この割合は 1 になるはずである。

```
women <- read.csv("women.csv")
## 割り当てのある GP と割り当てのない GP での女性議長の割合
mean(women$female[women$reserved == 1])

## [1] 1

mean(women$female[women$reserved == 0])

## [1] 0.07476636
```

結果からは，割り当て政策は遵守されているように見える。女性政治家に議長ポストを割り当てなければならないすべての GP は，実際に少なくとも 1 人の女性議長を選出していた。一方で，割り当て政策の対象外である GP のうち，93% には女性議長はいなかった。第 2 章で学んだことに基づいて，女性政治家への割り当て枠のある GP の村とそうでない GP の村で政策アウトプットの平均を比較することができる。ここでは女性政治家は女性有権者の求める政策をより支持しやすいという仮説を立てる。この論文の研究者によると，より多くの女性が飲用水の質に不満をもっており，男性は灌漑設備についてより多く不満を抱いているという。そこで割り当て政策が実施されてからの，政策が灌漑設備と飲用水設備の新設・改修件数に与える平均因果効果を推定してみよう。ここでは 2.4 で学んだ平均の差推定量を用いる。

```
## 飲用水設備
mean(women$water[women$reserved == 1]) -
    mean(women$water[women$reserved == 0])

## [1] 9.252423
## 灌漑設備
mean(women$irrigation[women$reserved == 1]) -
```

```
mean(women$irrigation[women$reserved == 0])
## [1] -0.3693319
```

　分析の結果，割り当て政策によって，GP内の村における飲用水設備の新設ないし改修が平均で約9件増加したことがわかった。一方で，灌漑設備に与える影響はほとんどないこともわかった。この発見は，女性政治家は女性有権者の利益を代表する傾向にあるという先に述べた仮説と一致している。

　回帰分析を使う場合，この例のようなランダム化実験のデータはどのように分析すればよいのだろうか。実は結果変数をトリートメント変数で回帰して得られる傾き係数と，2つのグループの結果変数の平均の差は一致するのである。加えて，推定された切片は，コントロールグループの結果変数の平均と一致する。より一般的には，X が2値変数のとき，値は0か1のいずれかをとり，式(4.1)で定義された線形モデルで以下のような係数の推定値を得る。

$$\hat{\alpha} = \underbrace{\frac{1}{n_0}\sum_{i=1}^{n}(1-X_i)Y_i}_{\text{コントロールグループの結果変数の平均}}$$

$$\hat{\beta} = \underbrace{\frac{1}{n_1}\sum_{i=1}^{n}X_iY_i}_{\text{トリートメントグループの結果変数の平均}} - \underbrace{\frac{1}{n_0}\sum_{i=1}^{n}(1-X_i)Y_i}_{\text{コントロールグループの結果変数の平均}}$$

この式で $n_1 = \sum_{i=1}^{n} X_i$ はトリートメントグループのサイズで，$n_0 = n - n_1$ はコントロールグループのサイズである。したがって，$\hat{\beta}$ は平均的なトリートメント効果の推定値と解釈できるのである。

　実験データを用いて，回帰係数と結果変数の平均が等しいことを確認しよう。つまり，推定された傾き係数は対応する**平均の差推定量**と等しいことがわかる。

```
lm(water ~ reserved, data = women)

##
## Call:
```

```
## lm(formula = water ~ reserved, data = women)
## 
## Coefficients:
## (Intercept)      reserved
##      14.738         9.252

lm(irrigation ~ reserved, data = women)
## 
## Call:
## lm(formula = irrigation ~ reserved, data = women)
## 
## Coefficients:
## (Intercept)      reserved
##      3.3879       -0.3693
```

　第2章で学んだ潜在的結果と回帰モデルは，以下のように関連づけることができる．

$$Y(X) = \alpha + \beta X + \epsilon$$

回帰モデルは，ある予測変数の値に対応する平均的な結果を予測するので，Xが2値変数のとき，推定された平均トリートメント効果は推定された傾き係数と等しくなる．$\hat{\beta}$はXが1単位増加したときのYの推定される変化量を表すことを思い出そう．そのとき，$\widehat{Y(1)} - \widehat{Y(0)} = (\hat{\alpha}+\hat{\beta}) - \hat{\alpha} = \hat{\beta}$である．一方でコントロールグループの推定される平均的な結果変数の値は切片と等しい．つまり$\widehat{Y(0)} = \hat{\alpha}$である．したがって，線形回帰モデルはこのような設定で実験データを分析するための別の，ただし数値的に等価な手段を提供してくれるのである．

　単一の2値変数のトリートメントを用いた実験データの場合，線形回帰モデルの推定された傾き係数は，平均トリートメント効果の推定値

と解釈でき，**平均の差推定量**と数値的に等価である。一方で，推定された切片はコントロール条件下で推定された結果変数の平均と等しい。トリートメント割り当てをランダム化することで，線形回帰モデルで明らかになった関係の**因果的解釈**が可能になる。

4.3.2 重回帰モデル

ここまでの線形回帰モデルには，予測変数は1つしか含まれていなかった。しかし，回帰モデルは2つ以上の予測変数を含むこともある。一般には重回帰モデル（複数の予測変数をもつ線形回帰モデル）は下記のように定義される。

$$Y = \alpha + \beta_1 X_1 + \beta_2 X_2 + \cdots + \beta_p X_p + \epsilon$$

このモデルでは α は切片，β_j は予測変数 X_j の係数，ϵ は誤差項，そして p は2以上の整数で予測変数の数を表す。各係数 β_j の解釈は，**他の予測変数がすべて一定のとき**（when all other predictors are held constant），すなわち**他の条件が一定ならば**（ceteris paribus），その係数に対応する予測変数 X_j の1単位増加に付随した結果変数の変化量である。したがって，予測変数が複数ある線形回帰でも研究者はそれぞれの予測変数の影響を評価することができるのである。

4.2.3で述べたように，最小2乗法はモデルのパラメーターを推定する際に用いられる。つまり，**残差平方和**（SSR）が最小化されるように $(\hat{\alpha}, \hat{\beta}_1, \ldots, \hat{\beta}_p)$ の値を選択するのである。ここで SSR は以下のように定義される。

$$\text{SSR} = \sum_{i=1}^{n} \hat{\epsilon}_i^2 = \sum_{i=1}^{n} (Y_i - \hat{\alpha} - \hat{\beta}_1 X_{i1} - \hat{\beta}_2 X_{i2} - \cdots - \hat{\beta}_p X_{ip})^2$$

上式で $\hat{\epsilon}_i$ は**残差**，X_{ij} は j 番目の予測変数の i 番目の観察値である。残差は，観察された反応 Y とその当てはめ値 $\widehat{Y} = \hat{\alpha} + \hat{\beta}_1 X_1 + \hat{\beta}_2 X_2 + \cdots + \hat{\beta}_p X_p$ との差として定義されることを思い出そう。

線形回帰モデルに基づいた予測が妥当かどうかは，線形性の仮定が適切かどうかにかかっている。最小2乗法ではSSRを最小化するという意味でデータに「最もよく当てはまる」直線を得ることができる。しかしこれは，線形モデルが適切であることを必ずしも意味しない。線形性の仮定の検証と拡張に関す

る丁寧な解説は本書の範疇を超えているが，どのようなモデルや方法も仮定を必要とし，線形回帰もその例外ではないことを忘れてはならない。

重回帰モデルの例として，2.4.2 で紹介した社会的プレッシャーと投票率に関するランダム化実験を取りあげよう。この研究では，登録された有権者が無作為に4つのうち1つのグループに割り当てられた。そこで，どのグループに割り当てられたかによって投票の有無を予測する線形回帰モデルに当てはめることにする。以前と同様，線形回帰モデルへの当てはめは lm() 関数で行う。2つ以上の予測変数を加えるには単純に + 演算子を用いて，例えば lm(y ~ x1 + x2 + x3) のようにすればよい。この例では messages 変数は因子なので lm() 関数によって自動的に一連の (2 値の) **指標変数** (indicator) すなわちダミー変数が作成され，それぞれの変数はその有権者が対応するグループに割り当てられたときに 1 をとる。これらの指標変数は比較のために用いられるが，データフレームの中に保存されることはない。モデルには比較の基準となるレベルの変数を除いたすべての指標変数が含まれる。基準となるレベルの因子変数は levels() 関数を用いたときに最初に表示される変数であり，レベルはアルファベット順に表示される。この基準となる変数の値との関係において，他の因子変数の値は定義される。

```
social <- read.csv("social.csv")
levels(social$messages)  # 基準となるレベルは "Civic Duty"

## [1] "Civic Duty" "Control"   "Hawthorne" "Neighbors"
```

上の因子変数を用いて，以下のように線形回帰モデルを当てはめてみよう。

```
fit <- lm(primary2006 ~ messages, data = social)
fit

##
## Call:
## lm(formula = primary2006 ~ messages, data = social)
##
```

```
## Coefficients:
##     (Intercept)    messagesControl   messagesHawthorne
##        0.314538        -0.017899            0.007837
## messagesNeighbors
##        0.063411
```

もう1つの方法として，それぞれのグループを示す指標変数を作成し，それらの変数を用いて回帰モデルを特定することもできる。結果は上で得たものと同じである。

```
## 指標変数を作成
social$Control <- ifelse(social$messages == "Control", 1, 0)
social$Hawthorne <- ifelse(social$messages ==
    "Hawthorne", 1, 0)
social$Neighbors <- ifelse(social$messages ==
    "Neighbors", 1, 0)
## 直接指標変数を用いる方法で上と同じ回帰式を当てはめる
lm(primary2006 ~ Control + Hawthorne + Neighbors,
    data = social)
```

数学的には，ここで用いた線形回帰モデルは以下のように表せる。

$$Y = \alpha + \beta_1 \text{Control} + \beta_2 \text{Hawthorne} + \beta_3 \text{Neighbors} + \epsilon$$

このモデルにおいては，各予測変数はそれぞれのグループに属することを示す指標変数である。messages 変数の基準レベルは "Civic Dury"（市民の義務）なので，lm() 関数は対応する指標変数を除外している。当てはめられたモデルを用いて，平均の結果（この場合，投票に行った有権者の平均比率）を予測することができる。例えば，Control（コントロール）のグループでは，平均の結果は $\hat{\alpha}+\hat{\beta}_1$ = 0.315 + (−0.018) =0.297 つまり 29.7% と予測される。同様に，Neighbors（名前公表）のグループでは，予測された平均の結果は $\hat{\alpha}+\hat{\beta}_3$ = 0.315 + 0.063 =0.378 である。

予測された平均の結果は，predict() 関数を用いて得ることができる。この関数は，fitted() 関数のように lm() 関数からの出力を入力としてとり，予測値を計算する。しかし，モデルの当てはめを行うのに用いられた，標本に対する予測値を計算する fitted() 関数と異なり，predict() 関数は引数 newdata に新たなデータフレームをとることができ，そのデータフレーム内のそれぞれの観察に対して予測値を計算できる。新しいデータフレームの変数は，異なる値でもよいが，当てはめられた線形モデルの予測変数と同じでなければならない。この例では，data.frame() 関数を用いて新しいデータフレームを作る。得られるデータフレームはモデルの予測変数として同じ messages 変数を含むが，4つの観察しかもたず，それぞれの観察は元の messages 変数に固有の値をもつ。unique() 関数を用いてこの変数に固有の値を抽出し，それらが最初に現れた順に並べる。

```
## 重複しない"messages"の値からなるデータフレームを作成
unique.messages <- data.frame(messages =
    unique(social$messages))
unique.messages

##       messages
## 1　 Civic Duty
## 2　　 Hawthorne
## 3　　　 Control
## 4　　 Neighbors

## この新しいデータフレームから観察ごとの予測を行う
predict(fit, newdata = unique.messages)

##         1         2         3         4
## 0.3145377 0.3223746 0.2966383 0.3779482
```

予測変数が1つの2値変数のときの線形回帰モデル（4.3.1 を参照）の際に見たように，それぞれのトリートメント条件に対応する結果変数の平均の予測値は，対応するデータの部分集合における標本平均に等しい。

```
## 標本平均
tapply(social$primary2006, social$messages, mean)

## Civic Duty    Control    Hawthorne   Neighbors
##   0.3145377  0.2966383   0.3223746   0.3779482
```

線形回帰の結果を解釈しやすくするために，(共通の切片をモデルに残すために基準レベルとなる指標変数を除外する代わりに)切片を除いて4つすべての指標変数を使うことができる。この代替モデルでは，それぞれのグループの結果の平均を，対応する指標変数の係数として直接得ることができる。線形回帰モデルから切片を除外するには，プログラムの式において-1を用いればよい。次の一連のコードでこれを示す。

```
## 切片のない線形回帰
fit.noint <- lm(primary2006 ~ -1 + messages, data = social)
fit.noint

##
## Call:
## lm(formula = primary2006 ~ -1 + messages, data = social)
##
## Coefficients:
## messagesCivic Duty     messagesControl    messagesHawthorne
##             0.3145              0.2966               0.3224
##   messagesNeighbors
##              0.3779
```

上記のそれぞれの係数は，当該のグループの結果の平均を示している。したがって，それぞれのトリートメントグループ(Civic Duty, Hawthorne, Neighbors)のコントロールグループと比較した平均トリートメント効果は，各トリートメントグループの係数から，切片がないこのモデルにおける基準グループである，コントロールグループの係数を引くことで計算できる。モ

デルが切片を含むか含まないかにかかわらず，あらゆる2つのグループ間の推定された因果効果の差は，対応する係数間の差と等しくなる。したがって，(Control グループと比較した) Neighbors のグループの平均因果効果は切片を含まないモデルで 0.378 − 0.297，元のモデルで 0.063 − (−0.018) となり，どちらの場合も 0.081 または 8.1 パーセントポイントとなる。先の例のように因子化されたトリートメント変数を用いた線形回帰と平均の差推定量の2つの方法では，同じ平均因果効果の推定値を得ることができる。

```
## "Neighbors" のグループの推定された平均因果効果
coef(fit)["messagesNeighbors"] - coef(fit)["messagesControl"]

## messagesNeighbors
##        0.08130991

## 平均の差
mean(social$primary2006[social$messages == "Neighbors"]) -
    mean(social$primary2006[social$messages == "Control"])

## [1] 0.08130991
```

最後に，4.2.6 で触れた**決定係数**すなわち R^2 を計算してみよう。複数の予測変数があるときは，その数を考慮に入れて**自由度** (degree of freedom) 補正を行った**調整済み決定係数** (adjusted R^2) を計算することが多い。自由度とは，大まかにいうと「自由に変わる」ことのできる観察の数のことで，通常はすべての観察数から，推定されるパラメーターの数を引いた値で表される。今回の設定では，n が観察数で，$p+1$ が推定される係数の数，つまり p 個の予測変数と 1 個の切片なので，自由度は $n-p-1 = n-(p+1)$ となる。

(調整していない) R^2 は追加の予測変数 (これは常に SSR を減らす) を含めることで常に増えるので，より多くの予測変数がモデルに含まれるほど，自由度補正によって調整済み R^2 は下方へ調整される。調整済み R^2 は下記の式で表される。

$$\text{調整済み } R^2 = 1 - \frac{\text{SSR}/(n-p-1)}{\text{TSS}/(n-1)}$$

SSRは，推定される係数の数 ($p+1$) を観察数 n から引いた数で割られる。TSSは結果変数の平均，つまり $\bar{Y}$ という1つのパラメーターのみを推定するので，($n-1$) で割られる。4.2.6で行ったように，調整済み R^2 を計算する関数を作ろう。

```
## 調整済み決定係数
adjR2 <- function(fit) {
    resid <- resid(fit)  # 残差
    y <- fitted(fit) + resid  # 結果
    n <- length(y)
    TSS.adj <- sum((y - mean(y))^2) / (n - 1)
    SSR.adj <- sum(resid^2) / (n - length(coef(fit)))
    R2.adj <- 1 - SSR.adj / TSS.adj
    return(R2.adj)
}
adjR2(fit)

## [1] 0.003272788

R2(fit)  # 調整していない決定係数の計算

## [1] 0.003282564
```

この場合，係数の数に比べて観察数が多いので，調整済みと通常の R^2 との差は小さい。代わりの方法として，summary() 関数を lm() 関数の出力に適用（7.3 も参照）すると，調整済みの R^2 と調整していない R^2 の両方を得ることができる。

```
fitsummary <- summary(fit)
fitsummary$adj.r.squared

## [1] 0.003272788
```

重回帰モデル（複数の予測変数をもつ線形回帰モデル）は以下のように定義できる。

$$Y = \alpha + \beta_1 X_1 + \beta_2 X_2 + \cdots + \beta_p X_p + \epsilon$$

上式で，係数 β_j は他の変数を一定に保ったときに X_j が 1 単位増加した場合の結果変数の平均的な増加分を示す。係数は，残差平方和を最小化することで計算される。**自由度補正**は決定係数を計算する際にしばしば行われる。

4.3.3 不均一トリートメント効果

ランダム化実験に用いられた場合，重回帰分析は**不均一トリートメント効果** (heterogenous treatment effect) を検証するためにも活用できる。例えば，正の平均トリートメント効果が検出されたとしても，同じトリートメントは一部の人々には負の影響を与えるかもしれない。トリートメント効果の方向や大きさに影響を与える（標本の）特徴を特定するのは誰がトリートメントを受けるべきかを決定する上で非常に重要である。ここで取りあげている応用例では，社会的プレッシャーのトリートメントはめったに投票に行かない人には少しの影響しかないと仮説を立てられるかもしれない。一方で，そうした人々こそが，このトリートメントによって最も影響を受けるかもしれない。不均一トリートメント効果の分析を解説するため，Neighbors（名前公表）メッセージの平均因果効果の予測値の違いを，2004 年の予備選挙に投票に行った人とそうでない人とで比較してみよう。そのためにはデータの部分集合を定義し，平均トリートメント効果をそれぞれの部分集合で推定する。そして，これら 2 つの平均トリートメント効果の推定値を比較すればよい。

```
## 2004 年の予備選挙で投票した人の平均トリートメント効果 (ATE)
social.voter <- subset(social, primary2004 == 1)
ate.voter <-
```

```r
    mean(social.voter$primary2006[social.voter$messages
        == "Neighbors"]) -
      mean(social.voter$primary2006[social.voter$messages
          == "Control"])
ate.voter

## [1] 0.09652525

## 投票しなかった人の平均トリートメント効果
social.nonvoter <- subset(social, primary2004 == 0)
ate.nonvoter <-
    mean(social.nonvoter$primary2006[social.nonvoter$messages
        == "Neighbors"]) -
    mean(social.nonvoter$primary2006[social.nonvoter$messages
        == "Control"])
ate.nonvoter

## [1] 0.06929617

## 差
ate.voter - ate.nonvoter

## [1] 0.02722908
```

　分析の結果，2004年の予備選挙で投票した有権者には，Neighborsメッセージの平均トリートメント効果は9.7パーセントポイントであると推定された。これは予備選挙で投票しなかった有権者のグループを標本とした場合よりも約2.7パーセントポイント大きい。このことはNeighborsメッセージが2004年の予備選挙で投票に行かなかった有権者よりも行った有権者に対してより影響を与えたことを意味している。

　同じ分析は，線形回帰においてNeighborsのトリートメント変数と関心のあるprimary2004という説明変数との**交差項**(interaction effect)を用いることでも行うことができる。この例ではモデルは下記のように表される。

$$Y = \alpha + \beta_1 \text{primary2004} + \beta_2 \text{Neighbors} + \beta_3 (\text{primary2004} \times \text{Neighbors}) + \epsilon \tag{4.9}$$

最後の予測変数は，2つの指標変数を掛け合わせた primary2004×Neighbors であり，2004年の予備選挙で投票に行った有権者(`primary2004=1`)が，`Neighbors` トリートメントを受けた(`Neighbors=1`)場合にのみ1となる。

したがって，このモデルによれば，2004年の予備選挙で投票に行った有権者(`primary2004=1`)では，`Neighbors` メッセージの平均効果は $\beta_2+\beta_3$ である。一方，2004年の予備選挙に行かなかった有権者(`primary2004=0`)への効果は β_2 である。このように，交差項の係数である β_3 は，前者のグループが後者のグループと比較して追加的に受けた平均トリートメント効果を表す。

より一般的には，交差項をもつ線形回帰モデルの一例は次のとおりである。

$$Y = \alpha + \beta_1 X_1 + \beta_2 X_2 + \beta_3 X_1 X_2 + \epsilon$$

交差項の係数 β_3 は，X_1 の効果がどれだけ X_2 に依存しているか(あるいはその逆か)を表す。このことを確かめるために，$X_2 = x_2$ とし，$X_1 = x_1$ のときの予測値を計算してみよう。これは $\hat{\alpha} + \hat{\beta}_1 x_1 + \hat{\beta}_2 x_2 + \hat{\beta}_3 x_1 x_2$ で与えられる。今度は，この値と，X_1 が1単位増加するときの予測値とを比較してみよう。この場合，予測値は $\hat{\alpha} + \hat{\beta}_1 (x_1+1) + \hat{\beta}_2 x_2 + \hat{\beta}_3 (x_1+1) x_2$ となる。そして，最初に求めた予測値を後で求めた値から引くと，X_1 の1単位の増加による平均的な結果の変化がどのように X_2 の値に依存しているかを表す，以下の計算結果が得られる。

$$\hat{\beta}_1 + \hat{\beta}_3 x_2$$

これも1次方程式である。切片 β_1 は $X_2 = 0$ のときの X_1 の1単位の増加による平均的な結果の増加分を示す。そして，X_2 が1単位増加するごとに，傾き $\hat{\beta}_3$ の分だけ X_1 をさらに増加させる効果がある。

交差項をもつ線形回帰モデルの一例は次のとおりである。

$$Y = \alpha + \beta_1 X_1 + \beta_2 X_2 + \beta_3 X_1 X_2 + \epsilon$$

このモデルでは，X_1 の効果は線形的に X_2 に依存していると仮定されて

> いる。すなわち，X_2 を 1 単位増やすと X_1 の 1 単位の増加で変化する平均的な結果が β_3 だけ増加する。

R では，交差項をコロン : を用いて表し，x1:x2 というシンタックスは 2 つの変数 x1 と x2 の交差項を作る。ここでは分析対象を Neighbors グループと Control グループに絞って交差項の使い方を解説しよう。

```
## Neighbors グループと Control グループのみの部分集合をつくる
social.neighbor <- subset(social, (messages == "Control") |
    (messages == "Neighbors"))
## 主効果と交差項を作成する標準的な方法
fit.int <- lm(primary2006 ~ primary2004 + messages +
    primary2004:messages, data = social.neighbor)
fit.int

##
## Call:
## lm(formula = primary2006 ~ primary2004 + messages +
##     primary2004:messages, data = social.neighbor)
##
## Coefficients:
##             (Intercept)
##                 0.23711
##             primary2004
##                 0.14870
##        messagesNeighbors
##                 0.06930
## primary2004:messagesNeighbors
##                 0.02723
```

Control グループは基準となる条件なので，傾き係数は Neighbors 条件と，

Neighbors 条件と primary2004 との交差項についてのみ推定される。

代わりにアスタリスク * を用いれば，2 つの**主効果**(main effect)項と交差項が作成される。つまり，x1 * x2 というシンタックスは，x1 と x2，そして x1:x2 の項を作り出す。ほとんどの場合，モデルが交差項を含むときは，それに対応する変数の主効果項も含めるべきである。上と同じ回帰モデルは次のシンタックスで当てはめることができる。

```
lm(primary2006 ~ primary2004 * messages,
   data = social.neighbor)
```

推定された各係数を解釈するために，再び平均的な結果の予測値について考察してみよう。2004 年の予備選挙で投票に行った人のうち，Neighbors トリートメントを受けた人の平均的な効果の推定値は，トリートメントグループとコントロールグループの平均的な結果の予測値の差として表すことができる。モデルのパラメーターで表すと，この差は $(\hat{\alpha}+\hat{\beta}_1+\hat{\beta}_2+\hat{\beta}_3)-(\hat{\alpha}+\hat{\beta}_1)=\hat{\beta}_2+\hat{\beta}_3$ に等しい。β_2 と β_3 が 2 番目の項にないのはコントロールグループにおいて Neighbors は 0 となるからである。対照的に，投票に行かなかった人の平均トリートメント効果の推定値は $(\hat{\alpha}+\hat{\beta}_2)-\hat{\alpha}=\hat{\beta}_2$ となる。こうして，2004 年の予備選挙で投票に行った人と行かなかった人との平均トリートメント効果の推定値の差は，交差項の係数の推定値，すなわち $(\hat{\beta}_2+\hat{\beta}_3)-\hat{\beta}_2=\hat{\beta}_3$ に等しい。これは交差項の係数 β_3 が，(交差項に含まれる)共変量の関数として平均トリートメント効果の変化を示すものであることを意味する。

ここまで因子変数すなわちカテゴリー変数を対象にしてきたが，連続変数を予測変数にすることもできる。連続変数を使うためには，予測変数の 1 単位の増加で結果変数が基準となる値にかかわらず同じだけ増加するという，より強い線形性の仮定が必要である。この例では，2006 年に投票した人の年齢を予測変数にした場合を考えてみよう。まず，投票した人の生年月日を選挙年から引くことで年齢変数を作成しよう。

```
social.neighbor$age <- 2008 - social.neighbor$yearofbirth
summary(social.neighbor$age)
```

```
##      Min. 1st Qu.  Median     Mean 3rd Qu.     Max.
##     22.00   43.00   52.00    51.82   61.00   108.00
```

このデータの部分集合では，投票した人の年齢は22歳から108歳までである。ここで，Neighborsトリートメントの平均因果効果が年齢の関数としてどのように変わるかを調べてみよう。これを行うには，式(4.9)で与えられた線形回帰モデルにおいてprimary2004変数の代わりにage変数を用いればよい。

$$Y = \alpha + \beta_1 \text{age} + \beta_2 \text{Neighbors} + \beta_3 (\text{age} \times \text{Neighbors}) + \epsilon$$

先ほどと同じ計算方法で，平均トリートメント効果が年齢の関数としてどのように変化するかを理解できる。x歳の有権者のグループについて考えてみよう。これらの有権者のNeighborsメッセージの平均トリートメント効果の推定値は，$(\hat{\alpha}+\hat{\beta}_1 x+\hat{\beta}_2+\hat{\beta}_3 x)-(\hat{\alpha}+\hat{\beta}_1 x)=\hat{\beta}_2+\hat{\beta}_3 x$によって与えられる。それと比べ$(x+1)$歳の有権者では，推定値は$\{(\hat{\alpha}+\hat{\beta}_1(x+1)+\hat{\beta}_2+\hat{\beta}_3(x+1)\}-\{\hat{\alpha}+\hat{\beta}_1(x+1)\}=\hat{\beta}_2+\hat{\beta}_3(x+1)$となる。したがって，交差項の係数の推定値である$\hat{\beta}_3 = \{\hat{\beta}_2+\hat{\beta}_3(x+1)\}-(\hat{\beta}_2+\hat{\beta}_3 x)$は，年齢が1歳違う2つのグループの平均トリートメント効果の差の推定値を表す。

この差をRで推定するには，まずage変数とNeighbors変数の交差項を含んだ線形回帰モデルを当てはめる。ここでは，交差項と2つの主効果項を含むage * messagesというシンタックスを用いる。

```
fit.age <- lm(primary2008 ~ age * messages,
    data = social.neighbor)
fit.age

##
## Call:
## lm(formula = primary2008 ~ age * messages,
##     data = social.neighbor)
##
```

```
## Coefficients:
##         (Intercept)                      age
##          0.0894768                0.0039982
##   messagesNeighbors    age:messagesNeighbors
##          0.0485728                0.0006283
```

分析の結果，年齢が1歳異なる2つのグループ間における平均トリートメント効果の差の推定値は，0.06パーセントポイントとなった．この回帰モデルに基づいて，様々な年齢の平均トリートメント効果の推定値を計算することができる．ここでは25, 45, 65, 85歳を例に見てみよう．これらの年齢を個別の観察として含んだデータフレームを引数 newdata の入力として，predict() 関数を用いて計算を行う．

```
## Neighbors グループの age = 25, 45, 65, 85
age.neighbor <- data.frame(age = seq(from = 25, to = 85,
    by = 20), messages = "Neighbors")
## Control グループの age = 25, 45, 65, 85
age.control <- data.frame(age = seq(from = 25, to = 85,
    by = 20), messages = "Control")
## age = 25, 45, 65, 85 の平均トリートメント効果
ate.age <- predict(fit.age, newdata = age.neighbor) -
    predict(fit.age, newdata = age.control)
ate.age
##          1          2          3          4
## 0.06428051 0.07684667 0.08941283 0.10197899
```

投票率をモデル化する際には線形性の仮定は誤りであることが明らかになっている．有権者は年齢が上がるにつれ，より投票に行く傾向がある一方で，60代，70代になると投票率が減少し始める．このような場合の一般的な対応策は，年齢の2乗を予測変数として追加して投票率を年齢の**2次関数**（quadratic function）としてモデル化するというものである．年齢の2乗に加え

て，年齢の 2 乗と Neighbors 変数との交差項も含む次のモデルを検討してみよう。

$$Y = \alpha + \beta_1 \text{age} + \beta_2 \text{age}^2 + \beta_3 \text{Neighbors} + \beta_4 (\text{age} \times \text{Neighbors})$$
$$+ \beta_5 (\text{age}^2 \times \text{Neighbors}) + \epsilon \quad (4.10)$$

R では，I() 関数を用いて式に 2 次関数や自然対数関数を含めることができる。例えば変数 x の 2 乗項を式に含めたい場合，I(x^2) というシンタックスを用いればよい。I() 関数によって，I(sqrt(x)) や I(log(x)) というように他の算術演算を扱うこともできる。これで式 (4.10) に示されたモデルを当てはめてみよう。

```
fit.age2 <- lm(primary2006 ~ age + I(age^2) + messages +
    age:messages + I(age^2):messages, data = social.neighbor)
fit.age2

##
## Call:
## lm(formula = primary2006 ~ age + I(age^2) + messages
##     + age:messages + I(age^2):messages,
##     data = social.neighbor)
##
## Coefficients:
##              (Intercept)                         age
##               -9.700e-02                   1.172e-02
##                 I(age^2)           messagesNeighbors
##               -7.389e-05                  -5.275e-02
##      age:messagesNeighbors   I(age^2):messagesNeighbors
##                4.804e-03                  -3.961e-05
```

この例のように複雑なモデルでは，もはや係数を簡単に解釈することはできない。このような場合に最もよいのは，predict() 関数を用いて様々な場合の平均的な結果を予測し，関心のある値を算出するという方法である。ここで

は，Neighbors 条件と Control 条件の 25 歳から 85 歳までの異なる年齢の有権者の投票率の平均を予測する。そして，2 つの条件下での結果の違いとして平均トリートメント効果を計算した後，それを年齢の関数として表してみよう。これは次のシンタックスによって行うことができる。

```
## Neighbors トリートメント条件での予測された投票率
yT.hat <- predict(fit.age2,
    newdata = data.frame(age = 25:85, messages = "Neighbors"))
## コントロール条件での予測された投票率
yC.hat <- predict(fit.age2,
    newdata = data.frame(age = 25:85, messages = "Control"))
```

解釈しやすいように，以下に結果を図示する。最初の図では投票率の予測値を年齢の関数とし，Neighbors と Control のグループごとに表している。2 番目の図では，平均トリートメント効果の推定値を年齢の関数として表している。

```
## 各条件での予測された投票率をプロット
plot(x = 25:85, y = yT.hat, type = "l", xlim = c(20, 90),
    ylim = c(0, 0.5), xlab = "年齢", ylab = "予測された投票率")
lines(x = 25:85, y = yC.hat, lty = "dashed")
text(45, 0.48, "Neighbors 条件")
text(55, 0.25, "Control 条件")
## 平均トリートメント効果を年齢の関数としてプロット
plot(x = 25:85, y = yT.hat - yC.hat, type = "l",
    xlim = c(20, 90), ylim = c(0, 0.1),
    xlab = "年齢", ylab = "推定された平均トリートメント効果")
```

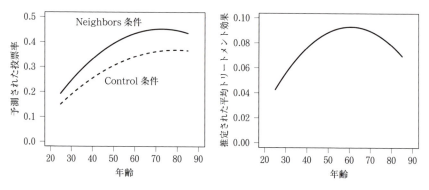

このモデルによれば，平均トリートメント効果の推定値は60歳頃でピークに達し，効果の大きさは若年と高齢の有権者ではずっと小さくなることがわかる。

4.3.4 回帰分断デザイン

第2章の検討に基づけば，トリートメントと結果変数との間の関連性を因果関係と解釈できるのは，交絡因子がない場合である。4.3.1-4.3.3で分析した実験研究ではこれがあてはまる。しかし，観察研究ではトリートメントの割り当てがランダムではない。その結果，トリートメント変数ではなく交絡因子がトリートメントグループとコントロールグループとの間の結果の違いを説明してしまうかもしれない。2.5ではこの潜在的な選択バイアスの問題を解決するためのいくつかのリサーチ・デザインを検討した。ここでは別のリサーチ・デザインである**回帰分断デザイン**（regression discontinuity design; RDデザイン）について紹介する。

RDデザインの応用例として，政治家が当選すると個人資産がどの程度増加するのかという問題について考えてみよう。ある研究者たちは，この問題をイギリスにおける国会議員を対象に分析した[6]。引用元の研究の著者らは1950年から1970年の間の総選挙に立候補した勝つ見込みのある候補者数百名の死亡時の個人資産の情報を集めた。このデータは`MPs.csv`という名のCSV形式のデータに含まれている。このデータセットに含まれる変数の名前と説明は表

---

6) この応用例は以下の論文を参考にしている。Andrew C. Eggers and Jens Hainmueller (2009) "MPs for sale? Returns to office in postwar British politics." *American Political Science Review*, vol. 103, no. 4, pp. 513-533.

表 4.8 　イギリス国会議員の個人資産データ

変数	説明
surname	候補者の名字
firstname	候補者の名前
party	候補者の所属政党（labour または tory）
ln.gross	対数化された候補者死亡時の総資産
ln.net	対数化された候補者死亡時の純資産
yob	候補者の誕生年
yod	候補者の死亡年
margin.pre	過去の選挙における候補者の政党の勝利マージン
region	選挙ブロック（region）
margin	勝利マージン（得票率）

4.8 に示してある。

　国会議員とそうでない人との間で個人資産を単純に比較しては，正しい因果推論はできそうにない。なぜなら，国会議員になった人はそうでない人と数々の観察可能・不可能な特徴において異なるからである。代わりに，RD デザインの鍵となる考え方は，辛うじて議席を獲得した議員とあと一歩で敗れた議員とを比較する点にある。このような比較をする背景として，もし国会議員であることが実際に経済的利益を生むのであれば，ある候補者の得票マージンが負から正へ変わるとき，個人資産は正の方向に大きく，非連続的に増加することが期待できるだろう。非連続的な点で他のことが起こっていないと仮定すれば，このしきい値における国会議員になることの平均因果効果を，辛うじて選挙に勝利した候補者ともう一歩で敗れた候補者とを比較することで識別することができる。非連続的な点における平均個人資産を予測するには回帰分析を用いる。

　RD デザインを理解するには，単純な散布図と回帰直線を用いるのが最も良い方法である。そのために，結果変数である死亡時の純資産の対数と勝利マージンとの散布図を作成する。資産を自然対数変換するのは，少数の政治家が非常に巨額の富を蓄えており，この変数（の分布）が歪んでいるからである（3.4.1 の検討を参照）。そして，正のマージンをもつ観察（つまり選挙に勝利し議員になった候補者）と負のマージンをもつ観察（落選した候補者）で別々に線形回帰モデルを当てはめる。非連続の点，つまり，勝利マージンが 0 の点における 2 つの回帰分析の予測値の差が，国会議員を務めることの個人資産に与える平均因果効果を表している。

まず労働党（Labour Party）と保守党（Tory Party）の政党ごとにデータセットを部分集合化し，2つの回帰分析をそれぞれのデータセットに当てはめてみよう。

```r
## データを読み込み，2つの政党のみの形に部分集合化
MPs <- read.csv("MPs.csv")
MPs.labour <- subset(MPs, subset = (party == "labour"))
MPs.tory <- subset(MPs, subset = (party == "tory"))
## 労働党の2つの回帰分析（負と正のマージン）
labour.fit1 <- lm(ln.net ~ margin,
    data = MPs.labour[MPs.labour$margin < 0, ])
labour.fit2 <- lm(ln.net ~ margin,
    data = MPs.labour[MPs.labour$margin > 0, ])
## 保守党の2つの回帰分析（負と正のマージン）
tory.fit1 <- lm(ln.net ~ margin,
    data = MPs.tory[MPs.tory$margin < 0, ])
tory.fit2 <- lm(ln.net ~ margin,
    data = MPs.tory[MPs.tory$margin > 0, ])
```

予測変数の特定の値を用いて結果を予測するには，新しいデータフレームであるnewdataを引数として指定してpredict()関数を用いる。ここでは労働党と保守党の候補者で別々の分析を行い，各党における因果効果を推定する。

```r
## 労働党の予測の範囲
y11.range <- c(min(MPs.labour$margin), 0)    # 最小値から0
y21.range <- c(0, max(MPs.labour$margin))    # 0から最大値
## 予測
y1.labour <- predict(labour.fit1,
    newdata = data.frame(margin = y11.range))
y2.labour <- predict(labour.fit2,
    newdata = data.frame(margin = y21.range))
```

4.3 回帰分析と因果関係 —— 241

```r
## 保守党の予測の範囲
y1t.range <- c(min(MPs.tory$margin), 0)   # 最小値から 0
y2t.range <- c(0, max(MPs.tory$margin))   # 0 から最大値
## 結果の予測
y1.tory <- predict(tory.fit1,
    newdata = data.frame(margin = y1t.range))
y2.tory <- predict(tory.fit2,
    newdata = data.frame(margin = y2t.range))
```

ここで,純資産の対数と選挙マージンの散布図に各政党の予測値をプロットする。

```r
## 労働党の散布図と回帰直線
plot(MPs.labour$margin, MPs.labour$ln.net, main = "労働党",
    xlim = c(-0.5, 0.5), ylim = c(6, 18),
    xlab = "勝利マージン", ylab = "死亡時純資産の対数")
abline(v = 0, lty = "dashed")
## 回帰直線の追加
lines(y1l.range, y1.labour, col = "blue")
lines(y2l.range, y2.labour, col = "blue")
## 保守党の散布図と回帰直線
plot(MPs.tory$margin, MPs.tory$ln.net, main = "保守党",
    xlim = c(-0.5, 0.5), ylim = c(6, 18),
    xlab = "勝利マージン", ylab = "死亡時純資産の対数")
abline(v = 0, lty = "dashed")
## 回帰直線の追加
lines(y1t.range, y1.tory, col = "blue")
lines(y2t.range, y2.tory, col = "blue")
```

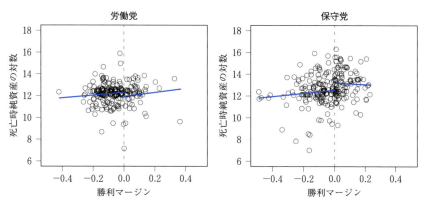

結果は，保守党の国会議員は当選することで経済的利益を得ている一方で，労働党の議員は得ていないというものだった。保守党の候補者にとって経済的利益はどの程度の大きさなのだろうか。分析では純資産は対数で測定されているので，マージンが0の点における予測値の差を数値的に計算し，その数を元の尺度(英ポンド)に戻すことができる。3.4.1で示したように，自然対数の**逆関数**(inverse function)は指数関数で，Rでは exp() 関数で表されることを思い出そう。

```
## 保守党所属の議員の純資産の平均
tory.MP <- exp(y2.tory[1])
tory.MP

##        1
## 533813.5

## 保守党所属の非議員の純資産の平均
tory.nonMP <- exp(y1.tory[2])
tory.nonMP

##        2
## 278762.5

## 因果効果(単位：英ポンド)
```

```
tory.MP - tory.nonMP
##         1
## 255050.9
```

国会議員を務めることが保守党候補の個人資産に与える効果の推定値は，250,000ポンドをわずかに上回る。保守党の国会議員でない候補者の純資産の平均が270,000ポンドを少し上回る程度なので，推定された効果は非常に大きい。国会議員を務めることは，死亡時の純資産を倍近くに増やしたのである。

　回帰分断デザインの**内的妥当性**(internal validity)はどのように検証できるだろうか。1つの方法は**プラシーボテスト**(placebo test)である。プラシーボテストは効果が理論的に0とわかっている場合に用いられ，効果の推定値が実際に0に近いことを示すものである。このテストの呼び名は，医学研究においてプラシーボ(偽薬)が(おそらくは心理的な作用によってしばしば効果があるという証拠は数多く提出されているものの)健康状態に効果がないと考えられることに由来している。この例では，ある政党の現在の選挙マージンが，同じ政党の**過去**の選挙の勝利マージンに与える平均トリートメント効果を推定する。現在，国会議員であることは，過去の選挙結果に影響を与えるはずがないので，もしRDデザインが適切であればこの効果は0であるはずである。一方で，もし推定された効果が0と大きく異なっていれば，回帰分断デザインの仮定が正しくない可能性を示唆している。例えば，政権党は接戦の選挙で勝つために不正を行うかもしれない。

```
## 保守党の2つの回帰分析：負と正のマージン
tory.fit3 <- lm(margin.pre ~ margin,
    data = MPs.tory[MPs.tory$margin < 0, ])
tory.fit4 <- lm(margin.pre ~ margin,
    data = MPs.tory[MPs.tory$margin > 0, ])
## 2つの切片の差が推定された効果である
coef(tory.fit4)[1] - coef(tory.fit3)[1]

## (Intercept)
```

```
## -0.01725578
```

　過去の勝利マージンに与える効果の推定値は，2パーセントポイント未満である。このような小さな効果は，RDデザインを本研究に使用できるという主張に実証的な裏づけを与えてくれる。第7章では，推定値がどの程度小さいとこうした結論に達するのに十分なのかという問いにもっときちんと答えよう。

　RDデザインは観察研究の核心となる問題点，つまり潜在的な交絡効果によるバイアスを克服できるけれども，**内的妥当性**の高さは**外的妥当性**の犠牲を伴う。具体的には，このデザインで得られる因果効果の推定値は，非連続点の近くの観察に対してしか適用されない。この例では，それらの観察は選挙に僅差で勝利または敗北した候補者を代表している。国会議員を務めることで受ける経済的恩恵の程度は，大きな勝利マージンで当選した候補の場合には大きく異なるかもしれない。このように，RDは他のアプローチに比べて弱い仮定しか必要としないものの，得られる推定値は関心のあるより大きな母集団全体へ一般化可能であるとは限らないのである。

> 回帰分断デザインは，交絡因子が存在する可能性のある観察研究において用いられる因果推論の手法である。RDデザインでは，非連続の点における結果変数の変化はトリートメント変数のみの変化に起因すると仮定する。RDデザインは高い内的妥当性を備えている一方で，非連続の点から離れた観察に対して結果を一般化できない場合があるため，外的妥当性を欠くことがある。

4.4　まとめ

　本章では，最初に，選挙予測について検討した。アメリカ大統領選挙を例に，選挙前の世論調査で完璧ではないにせよ比較的正確な選挙結果の**予測**ができることを示した。そして，**予測誤差**を紹介し，予測の正確性をどのように

測定すればよいかをバイアスや2乗平均平方根誤差といった統計量を用いて説明した。また，本章ではカテゴリー化された結果変数の予測である**分類**の問題も論じた。さらに，偽陽性と偽陰性の2種類の**誤分類**があることを学んだ。例えば，投票に行った有権者を棄権者と分類するのは偽陰性である一方，棄権した有権者を投票したと分類するのは偽陽性である。両者の間には明らかなトレードオフがあり，偽陽性を最小化すると偽陰性が増加する傾向があり，その逆もまた然りである。

次に，関心のある結果変数を別の変数を用いて予測する際に一般に用いられる方法として，**線形回帰モデル**を紹介した。これを用いることで，説明変数（あるいは予測変数）の値に基づいて結果変数を予測することができる。線形回帰モデルに基づいた予測は，通常は，予測誤差の平方和を最小化する**最小2乗法**を用いて行われる。加えて，線形回帰と**相関**との間の詳細な関係と**平均への回帰**と呼ばれる現象について説明した。最後に，**決定係数**と残差を検証することを通じてモデルを評価する方法をいくつか提示した。標本のもつ固有の特徴をモデルに当てはめるのではなく，データ生成過程の規則的な特徴を識別するためには，モデルを手許にあるデータにオーバーフィットさせないことが重要である。

我々の直感に反して，回帰分析を通じて明らかになる関連性は必ずしも**因果関係**を意味しない。回帰分析は観察された結果を予測することはできても，反事実の結果を予測できるとは限らないのである。しかし，正しい因果推論は後者を必要とする。本章の最後では，実験データと観察データへの回帰分析の使用例を紹介した。そこでは，**交差項**を含む線形回帰モデルを用いた不均一トリートメント効果の推定の仕方を学んだ。また，**回帰分断デザイン**について論じた。このデザインを用いれば，トリートメント割り当てメカニズムにおける非連続性を利用することで，観察研究においても因果効果を厳密に識別することができる。しかし，回帰分断デザインの主な欠点は**外的妥当性**の欠如（の可能性）である。具体的には，このデザインに基づく実証的な結論は非連続のしきい値から離れた観察には適用できないかもしれないのである。

表 4.9 2008 年と 2012 年のイントレード予測市場データ

変数	説明
day	取引の日付
statename	各州のフルネーム(ワシントン D.C. を含む)
state	各州の略称(ワシントン D.C. を含む)
PriceD	民主党指名候補の市場終値(予測された得票率)
PriceR	共和党指名候補の市場終値(予測された得票率)
VolumeD	民主党指名候補の市場における総取引高
VolumeR	共和党指名候補の市場における総取引高

4.5 練習問題

4.5.1 賭博市場に基づく予測

この章の冒頭で，世論調査を用いた選挙結果の予測を学んだ．ここでは，賭博市場に基づく選挙結果の予測を学んでみよう．具体的には，2008 年と 2012 年のアメリカ大統領選挙について，イントレード(Intrade)というインターネット上の賭博会社のデータを分析する．イントレードでは，「オバマがフロリダ州の選挙人票を獲得する」といった契約を人々が取引する．それぞれの契約の市場価格は，その売上に応じて変動する．どうしてイントレードのような賭博市場が選挙結果やその他の出来事を正確に予測できると考える人がいるのだろうか．市場は利用可能な情報を効率的に集約することができると主張する研究者がいるのである．この問題では，各州における民主党候補ないし共和党候補の勝利という契約の市場価格を分析することで**効率的市場仮説**(efficient market hypothesis)を検証する．

2008 年と 2012 年のデータファイルは，それぞれ，intrade08.csv と intrade12.csv という名前の CSV フォーマットで入手できる．表 4.9 には，これらのデータセットに含まれる変数の名前と説明を示した．これらのデータセットの各行は，ある州における民主党か共和党のいずれかの候補の勝利に対する契約についての毎日の取引情報を表している．また，選挙結果のデータも用いる．これらのデータファイルは pres08.csv(表 4.1)と pres12.csv(表 4.5)である．

1. まず，2008 年の選挙結果を予測するために，選挙前日の市場価格を用いてみよう．これを行うには，各州の候補者の賭博市場の情報を選挙前日

のみ含むようにデータを部分集合化する。2008年の投票日は11月4日だった。ある州の2候補の(投票人を獲得するという)契約の終値を比較し，高値が付いた方の候補をその州の予測された勝者として分類しよう。どの州が誤って分類されただろうか。この結果は，この章のはじめに示した世論調査による分類と比べてどうだろうか。同じ分析を2012年11月6日の選挙についても行おう。2008年の分析と比べて，2012年の賭博市場はどの程度うまく予測できただろうか。なお，2012年には共和党と民主党の競争があまり激しくないいくつかの州では，賭博市場で取引がなかったため選挙前日の市場価格が欠損値となっている。これらの州ではイントレードの予測が正しかったと想定する。

2. 賭博市場に基づく予測は，時間とともにどのように変化するだろうか。2008年の選挙前日だけではなく直近90日の各日について前問と同じやりかたで分類を行おう。この90日について民主党候補者の選挙人票数の予測値を図示する。結果の図には実際の選挙結果も示す。なお，2008年の選挙ではオバマは365人の選挙人を獲得している。図について簡潔にコメントしよう。

3. 前問と同じことを，ある州の各候補に対し日足(日ごとの)価格の代わりに7日**移動平均**(moving-average)価格を用いて行おう。4.1.3で見たように，これはループを用いて行うことができる。ある日において(その日を含む)直近7日間の取引終値の平均をとるのである。この問いに答えるには，はじめに各州の7日平均を計算しなければならない。次に，オバマが勝利すると予測された州の選挙人票の数を合計する。`tapply()`関数を使えば，ある日の各州の予測された勝者を効率的に計算することができる。

4. `polls08.csv`という名前のデータファイルを用いて，2008年の全米の世論調査の予測について同様の図を作成しよう(表4.2を参照)。なお，世論調査は各州で毎日行われているわけではない。したがってある州において，選挙運動期間の直近90日間の各日について，その日に最も近いときに行われた世論調査から平均の勝利マージンを計算する。もし，同じ日に複数の世論調査が行われていた場合は，それらの世論調査を平均する。各州の最新の予測に基づいて，オバマが獲得すると予測された選挙人票を合計しよう。この問いの解き方の1つは，2つのループをプ

表 4.10 2012 年アメリカ大統領選挙世論調査データ

変数	説明
state	世論調査の行われた州の略称
Obama	オバマの予測された支持率(パーセンテージ)
Romney	ロムニーの予測された支持率(パーセンテージ)
Pollster	世論調査を行った組織の名前
middate	世論調査が行われた期間の中間日

ログラムすることである。すなわち，（各州について）51 回の繰り返しをもつ内側のループと，（各日について）90 回の繰り返しをもつ外側のループを作るのである。

5. イントレード市場における価格マージンと，実際の勝利マージンとの関係はどうなっているだろうか。2008 年の選挙前日の市場データだけを用いて，オバマの各州における実際の勝利マージンをオバマのイントレード市場における価格マージンで回帰しよう。同様に，別個の分析として，オバマの実際の勝利マージンを，オバマの各州における最新の世論調査に基づいて予測された勝利マージンで回帰する。これらの回帰分析の結果を解釈しよう。

6. この世論調査と，イントレードによる予測方法は，2012 年の選挙結果も正確に予測できるだろうか。先の問題で用いられた回帰モデルを用いて，2012 年の選挙におけるオバマの実際の勝利マージンを 2 つのやり方で予測しよう。まず，各州の 2012 年の選挙前日のイントレードの価格マージンを予測変数として用いる。なお，2012 年のイントレード・データはすべての州の市場価格を含んでいるわけではない点を考慮し，データのない州は無視する。次に polls12.csv にある各州の最新の世論調査に基づいた 2012 年の投票マージンの予測値を予測変数として用いる。表 4.10 には 2012 年アメリカ大統領選挙の世論調査データに含まれる変数の名前と説明が示されている。

4.5.2 メキシコにおける選挙と条件付き現金給付プログラム

この問題では，メキシコの**条件付き現金給付プログラム**(conditional cash transfer program; CCT プログラム)である**プログレッサ**(Progresa)が選挙に与え

る影響の推定を試みた研究のデータを分析する[7]。オリジナルの研究は，2000年のメキシコ大統領選挙の21か月前または6か月前のいずれかに，資格要件を満たす村民にプログラム給付を無作為に割り当てたCCTプログラムの無作為評価に基づいている。ここでは，前者を前期のプログレッサ，後者を後期のプログレッサと呼ぶことにする。オリジナルの研究の著者は，CCTプログラムは有権者を動員し，投票率と与党（この場合，制度的革命党（Partido Revolucionario Institucional; PRI））の支持の増加につながると仮説を立てた。この分析は，評価に参加する村が2つ以上含まれないような選挙区を標本としている。

分析に使用するデータは，progresa.csvという名前のCSVファイルとして入手できる。表4.11にはデータセットに含まれる変数の名前と説明が示されている。データの各観察は選挙区を表し，データには各選挙区についてのトリートメントの状態や，関心のある結果変数，社会経済指標，その他の選挙区の特徴についての情報が含まれている。

1. 「トリートメントを受けた」（前期のプログレッサの）選挙区と，「コントロールグループの」（後期のプログレッサの）選挙区との選挙結果の平均を比較することで，投票率と与党（PRI）への支持に対するCCTプログラムの影響を推定しよう。次に結果変数をトリートメント変数に回帰してこれらの効果を推定しよう。ここではオリジナルの分析に従い，投票率や得票率を，資格要件を満たす有権者年齢人口シェア（t2000とpri2000s）として用いる。結果は仮説を支持するだろうか。簡潔に解釈しよう。

2. オリジナルの分析では，著者は一連のトリートメント前の予測変数とトリートメント変数を予測変数として含む線形回帰モデルを当てはめている。ここでは，各結果変数に対して似たモデルを当てはめる。説明変数として，選挙区における平均貧困指数（avgpoverty），1994年における選挙区の総人口（pobtot1994），前回の選挙で投票した有権者数（votos1994），そして前回の選挙で競合した主要3党への各投票総数（PRIはpri1994，国民行動党（Partido Acción Nacional; PAN）はpan1994，

---

[7] この問題は以下の2つの研究に基づいている。Ana de la O (2013) "Do conditional cash transfers affect voting behavior? Evidence from a randomized experiment in Mexico." *American Journal of Political Science*, vol. 57, no. 1, pp. 1-14; Kosuke Imai, Gary King, and Carlos Velasco (2015) "Do nonpartisan programmatic policies have partisan electoral effects? Evidence from two large scale randomized experiments." Working paper.

表 4.11 条件付き現金給付プログラム(プログレッサ)データ

変数	説明
treatment	前期のプログレッサが世帯に給付された村を選挙区が含んでいるかどうか
pri2000s	2000 年の選挙における 18 歳以上の選挙区人口シェアとしての PRI 得票率
pri2000v	2000 年の選挙における公式 PRI 得票率
t2000	2000 年の選挙における 18 歳以上の選挙区人口シェアとしての投票率
t2000r	2000 年の選挙における公式投票率
pri1994	1994 年の選挙における PRI の総得票数
pan1994	1994 年の選挙における PAN の総得票数
prd1994	1994 年の選挙における PRD の総得票数
pri1994s	1994 年の選挙における 18 歳以上の選挙区人口シェアとしての PRI 得票率
pan1994s	1994 年の選挙における 18 歳以上の選挙区人口シェアとしての PAN 得票率
prd1994s	1994 年の選挙における 18 歳以上の選挙区人口シェアとしての PRD 得票率
pri1994v	1994 年の選挙における公式 PRI 得票率
pan1994v	1994 年の選挙における公式 PAN 得票率
prd1994v	1994 年の選挙における公式 PRD 得票率
t1994	1994 年の選挙における 18 歳以上の選挙区人口シェアとしての投票率
t1994r	1994 年の選挙における公式投票率
votos1994	1994 年の選挙における公式投票数
avgpoverty	村の貧困指数の選挙区平均
pobtot1994	選挙区の総人口
villages	選挙区に含まれる村の数

そして民主革命党(Partido de la Revolución Democrática; PRD)は prd1994)を含める。オリジナルの分析と同じく有権者年齢人口シェアに基づく結果変数を用いる。このモデルによれば,プログラムの対象になることが投票率や与党支持に与える影響の平均効果の推定値はどれだけだろうか。これらの結果は前問で得た回答と異なるだろうか。

3. 次に,より自然な代替モデルを定式化してみよう。前問と同様,オリジナルと同じ結果変数を用いる。しかし,ここでのモデルは,過去の選挙結果変数として実測数を用いる代わりに,有権者年齢人口におけるシェアとして測ったもの(t1994, pri1994s, pan1994s, prd1994s)を説明変数として用いる。加えて,選挙区人口変数も自然対数変換を施して予測変数として加える。オリジナルのモデルと同様,追加の予測変数として平均貧困指数が含まれる。こうした新しいモデルの定式化に基づく結果は前問で得たものと異なるだろうか。もし異なるのであればどちらのモデルがデータによく当てはまっているだろうか。

4. 先の分析で用いた，いくつかのトリートメント前の予測変数のバランスについて検討してみよう。箱ひげ図を用いて，トリートメントグループとコントロールグループの間で(オリジナルの尺度の)選挙区人口，平均貧困指数，(有権者年齢人口シェアとしての)過去の投票率，そして(有権者年齢人口シェアとしての)過去の PRI の支持率を比較する。観察されたパターンについてコメントしよう。

5. 次に，オリジナルの分析で用いられた(有権者年齢人口シェアとしての)投票率ではなく，(有権者登録された有権者シェアとしての)公式の投票率である t2000r を結果変数として用いる。同様に(有権者年齢人口シェアとしての) PRI の支持率ではなく，(全投票に占める割合としての)公式 PRI 得票率である pri2000v を結果変数として用いる。平均貧困指数，対数化選挙区人口，そして過去の公式の選挙結果変数(過去の投票率として t1994r，PRI, PAN, PRD の得票率として pri1994v, pan1994v, prd1994v)を説明変数として含む線形回帰を用いて，CCT プログラムの平均トリートメント効果を推定しよう。結果を簡潔に解釈しよう。

6. ここまで，CCT プログラムの平均トリートメント効果を推定することに焦点を当ててきた。しかし，これらの効果は選挙区によって異なるかもしれない。重要な検討事項の1つに，貧困があげられる。貧困率の高い選挙区に住む人々は現金給付をより受けたいと思うので，CCT プログラムを受けたとき，より投票に行ったり与党を支持したりしやすい，という仮説が成り立つかもしれない。選挙区の貧困レベルの違いでこの政策の平均トリートメント効果がどのように変わるかを調べることで，この可能性について評価しよう。その際，トリートメント変数，対数変換した選挙区人口，平均貧困指数とその2乗，トリートメント変数と平均貧困指数との交差項，そして，トリートメント変数と平均貧困指数の2乗との交差項を予測変数として用い，線形回帰を当てはめる。個々の観察された値の平均効果を推定しよう。それらを平均貧困指数の関数として図示する。結果の図についてコメントしよう。

4.5.3　ブラジルにおける政府間移転支出と貧困削減

この問題では，政府支出の増加が平均教育年数と識字率，貧困率に与える影

表 4.12 ブラジルの政府間移転支出データ

変数	説明
pop82	1982 年の人口
poverty80	1980 年の州の貧困率
poverty91	1991 年の州の貧困率
educ80	1980 年の州の平均教育年数
educ91	1991 年の州の平均教育年数
literate91	1991 年の州の識字率
state	州名
region	地域名
id	市町村 ID
year	年

響を推定する[8]。一部の研究者の間では，汚職が蔓延し不平等な環境では政府支出によって達成できることはほとんどないと考えられている。一方で，そのような環境では説明責任の圧力と公共財への高い需要が，エリートの対応を促すだろうと考える研究者もいる。この論争について検討するため，1991 年までブラジルの各市町村(municipality)への政府間移転支出の算出式が，部分的に，市町村の人口によって決定されていたことを利用しよう。つまり，人口が算出式に定められたしきい値に満たない市町村は追加収入が得られなかった一方，しきい値よりも人口の多い自治体は追加収入を得ていたということである。transfer.csv という名前のファイルには表 4.12 に示された変数が含まれている。

1. この例に回帰分断デザインを適用する。このデザインに必要な仮定を述べ，その仮定をこの具体例の文脈に沿って解釈しよう。この仮定が成立しないのは，どのようなシナリオにおいてだろうか。この具体例において，回帰分断デザインを用いることの利点と欠点は何だろうか。
2. まず，それぞれの市町村が，政府間移転支出を受けるかどうかのしきい値にどれだけ近いかを示す変数を作成しよう。移転額の違いは，10,188 人，13,584 人，そして 16,980 人という 3 段階の人口しきい値で起こった。これらのしきい値を用いて，最も近い人口しきい値との差を示す単独の変数を作成しよう。オリジナルの分析に従って，その差を対応する

---

[8] この問題は以下の論文に基づいている。Stephan Litschig and Kevin M. Morrison (2013) "The Impact of intergovernmental transfers on education outcomes and poverty reduction." *American Economic Journal: Applied Economics*, vol. 5, no. 4, pp. 206–240.

しきい値で割ってこの尺度を標準化し，それに 100 を掛ける。これにより，対応するしきい値と比べた，各市町村の人口としきい値との差の正規化された(normalized)パーセントスコアが算出される。

3. はじめに，政府間移転支出の受給しきい値のいずれかの側から 3 パーセントポイント以内の市町村のみが含まれるよう，データを部分集合化する。回帰分析を用いて政府間移転支出が平均教育年数，識字率，貧困率という 3 つの結果変数に与える平均の因果効果をそれぞれ推定しよう。

4. データの点，当てはめられた回帰直線，人口によるしきい値を図示することで，前問で行った分析をビジュアル化する。図について簡潔にコメントしよう。

5. 線形回帰モデルを当てはめる代わりに，しきい値の上にある観察値のグループと下のグループとの間の結果変数の平均の差を計算しよう。推定値は問 3 で得たものとどのように異なるだろうか。ここで用いられる仮定は，問 3 で行った分析で必要だった仮定と同一だろうか。どちらの推定値がより適切だろうか。考察しよう。

6. 問 3 で行ったのと同じ分析を，分析に含まれる観察の幅を変えて行い，政府間移転支出の受給のしきい値からの距離を上下ともに 1 から 5 パーセントポイントまで変化させてみよう。幅は 1 パーセントポイントごとに変えることとし，それぞれの幅について推定値を求める。結果について簡潔にコメントしよう。

7. 問 3 で行ったのと同じ分析を，今度は人口に基づく政府間移転支出が始まる前の 1980 年に記録された貧困率と平均教育年数を用いて行おう。この結果から問 3 で行った分析の妥当性について何が言えるだろうか。

事項索引

253 ページまでが上巻，255 ページ以降が下巻である

英数字

1 個抜き交差検証　275
1 次モーメント　397
1 標本の t 検定　473
1 標本の z 検定　473
1 標本の検定　469
2 次関数　235
2 次モーメント　397
2 乗平均誤差　434
2 乗平均平方根　93, 179, 196
2 乗平均平方根誤差　179, 196, 433
2 値確率変数　377
2 値変数　51
2 標本の t 検定　478, 480
2 標本の z 検定　478
2 標本の検定　469
16 進数　307
16 進数カラーコード　307
CDF　377
CSV　27
DW-NOMINATE スコア　133
i.i.d.　382
IQR　90
k 平均法　6, 145
PDF　379
PMF　377
p 値　465
Q-Q プロット　143, 157, 159, 391, 457
R^2　210, 227, 514
RData　27
RMS　93
tf　261-263
tf-idf　266
t 検定　480
t 統計量　455, 511
t 分布　455
z 得点　140, 207, 388, 391

あ 行

アイテム・カウント法　129
当てはめ値　192
アニメーション　316, 319
一部項目無回答　127, 156
一様確率変数　379
一致性がある　424
イデオロギー　131
移動平均　247, 321
入次数　289
因果関係　5
因果効果　64
因果推論　64
因果推論の根本問題　65, 95, 460
因子　57
因子変数　61, 110
受け手　280
エッジ　281
横断的比較デザイン　77
送り手　280
起こる　330
オーバーフィッティング　217
オーバーフィット　275
オブジェクト　16

か 行

回帰分断デザイン　238
階乗　335
外生性　497
階段関数　383
外的妥当性　70, 76, 244
ガウス分布　386
科学的有意性　469, 475
攪乱項　191
確率　8, 327
確率質量関数　377
確率抽出法　121
確率分布　376

確率変数　376
確率密度関数　379
確率モデル　376
加重平均　371
仮説検定　459
片側 p 値　466
片すその p 値　466
傾き　191
偏りがない　179
カテゴリー変数　61
加法定理　331
観察研究　76, 96, 499
観察されない交絡因子　499
観察できる変数による選択　500
関数　16
完全ランダム化　425, 460
偽陰性　183
機関内倫理委員会　128
記述統計量　89
期待値　394, 423
キッシュ・グリッド　124
偽発見率　367
帰無仮説　464
逆関数　242
逆文書頻度　266
教師あり学習　155, 264
教師なし学習　155, 264
偽陽性　183, 361, 367
共分散　515
行列　145, 151
極限　328
近接性　283, 291
クインカンクス　407
空間データ　298, 318
空間投票　131
空間ポイント・データ　298
空間ポリゴン・データ　298, 302
グーグル　293
組み合わせ　340
クラス　19
クラスター　145
クラスター化アルゴリズム　145, 157
グラフ　281
グラフ強度　323
繰り返し　167
繰り返しアルゴリズム　150

クロス集計表　49
クロスセクション・データ　84
経験則　445
計算革命　1
係数　191
結果変数　46
結合　201
決定係数　210, 227, 514
欠落変数の不在　500
検定統計量　464
検定力　487
検定力関数　490
検定力分析　487
検定レベル　465
合計　23
合計特殊出生率　41
交差検証　318
交差項　230
項目応答理論　132
交絡因子　81, 301
交絡バイアス　81
公理　331
効率的市場仮説　246
コサイン類似性　320
誤差項　191
誤差帯　439
誤差の範囲　445
コーパス　258
五分位数　91
誤分類　182
誤報告　128
コレラの伝染形態　298
コントロールグループ　69, 77

さ 行

『ザ・フェデラリスト』　255, 256
最小 2 乗法　195
最小値　23
最大値　23
細分類化　82
作業スペース　32
作業ディレクトリ　27
差の差分法　85
サーベイ　104
残差　192, 222, 391
残差の標準誤差　514

事項索引 —— 257

残差プロット　213
残差平方和　195, 222
参照分布　464
散布図　133, 157, 188
サンプル外予測　217, 275
サンプル内予測　217, 275
三分位数　91
時間傾向　85
時空間データ　298, 318
時系列プロット　136, 185
事後確率　360
事象　330
次数　282, 289
事前・事後の比較デザイン　84
事前確率　360
自然言語処理　258
自然実験　101, 300, 301
自然対数　124
実験　330
実験データ　46
ジニ係数　137
指標関数　402
指標変数　223
四分位数　30, 90
四分位範囲　90
シミュレーション　338
社会的望ましさバイアス　39, 128, 156
集合　330
縦断的研究　97
縦断的データ　84
自由度　227, 436, 455
十分位数　91
周辺確率　346
主効果　233
出版バイアス　484, 526
順列　334
条件付き確率　343, 347, 349
条件付き期待値　497
条件付き期待値関数　498
条件付き現金給付プログラム　248
条件付き独立性　355, 370
条件文　60
真陽性　365
真陽性率　360, 365
信頼区間　439
信頼水準　439

信頼帯　439
推定　421
推定誤差　423
数値変数　111
スクレーピング　257
スケーリング　151
ステューデントの t 検定　494
ステューデントの t 分布　455
正規分布　386
政治の分極化　136
生態学的推論　529
積分　395
絶対値　93
切片　191
全確率の公式　333, 344, 348, 355
選挙人団　165
漸近定理　403
線形回帰　187
線形関係　191
線形代数　146
線形モデル　191
全項目無回答　127, 156, 451
潜在的結果　66
全数調査　120
選択バイアス　81
全分散の法則　508, 509
疎　262
相関　140
相関関係　69
相関関係は必ずしも因果関係を意味しない　139
相関係数　140, 157
総平方和　210
測定　6
測定モデル　131
粗死亡率　42
粗出生率　40

た 行

台　395
第 1 種の過誤　465
第 1 四分位数　90
第 2 種の過誤　465, 487
第 2 四分位数　90
第 3 四分位数　90
大数の法則　404, 424, 428

対数変換　124, 336
代表的　121
大標本定理　403
対立仮説　466
多重検定　485
多段クラスター抽出法　124
他の条件が一定ならば　222
他の予測変数がすべて一定のとき　222
ダミー変数　51
単語の袋　263, 318
探索的データ分析　255
単純無作為抽出（法）　121, 339, 422
単純ランダム化　425, 460
誕生日問題　335
地図　298
中央値　30, 89
抽出のばらつき　399
中心化　151
中心極限定理　407, 439, 456, 488, 510, 516
中心性　282
中心点　150
チョウ型投票用紙　214
調整済み決定係数　227, 515
頂点　281
テキスト・データ　318
出次数　289
データ革命　1
データ生成過程　191, 339, 428, 496
天井効果　130
統計的コントロール　82
統計的有意性　469, 475
同時確率　347
同時独立性　355
投票推進　71
等分散性　508
独立性　353
独立で同一の分布に従う　382
ドット積　320
トリートメントグループ　69, 77
トリートメントグループに対する標本平均トリートメント効果　87
トリートメント前の変数　75
トリートメント前の予測変数　81
トリートメント変数　46, 65

な 行

内的妥当性　70, 76, 243, 244
二項定理　385
二項分布　382
入次数　289
認識　68
ネットワーク・データ　279
ネットワーク密度　322
年齢別死亡率　42
年齢別出生率　41
ノード　281

は 行

バイアス　423
媒介性　285, 291
背理法　464
箱ひげ図　116, 157
パスカルの三角形　385
外れ値　89, 158, 214
発見　8
パネルデータ　84
パラメーター　421
範囲　23
反事実　64
反復期待値の法則　506
引数　23
引き出しバイアス　526
非交絡　500
ヒストグラム　111, 157, 180
非線形関係　191
非復元抽出（法）　121, 463
百分位数　91
標準化　151
標準化残差　391
標準誤差　435
標準正規分布　387, 391, 428
標準偏差　93, 94, 396
標本空間　330
標本サイズ計算　446
標本選択バイアス　70, 122
標本相関　515
標本抽出枠　121, 123, 126
標本調査　120, 156
標本分布　423, 434, 464
標本平均　51, 80, 394

標本平均トリートメント効果　68, 425
非類似度　325
ビン　111
頻度論者　328
フィッシャーの正確確率検定　466
『フェデラリスト・ペーパー』　256
不確実性　9
不均一トリートメント効果　229
不均一分散　510
不均一分散頑強標準誤差　510
復元抽出法　121
不偏　423
不変的な特徴　67
プラシーボテスト　243
プログレッサ　248
分位数　89, 91
分位値トリートメント効果　98
分割表　49, 61
分散　94, 396, 398
文書-用語行列　261
文書頻度　266
分類　182
分類誤差　274
平均値　23
平均トリートメント効果　68
平均の差推定量　69, 220, 426
平均への回帰　199, 390
ベイズの公式　359
ベイズ論者　328
ベクトル　15, 20
ページランク　293, 318, 323
ベルヌーイ確率変数　377
辺　281
ベン図　332, 333
包含確率　442
棒グラフ　110, 157
補充あり抽出　338
補集合　333
母集団平均　394
母集団平均トリートメント効果　428
補充なし抽出　339
ホーソン効果　72, 75
ポリティ指標　102

ま 行

間違った発見　485

密度　112, 379
無回答　424
無向　287
無向ネットワーク　280
無向ネットワーク・データ　318
無作為番号ダイアリング　123
無相関　498
明確な帰無仮説　464
モンティ・ホール問題　357
モンテカルロ・シミュレーション（法）
　　338, 358, 381, 400, 405, 428
モンテカルロ誤差　340, 431

や 行

有意水準　465
有向　287
有向ネットワーク　280
有向ネットワーク・データ　318
有理数　464
床面効果　130
用語-文書行列　262
用語頻度　261, 263, 266
用語頻度-逆文書頻度　266, 318
陽性適中率　361
要素指定　21
予測　7
予測誤差　178, 192
予測値　192

ら 行

ランダム回答法　131
ランダム化実験　68
ランダム化推論　464
ランダム化比較試験　68, 95, 425, 498
離散確率変数　376, 377
離心性　283
リスト　145, 152
リスト実験　129
リストワイズ除去　109
リベラリズム　163
両側 p 値　466, 470
両すそ p 値　466
臨界値　439, 456
隣接行列　279
リンティング　37
累積分布関数　377, 379

累積和　405
ループ　167, 276, 430
ループカウンター　167
レベル　62
連続確率変数　376, 379
ローレンツ曲線　137
論理演算子　52
論理積　52

論理値　51
論理和　52

わ行

ワードクラウド　263
割り当て演算子　16
割り当て抽出法　121

R 索引

!=   54
( )   168
*   233
-   21
:   25, 31, 232
<   54
<-   23
<=   54
=   54
==   54
>   54
>=   54
[ ]   20, 31
[,]   58, 59, 262
[[260
[[ ]]   149
37
15, 37
$ 16, 30, 41, 49, 152, 289
%   16
%%   174
%in%   164
&   52, 53, 55
\n   168
| 52, 53, 55
]]   260

abline()   114, 116, 194
addmargins()   49
animation パッケージ   316, 317
apply()   148
as.data.frame()   277
as.Date()   177
as.factor()   62
as.integer()   52
as.matrix()   146, 263

barplot()   110, 111
base   125

base パッケージ   259
betweenness()   285, 291, 323
boxplot()   116, 117, 125
breaks   113, 114

c()   20, 23, 31, 354
cat()   168, 169
cbind()   151, 204, 205, 305
centers   152
cex   120, 154
cex.axis   120
cex.lab   120
cex.main   120
choose()   343, 462
class()   19, 23
closeness()   284, 291, 323
cluster   152
coef()   194
col   116, 154
colMeans()   147
colnames()   146
colors()   116, 306
colSums()   147, 148, 280
confint()   512, 514, 517
content()   260
content_transformer()   259
cor()   142, 158, 189
Corpus()   258, 320
cumsum()   405

data()   302
data.frame()   169, 225, 277
Date()   177
dbinom()   383, 402
degree()   282, 289
dev.off()   119
dim()   30, 47, 77
DirSource()   258
dnorm()   391

DocumentTermMatrix()　262, 266
dunif()　　380, 381

educ.years　　113
else if(){ }　　172, 173
exp()　　125, 242

factorial()　　337
FALSE　　51
fisher.test()　　466, 467
fitted()　　194, 212, 225, 274
for　　168
foreign パッケージ　　34, 35
freq　　112
function()　　26

getwd()　　28, 317
graph.adjacency()　　281, 288
graph.density()　　323
graph.strength()　　323
gsub()　　415

head()　　47
hist()　　112, 114, 159, 180, 418

I()　　236
if()　　171
if(){ }　　170, 171
if(){ }else{ }　　170-172
ifelse()　　60, 170, 189
igraph パッケージ　　281
ineq パッケージ　　326
ineq()　　326
inspect()　　262
install.packages()　　34, 35, 258
IQR()　　91
is.na()　　106
iter　　152
iter.max　　151

kmeans()　　151

lchoose()　　343
legend()　　313
length()　　23, 149
letters　　414

levels()　　62, 223
lfactorial()　　337
library()　　34, 258
lines()　　115, 116, 448
lint()　　37
lintr パッケージ　　37
list()　　149
lm()　　193, 194, 212, 213, 223-225, 228,
　　　500, 501, 503, 511, 513
load()　　29, 33, 34, 417
log()　　125
ls()　　18, 32, 33
lty　　116
lwd　　116

main　　111
map()　　302, 304, 306, 324
maps パッケージ　　302, 324
match()　　364
match(x, y)　　365
matrix()　　146
max()　　23, 108
mean()　　23, 32, 51, 52, 56, 57, 63, 107, 118
median()　　90, 108, 170
merge()　　201, 204, 205, 372
min()　　23, 108

NA　　32, 106, 107, 167
na.omit　　345
na.omit()　　108, 109
names　　125
names()　　25, 29, 149
names.arg　　111
ncol()　　29
nrow()　　29
NULL　　25

order()　　289, 304

page.rank()　　294
palette()　　155, 306
par()　　119
pbinom()　　383, 401
pch　　134, 154, 188
pdf()　　119
plot()　　133, 134, 136, 154, 180, 188, 282,

295, 308, 354
pnorm() 389, 393, 416, 470
points() 115, 116, 134, 154, 303, 304
power.prop.test() 492, 493
power.t.test() 494, 495
predict() 225, 235, 236, 240, 276, 277, 517, 520
print() 17, 23, 168, 169
probs 92
prop.table() 82, 106, 110, 346
prop.test() 475-477, 481-483
punif() 380, 381

qnorm() 416, 440, 457
qqnorm() 391
qqplot() 144
qt() 457
quantile() 92, 163, 210

range() 23
rbind() 151, 204
rbinom() 400
read.csv() 28, 46, 73, 77, 104
read.dta() 35
read.spss() 35
removeNumbers() 259
removePunctuation() 259
removeWords() 259, 260
rep() 115, 167
resid() 196, 211
return() 26
rgb() 307, 308
rmarkdown パッケージ 38
rnorm() 429
rowMeans() 147, 148
rownames() 146
rowSums() 147, 280
runif() 381, 406

sample() 339, 358, 430, 462
save() 33
save.image() 33
saveHTML() 317
saveLatex() 317
saveVideo() 317
scale() 151, 207, 391

sd() 94, 274
seq() 24, 25, 92
setwd() 28
sign() 182
SnowballC パッケージ 258
sort() 63, 267, 289
source() 36
sqrt() 16, 23
stemCompletion() 265
stemDocument() 259, 265
stopwords() 260
stripWhitespace() 259
subset() 58, 59, 79
sum() 23, 52
summary() 30, 48, 77, 90, 104, 213, 228, 511, 513
swirl パッケージ 12, 13, 38

t.test() 458, 477, 480, 481
table() 49, 61, 62, 82, 106, 108, 110, 346
tapply() 63, 74, 118, 135, 163, 247
TermDocumentMatrix() 262
text() 114, 116, 181, 304
text(x, y, z) 114
title() 303
tm パッケージ 258, 259
tm_map() 259
tolower() 259, 415
toupper() 415
TRUE 51
type 181

unique() 102, 177, 178, 225

var() 94
VCorpus() 258
VectorSource() 320
View() 29, 40

walmart.html 317
Walmart.map() 315
walmart.map() 317
weighted.mean() 371
weightTfIdf() 266
while 296
while() 296, 297

wordcloud パッケージ	263, 264	xlab	111
wordcloud()	263, 264	xlim	111
write.csv()	34		
write.dta()	35	ylab	111
		ylim	111

今井耕介（いまい こうすけ）
ハーバード大学政治学部，統計学部教授．
1998年東京大学教養学部卒業．ハーバード大学より修士号（2002年，統計学）および博士号（2003年，政治学）取得．専門は応用統計学，計量社会科学，政治学方法論．発表論文は因果推論，世論調査，ベイズ統計など多岐にわたる．前任のプリンストン大学では統計・機械学習プログラムの初代ディレクターを務め，2017年より国際政治学方法論学会会長．

[訳者]
粕谷祐子
慶應義塾大学法学部政治学科教授．
カリフォルニア大学サンディエゴ校より博士号（国際関係論）取得．専門は比較政治学，政治制度論，東南アジア政治．

原田勝孝
東北大学大学院情報科学研究科准教授．
シカゴ大学より博士号（公共政策）取得．専門は日米の地方政治，選挙研究，応用統計学．

久保浩樹
明治学院大学法学部准教授．
ライス大学より博士号（政治学）取得．専門は比較政治学，アメリカ政治，先進国の議会と選挙．

社会科学のためのデータ分析入門［上］　今井耕介

2018年3月13日　第1刷発行
2024年12月13日　第8刷発行

訳　者　粕谷祐子　原田勝孝　久保浩樹
発行者　坂本政謙
発行所　株式会社　岩波書店
〒101-8002 東京都千代田区一ツ橋2-5-5
電話案内 03-5210-4000
https://www.iwanami.co.jp/

印刷・製本　法令印刷

ISBN 978-4-00-061245-6　　Printed in Japan

岩波データサイエンス (全6巻)

岩波データサイエンス刊行委員会=編

統計科学・機械学習・データマイニングなど，多様なデータをどう解析するかの手法がいま大注目．本シリーズは，この分野のプロアマを問わず，読んで必ず役立つ情報を提供します．各巻ごとに「特集」や「話題」を選び，雑誌的な機動力のある編集方針を採用．ソフトウェアの動向なども機敏にキャッチし，より実践的な勘所を伝授します．

A5判・並製，平均152ページ，各1650円
＊は1528円

〈全巻の構成〉

Vol.1 特集「ベイズ推論と MCMC のフリーソフト」

＊Vol.2 特集「統計的自然言語処理 ― ことばを扱う機械」

Vol.3 特集「因果推論 ― 実世界のデータから因果を読む」

Vol.4 特集「地理空間情報処理」

Vol.5 特集「スパースモデリングと多変量データ解析」

Vol.6 特集「時系列解析 ― 状態空間モデル・因果解析・ビジネス応用」

―――― 岩波書店刊 ――――
定価は消費税 10% 込です
2024 年 12 月現在